대한민국에서 경제활동을 한다면
반드시 알아야 할
세금 지식의 모든 것

2021

PB센터 세무사들의 절세 기술

세금
줄여주는책

원종훈
고경남
지음

BM 황금부엉이

자산 관리의 시작과 끝은
세금이다

세금의 정의는 무엇일까? 보통 '국가 등이 필요 경비를 사용하기 위해 개별적인 보상 없이 국민으로부터 강제 징수하는 금전'이라고 한다. '개별적인 보상이 없다'는 내가 희생한 금전만큼 서비스를 받지 못한다는 것이다. 이러한 이유로 우리들은 보통 세금 내기를 싫어하고, 합리적인 의사 결정을 방해한다고 생각한다.

3억 원을 주고 매입한 분양권을 프리미엄 3,000만 원을 받아 매각했다고 해보자. 수익 10%를 얻어야만 기회비용 등을 고려했을 때 이익을 얻는 사람에게 세금 납부 후의 이익금액인 1,500만 원은 예상 수익금의 반밖에 되지 못한다. 목표한 수익률을 달성하고자 했다면 가치가 더 상승했을 때 매각했어야 한다. 세금 때문에 예상치 못한 결과가 만들어진 것이다.

이제 저축만으로 돈을 버는 시대는 지났다. 제로금리시대에는 이제 예·적금만으로는 자산 관리에 한계가 있다. 자산 증식을 위한 투자처가 다양하게 존재하게 되면서 이에 대한 세금 또한 다양해지고 있다. '재테크보다 세테크'라는 말이 있는 것처럼 이런 변화 속에서는 세금을 더 이상 투자의 끝에 따라붙는 꼬리표로 봐서는 안 된다. 세금이 합리적인 의사 결정을 방해하는 요소가 아니라 세금을 포함한 의사 결정이어야 합리적인 것이다.

세금을 아는 사람과 모르는 사람 간에는 천양지차(天壤之差)가 있다. 부친의 사망으로 부동산을 상속받은 고객이 있었다. 상속 자산인 이 부동산은 시가가 10억 원, 공시지가가 6억 원으로 납부할 상속세는 없었다. 상속받는 재산의 평가액 10억 원까지는 상속세가 나오지 않기 때문이다. 납부할 세금이 없으면 신고하지 않아도 불이익은 없다. 그 고객은 상속세 신고 없이 개발업자에게 매각했다. 그런 다음, 시세 차익 4억 원에 대한 양도소득세를 줄일 수 있는 방법을 문의해왔다. 하지만 이미 모든 행동이 완료되고 난 뒤에는 아쉽게도 해결방안이 없다. 만약 감정 평가를 받아 시가 10억 원으로 상속세 신고만 했더라도 부동산 매각 시 양도소득세를 한 푼도 안 낼 수 있었다. 현명한 결과를 원했다면 세금까지 고려한 의사 결정을 해야 했다.

요즘은 부자뿐만 아니라 직장인도 세금에 대한 관심이 높아졌다. 최근 한 직장인을 상담했는데 그의 억울한 눈물이 잊히지 않는다.

10년 넘게 보유한 주택을 매각하면서 양도소득세는 걱정하지 않왔다. 1가구 1주택으로 믿었기 때문이다. 매각 전에 주택을 추가로 구입했지만 일시적 2주택의 비과세 혜택을 고려하면 양도소득세는 300만 원 남짓이라 생각했다. 하지만 결과는 3억 6,000만 원! 생각했던 세금과 실제로 내야 하는 세금 간의 차이는 100배가 넘었다. 임대 목적으로 투자해서 갖고 있던 오피스텔을 주택으로 생각하지 못한 결과가 실로 받아들이기 어려운 세금을 만든 것이다.

세금을 피할 수 없다면 최소화하는 방법을 찾아야 한다. 부동산이나 금융 자산에 투자할 때에 수익률만 믿었다가는 세금 내고 나서 허탈해질 수 있다.

이제 세금은 투자 결정의 중요한 기준을 차지하고 있다. 그렇다고 세금을 정확하게 계산하는 기술까지는 중요하지 않다. 그 부분은 전문가의 몫이다. 일반 사람들에게는 납세 의무가 성립하기 전에 최소화할 수 있는 기술, 즉 세금 설계(Tax Planning)가 필요하다. 납세가 국민의 의무라면, 세법에서 허용하는 절세는 국민의 권리임을 알아야 한다.

이 책은 투자하거나 소득이 발생할 때 세금을 포함한 '올바른 의사 선택'을 할 수 있도록 방향을 제시하기 위해 집필됐다. 자산 관리를 위한 세금 설계는 이제 선택이 아닌 필수다. 요람에서 무덤까지 우리 삶에서 세금을 떼어낼 수 없다면, 먼저 이해하고 이용할 줄 알아야 한다. 이 책을 보는 독자가 어려운 절세법을 쉽게 이해할 수 있도록 노력한 만큼, 절세에 관한 똑똑한 교과서가 되었으면 한다.

차례

책을 시작하며 4

1장 세금에 대해 얼마나 알고 있는가?

01 세금 지식은 아는 만큼 돈으로 남는다　　　　　　　　　　12
02 직장인도 모범 납세자가 될 수 있다　　　　　　　　　　16
03 금리 1%보다 세율 1%에 더 민감해져라　　　　　　　　20
04 세법이 완벽하다고 생각하지 않는다　　　　　　　　　　25
05 잘못된 절세 지식은 형사처분 대상이 될 수 있다　　　　29

2장 절세를 위한 7가지 원칙

01 세금을 내지 않고 세금을 줄일 방법은 없다　　　　　　34
02 비과세 혜택을 최우선으로 따진다　　　　　　　　　　40
03 변하는 세법에 적극적으로 대응한다　　　　　　　　　44
04 자금 출처조사는 전략적으로 대비해야 한다　　　　　48
05 국세청이 절세와 탈세를 판단한다　　　　　　　　　　53
06 국세청의 움직임이 확 달라졌다　　　　　　　　　　　58
07 세금은 되도록 늦게 낸다　　　　　　　　　　　　　　62

3장 월급과 관련된 절세 지식

01 취업과 동시에 노후를 준비해야 한다　　　　　　　　70
02 펀드로 절세 효과와 투자 효과를 극대화하자　　　　76
03 신용카드 소득 공제에 필요한 전략　　　　　　　　　82
04 연말정산의 기술　　　　　　　　　　　　　　　　　　91
05 본업 외 소득은 기타 소득과 사업 소득 중
　　어느 것이 유리한지 따져봐야 한다　　　　　　　　　98
06 분리과세와 종합과세를 선택할 수 있는 기타 소득　106

4장 부동산 투자할 때 필요한 절세 지식

01 지금도 공시지가로 취득세를 낼 수 있다   112
02 양도와 증여의 차이는 대가성 유무   117
03 위자료를 부동산으로 주면 양도소득세를 내야 한다   124
04 부동산 관련 세법은 개정되기 전에 효력이 발생한다   127
05 1가구 1주택 비과세 요건을 갖추지 못하면
    3주택자가 될 수도 있다   131
06 임대 주택 등록으로 세금을 줄일 수 있지만 혜택도 줄고 있다   135
07 새롭게 구입한 주택은 임대 주택으로 등록해도
    세금 혜택이 축소된다   142
08 보유만으로 세금 부담이 커질 수 있다   146
09 주택 수에 따라 취득세는 차등 부과된다   155
10 고가 주택의 규제를 알면 부동산이 보인다   160
11 의무 임대 기간을 채우지 않아도 혜택을 받을 수 있다   166
12 1가구 1주택 비과세를 쉽게 생각했다가 큰코다친다   170
13 주택 수는 어떻게 셀까?   178
14 장부만 잘 작성해도 절세에 큰 도움이 된다   182
15 기장하지 않는 편이 유리한 경우도 있다   185
16 주거용 오피스텔에는 양도세가 비과세 또는 중과세가 될 수 있다   191
17 분양권 전매와 미등기 전매는 전혀 다른 개념이다   196

5장 부동산 세금을 줄여주는 절세 지식

01 양도와 취득 시기를 잘 판단해야 후회가 없다   202
02 매각 순서와 취득 시기를 전략적으로 조정하자   207
03 겸용 주택에 옥탑방을 만들어 주택 면적을 넓혀라   212
04 다른 주택이 있다면 상가로 용도 변경하라   217
05 노는 토지가 있다면 그 위에 주택을 짓고 팔아라   220
06 입주권 외에 다른 주택이 없다면 비과세가 가능하다   223
07 매도 예정인 상속 주택은 실거래 가격으로 신고한다   227
08 양도소득세 비과세의 권리는 상속으로 승계되지 않는다   231
09 주택 임대의 세금 혜택이 상가 임대보다 많다   234

6장 증여세에 필요한 절세 지식

01 증여세와 소유권 이전 비용까지 같이 증여하라 242
02 증여 대상으로 삼아야 할 재산 1순위는 부동산 245
03 부담부 증여에 필요한 요건 249
04 종신보험 계약 전에 보험료 예상액을 미리 증여하라 254
05 매월 41만 6,000원까지는 평생 증여해도 증여세가 없다 258
06 적립식 펀드를 증여하면 현재 가치로 평가될 수 있다 262
07 증여세는 기준 시가가 아니라 시가로 계산한다 267
08 죽기 전에 하루라도 일찍 증여해야 유리하다 273
09 낼 세금이 없어도 신고는 반드시 한다 276

7장 상속세에 필요한 절세 지식

01 상속세 절세는 20년 전부터 계획한다 280
02 상속 재산이 10억 원 미만이면 세금은 없다 284
03 법정 상속인의 상속순위를 헷갈리면 안 된다 289
04 상속 재산보다 빚이 많으면 한정 승인을 신청하라 292
05 사망일 이전에 재산을 처분하거나 인출하지 않는다 295
06 배우자 상속 공제는 30억 원까지 가능하다 300
07 피상속인의 국내 거주 여부 304
08 50억 원 이상인 골동품의 제척 기간은 평생 307
09 영수증을 잘 챙겨야 상속세를 아낄 수 있다 313
10 물납과 분납방식으로도 상속세를 낼 수 있다 315

8장 금융 자산을 지켜주는 절세 지식

01 금융소득종합과세, 걱정할 필요는 없다   320
02 금융소득종합과세에 대비한 투자 전략   324
03 부부간 재산은 10년 단위로 분산하라   334
04 10억 원이 넘는 금융 자산은 부동산으로 바꿔라   338
05 금융 투자 소득, 주식 매매 차익 5,000만 원까지는 세금이 없다   341

9장 건강보험료를 줄여주는 절감 지식

01 피부양자 요건부터 파악하라   348
02 소득이 있어도 피부양자 자격을 유지할 수 있다   354
03 매달 월세 83만 3,000원까지는
    주택 임대사업자도 피부양자가 될 수 있다   361
04 건강보험료 조정 신청을 적극 활용하라   366
05 장기 출국자는 건강보험료가 면제된다   373
06 퇴직자도 직장가입자가 될 수 있다   380

1장

세금에 대해 얼마나 알고 있는가?

세금은 돈을 벌지 못한다. 하지만 재산을 지켜주는 가장 중요한 역할을 한다. 직장인들 사이에서 절세라고 불리는 내용의 대부분은 사실 탈세에 가까운 경우가 많다. 잘못된 세금에 대한 상식은 예측할 수 없는 경제적 지출로 이어질 수 있고 경우에 따라서는 형사처분까지 받기도 한다.

01
세금 지식은 아는 만큼
돈으로 남는다

세무 관련 일이 생기기 전에 의사 결정의 적정성 여부를 확인하자. 그 전이라면 절세할 수 있는 방법을 찾는 시간이 충분하다.

상속세와 증여세, 양도소득세 관련 상담을 해보면 안타까운 적이 많다. 상담을 원하는 사람들 대부분이 취득해서 이미 소유권 이전 등기를 완료했거나 양도단계에서 잔금을 다 받은 후이기 때문이다. 이 시기에는 이미 세무부분이 완료되어 사전에 절세법을 찾을 기회가 없다. 상담을 통해 실질적인 도움을 주기 어려운 것이다.

세금의 중요성을 알고 있는 부자들은 계약서를 쓰기 전에 세금까지 고려해놓는다. 세금을 생각하지 않고 소유권 이전 등기부터 하거나 잔금을 받는 오류는 절대로 범하지 않는다.

A는 다가구주택을 1채 보유하고 있다. 상가 일부를 개조해 주택으로 임대 중이었으며 상가 면적이 주택 면적보다 작았다. 오랫동안 한 동네에서 살아서인지 그 일대에서 A를 모르는 사람은 거의

없었다.

A는 최근에 큰돈을 만지게 됐다. 거주지역 일대에 재개발이 추진되면서 갖고 있던 주택에 25억 원이라는 보상이 이뤄진 것이다. A를 축하해주러 온 사람들은 1가구 1주택에다 30년 동안 보유했고 주거용으로 사용하는 면적이 상가 면적보다 크기 때문에 건물 전체를 주택으로 인정받아 비과세가 될 것이라고 입을 모았다. 개별 공시 지가의 변동이 거의 없으므로 세금이 부과되어도 별 영향이 없을 것이라는 의견까지 있었다.

과연 그럴까? 만약 그러한 말만 믿고 아무런 조치를 하지 않았다면 양도소득세는 4억 원이 넘었을 가능성이 높다. A의 주택은 '1채의 주택'으로 인정되지 않기 때문에 양도소득세가 많이 나오는 것이다.

일반적으로 다가구주택을 1채의 주택으로 생각한다. 여러 세대가 살 수 있는 방이 여러 개 있어도 등기부등본에 하나의 주택으로 등기된다는 이유에서다. 하지만 소득세법은 다르게 해석한다.

소득세법에서는 다가구주택의 경우 한 가구가 독립하여 거주할 수 있도록 구획된 부분을 주택으로 본다. 가족단위로 살 수 있는 방을 여러 개로 나눠서 소유하고 있으면 다가구주택도 1채의 주택이 아닌 다주택 보유자로 볼 수 있다는 의미다. 단, 건축법 시행령 별표에 해당하는 다가구주택으로써 구획된 부분별로 양도하지 않고 하나의 매매단위로 양도하면 그 전체를 하나의 주택으로 본다. 그래서 세법이 다가구주택의 매매 진행과정 등 주택 거래의 현실을 이해하지 못한다고 생각할 수 있다. 실제로 다가구주택은 방을 나눠서 매각할 수 없기 때문이다. 다가구주택을 하나의 매매단위로 매각하기 때문에 하나의 주택으로 인정받을 수 있는 것이 아닐까?

그런데 문제의 핵심은 한 단위로 매각하는지, 분리해서 매각하는지가 아니다. 건축법에서 인정하는 다가구주택인지가 핵심이다. 건축법 시행령 별표에서 설명하는 다가구주택에 해당하지 않으면 분리해서 매각하든, 하나의 매매단위로 매각하든 구획된 방은 모두 주택으로 해석한다. 즉, 건축법에서 허용하는 다가구주택이 아니라면 1채의 주택으로 보는 것이 아니라 다주택을 매각하는 것으로 본다. 그러므로 다가구주택에 포함된 여러 주택 중 1채에만 양도소득세 비과세 효과가 있다.

그렇다면 건축법에서 말하는 다가구주택은 무엇일까? 다른 요건들보다 가장 중요한 부분이 바로 주택으로 사용하는 층수이다. 건축법에서 다가구주택은 주택으로 사용하는 층수가 3층 이하여야 한다고 설명하고 있다.

A의 경우 상가 일부를 개조하여 주거용으로 전용한 것이 문제였다. 그 주거용으로 사용했던 층이 4층이었던 것이다. 매각하기 전에 주거용으로 사용하는 층을 원래대로 상가로 용도 변경하여 매각한다면 양도소득세는 많이 낮아진다. 주거용으로 사용하는 층이 3층이고 하나의 매매단위로 매각하면 다가구주택 전체를 하나의 주택으로 인정받기 때문이다.

다행히 A는 주변 사람들의 말만 믿지 않고 세무사를 찾아가 상담을 받았다. 계약은 했지만 잔금을 다 받지 않은 때 상담을 받은 결과, 3억 2,000만 원 정도를 절세할 수 있었다. 이처럼 세무부분이 끝나기 전이라면 절세를 할 수 있는 시간이 충분하다.

이렇듯 세금 지식은 아는 만큼 돈으로 남는다. 비전문가 관점에서 볼 때 세법을 어느 정도 알아야 할까? 절세를 위해서는 세금이 얼마나 나오는지 계산하는 능력까지는 필요하지 않다. 예를 들어, '부동산을 언제 팔아야 유리할까?', '3채의 주택 중에서 어느 것을 먼저 팔아야 유리할까?', '상속받은 주택이 있다면 어느 주택부터 팔아야 유리할까?' 등과 같은 의사 결정의 과정에서 정확한 방향만 알 수 있으면 된다.

02
직장인도
모범 납세자가 될 수 있다

모범 납세자가 되면 금융기관, 항공사 등에서 우수 고객 이상의 대우를 받는다.
2020년부터 근로 소득자도 모범 납세자 혜택을 받을 수 있다.

국세청은 국세청 표창 규정에 따라 매년 납세자의 날(3월 3일) 때 정부 포상 및 표창을 받은 납세자에게 모범 납세자의 혜택을 부여한다. 성실하게 신고·납부하여 국가 재정에 이바지했거나 적은 수입이라도 자기 몫의 세금을 성실하게 내는 소상공인 등을 모범 납세자로 선정하여 우대 관리를 하겠다는 의도다.

모범 납세자로 선정되면 지정일로부터 최대 3년간 세무 조사가 유예된다. 또한 공영주차장 무료 이용 등 공공시설 이용에 따른 각종 혜택이 부여된다. 최근에는 국세청과 법무부가 고액 납세자 중에서 탈세나 체납이 없는 성실 납세자에게 출입국우대카드를 발급하고 있다. 이 카드를 소지한 사람은 공항 출·입국 심사 시 전용 심사대를 이용할 수 있는 혜택이 있다. 추가적으로 올해(2020년)부터

인천공항 내 전용 비즈니스센터를 개설해 운영하고 있어 급한 업무를 처리하거나 휴식을 취할 수 있다.

우리나라에서 가장 모범적이고 성실한 납세자는 누구일까? 당연히 직장인이다. 하지만 안타깝게도 그동안 모범 납세자 선발 기준에는 직장인이 포함되어 있지 않았다. 대부분 법인 사업자와 개인 사업자를 중심으로 선정했다. 하지만 올해(2020년)부터는 '아름다운 납세자' 선정에 성실하게 납세한 근로 소득자도 포함된다. '아름다운 납세자'는 모범 납세자와 동일한 혜택을 누릴 수 있다. 순수 봉급생활자로서 성실 납세와 더불어 기부, 봉사 등 사회 공헌을 실천한 사람은 '아름다운 납세자'로 선정될 수 있다.

국세청에서는 성실 자진 신고의 동기를 부여하기 위해 표창한다. 하지만 '유리지갑' 직장인에게는 동기 부여가 필요 없다. 그동안 선정 대상에서 제외되었던 이유이기도 하다.

국세청이 성실 납세자 혜택으로 모범 납세의 동기가 부여되기를 바라는 대상은 사업자, 부동산 임대업자, 상속자, 증여자 등이다. 이유는 간단하다. 사업자나 무상으로 재산을 취득한 사람이 자진해서 신고하지 않으면 그 명세(明細)를 정확하게 파악하기 쉽지 않기 때문이다.

국세청도 파악하기 어려운 부분이 있다

국세청이 파악에 애를 먹는 것이 바로 '현금'이다. 현금은 꼬리표가 달려 있지도 않고 등기나 등록하지 않아도 된다. 그래서 사업자에게 신용카드 단말기 설치를 강요하고 구매자에게 신용카드 사용을 적극적으로 권장한다. 신용카드를 일정 비율 이상 사용한 직장인에게는 소득 공제를 해주는데 절세 혜택보다는 사업자의 세원을 포착하는 자료로 쓰기 위한 목적이 더 강하다.

상속이나 증여도 마찬가지다. 세무서에서 파악하지 못하는 상속이나 증여 관련 재산은 많다. 현금·귀금속·골동품 등은 사실상 상속인이나 수증자(증여를 받는 사람)의 자발적인 신고 외에는 파악할 방법이 없다. 특히 피상속인이 사망 전에 재산을 처분하거나 금융자산을 찾아 증여한 재산은 정확하게 파악하기 어렵다.

한 고객이 상속세와 증여세를 합법적으로 줄일 방법을 알려달라고 한 적이 있다. 하지만 오래전에 이미 만기가 된 비실명채권(일명 '묻지 마 채권')이 아니라면 합법적인 증여가 가능한 자산은 없다.

지금도 일부 부자는 원칙적으로 내야 하는 세금보다 훨씬 적게 낼 수 있다고 생각한다. 특별한 수단이나 기발한 방법이 있어서가 아니라 자진해서 신고하지 않아도 안전할 것이라는 판단 때문이다. 과거의 경험을 바탕으로 세금 징수 대상을 정확히 알고 있어서 어느 정도 위험 부담을 감수하면 신고하지 않아도 되는 것으로 생각한다. 그러나 국세청의 조세 행정은 불과 10년 전과는 비교할 수 없을 정도로 정교해졌다. 다양한 법률 개정으로 납세자 정보를 데이터 베이스화했다. 또한 국가 간에 납세자 정보 교환협정 등으로 역외 거래(域外去來, 국제 금융 시장에서 비거주자 간에 이뤄지는 거래) 등에 대한 세원(稅源)을 포착하는 기술도 높아졌다.

여전히 발견되는 것보다 숨기기가 쉽다고 말하지만 납세자와 과세권자(課稅權者) 간의 여러 조세 분쟁 사례를 지켜본 필자는 '세무신고(노출) 없이는 재산권을 행사할 수 없다'라고 생각한다. 이제는 세금을 내는 것이 세금을 절약하는 길이다.

03
금리 1%보다
세율 1%에 더 민감해져라

세금은 아무런 보상 없이 강제로 징수되는 현금일 뿐이다. 세금을 내지 않으려고
노력하는 것은 결코 잘못된 일이 아니다.

'법(法)'이란 무엇일까? 언뜻 추상적인 질문처럼 생각되지만 한
자의 속뜻을 풀이하면 정의하기가 쉬워진다. 법은 '水[물]'와 '去[가
다]'로 이뤄진 글자다. 물이 흘러가는 방향으로 걸어가는 것, 즉 자
연의 이치를 따르면 그것이 곧 법이라는 의미다. 그러므로 법은 어
렵지 않고 받아들이는 데 큰 반감이 없다. 하지만 법(法) 앞에 세
(稅)를 놓으면 이야기가 조금 달라진다. 세(稅)는 禾[벼]와 兌[모으
다]로 이뤄진 글자다. 벼를 거둬 세금으로 냈음을 연상하게 하는 이
문자는 아주 오래전부터 세금이 존재했음을 알려주기도 한다.

세법은 일반법과 달리 자연의 이치에 어긋난다. 국민의 재산권을
강제로 빼앗기 때문이다. 그래서 세법을 받아들이는 데 저항이 생
기며 받아들인 후에도 되도록 회피하려고 고민한다. 납세를 국민의

의무로 규정한 것만 봐도 세금 자체는 부자연스러운 것임을 알 수 있다. 이러한 이유로 세금 징수는 합리적인 의사 결정에 혼동을 줄 때가 많다.

17세기 영국에는 창문세(Window Tax)라는 세금이 있었다. 영국 월폴 총리는 귀족들의 호화주택에 무거운 세금을 부과했다. 처음에는 벽난로에 부과했지만 측정이 어렵게 되자 만든 것이 창문세였다. 호화주택에는 창문이 많다는 점에 착안해 만든 세금이었다. 하지만 창문세의 부과는 효율적이고 합리적인 의사 결정에 혼동을 가져왔다. 창문세가 부과되자 사람들은 창문을 막기 시작했다. 새로 짓는 건물에도 창문을 만들지 않았다. 세금을 내지 않기 위해 햇빛이 들지 않는 불편을 감수한 것이다. 결국 세금도 징수하지 못하고 국민의 합리적인 의사 결정을 왜곡시키는 결과를 가져오고 말았다.

지금 우리의 세금을 바라보는 시선도 과거 영국에서 창문세를 바라보던 시선과 다르지 않다. 다소 불편해도, 다소 위험해도 세금을 피하려고 하는 마음은 예나 지금이나 매한가지다.

부자는 세율에 민감하다

만기가 지난 비실명 채권(묻지 마 채권)이 한때 프리미엄까지 붙어 유통된 적이 있었다. 이 채권은 1998년 외환위기를 극복하기 위해 발행되었다. 음성화된 지하 자금을 수면 위로 끌어올려 국가의 자금난을 극복하기 위한 의도였다. 처음에는 일반인들에게 별로 인기가 없었다. 하지만 증여세 면제와 채권을 취득한 자금의 출처를 묻지 않는다는 사실이 알려지자 부유층에게 날개 돋친 듯 팔렸다. 당시 기준으로 이자가 높지 않았지만 감시로부터의 해방이 매우 매력적이었던 것이다.

이처럼 부자들은 1%의 금리 변화보다 1%의 세율 변화를 더 민감하게 받아들인다. 1%의 금리 차이는 금융기관을 바꾸게 하지만 1%의 세율 변화는 투자 대상 자체를 바꾸게 한다.

세금을 많이 부과하면 경제 활동 의욕이 줄어든다. 사회복지가 잘된 북유럽 국가들에는 세금이 많다. 많이 벌고 많이 내는 것이다. 이런 나라 사람들은 일정 소득 수준을 넘어서는 경제 활동에 적극적이지 않다. 어차피 세금으로 징수되기 때문이다. 신용에 의한 할부 문화가 일반적이어서 저축에 대한 생각도 우리와는 조금 다르다.

세금은 아무런 보상 없이 강제로 징수되는 현금이다. 세금을 많이 냈다고 해서 국가로부터 행정 편의를 더 많이 받는 것도 아니다. 세금을 덜 내고 싶은 마음은 알겠지만 그래도 세법이 허용하는 범위 내에서 해야 한다. 그것이 절세와 탈세를 구분하는 기준이 된다.

국가는 세금을 거두기 위해서라면 무엇이든 다 한다. 특이한 목적을 가진 세금을 정리해봤다.

- 초야세: 유럽 봉건시대의 영주는 영지의 처녀와 첫날밤을 보낼 수 있는 권리(초야권)가 있었다. 만약 처녀가 잠자리를 피한다면 그 대신 막중한 세금을 내야 했다. 첫날밤에 물리는 세금이라고 해서 '초야세'라는 이름이 붙었다고 한다.
- 시계세: 영국에서는 나폴레옹과의 전쟁 준비에 필요한 비용을 마련하고자 시계 1개에 1실링씩 받는 시계세를 부과했다.
- 공기세: 프랑스에서 세금을 악착스럽게 징수한 사람은 루이 15세다. 검소한 생활을 강조하면서 국가 재정을 확립한다는 명분 아래 공기에까지 세금을 부과하려다 국민의 반대로 물러났다.
- 수염세: 과거 영국에서는 수염을 기르는 유행을 차단하기 위해 수염세를 만들어 큰 성공을 거뒀다. 러시아도 부유층이 수염을 기르는 것을 보고 재정 수입을 늘릴 목적으로 수염세를 부과했지만 너도나도 수염을 자르는 바람에 실패했다.

- 상륙세: 태국에서는 외국인이 비행장에 도착하면 상륙세를 부과했었다. 태국 땅을 밟았으니 세금을 내라는 것이다.
- 독신세: 이탈리아 정치가 무솔리니는 결혼을 권장하기 위해 독신세를 만들었다. 25~30세의 총각과 처녀는 1년에 3파운드, 30세 이상은 2파운드의 독신세를 물게 했다. 미국은 초기 식민지시대에 메릴랜드주 의회가 19세 이상 독신 남성 전원에게 5실링의 세금을 받았다.

04
세법이 완벽하다고
생각하지 않는다

세법은 모든 세무적 판단과 세무 관련 사건을 규정하지 못한다. 그래서 세법에서 확인할 수 없는 경우에는 기존 사례를 확인하는 것이 중요하다.

소득세와 법인세는 소득에 부과되는 세금이다. 그리고 상속세와 증여세는 재산을 무상으로 취득하는 경우에 내야 하는 세금이다. 누락된 소득세를 보완하기 위해서도 부과된다. 하지만 각 세법에서는 소득을 바라보는 태도가 다르다. 소득세법에서는 법에 열거된 소득에만 과세하는 것을 원칙으로 한다('열거주의'라고 하는데, 쉽게 말해 법조문 등에서 나열한 것에만 세금을 물린다는 것이다). 법인세법에서는 포괄주의에 따라 순자산이 증가하면 과세할 수 있도록 하고 있다. 즉, 비과세나 공제되는 항목을 제외하고는 법에 구체적으로 열거되지 않아도 세금을 부과하도록 한다.

병원을 운영하면서 중고 수입차를 개조하는 취미를 갖고 있는 의사를 예로 들어보자. 최근에 개조한 수입차를 팔아 2,000만 원의 양도 차익을 얻었다면 세금을 내야 할까? 세금을 내지 않아도 된다. 소득세법에서는 업무 목적 외에 구입한 일반 기계장치 등을 매각하면서 얻은 이익을 과세 대상으로 열거하고 있지 않기 때문이다. 반면 법인 명의의 자동차를 매각했다면 자동차의 매매 차익에 법인세가 매겨진다.

완벽한 세법은 없다

세법은 완벽하지 못하기 때문에 잘 찾아보면 또 다른 길을 찾을 수 있다. 개인이 주식에 투자하면 주주가 된다. 주주는 특정한 시기가 되면 배당을 받는데 이때 이중과세라는 문제가 발생한다. 배당의 재원은 법인세 과세 후 이익 잉여금이다. 법인세를 과세한 후, 이익 잉여금을 주주에게 배당하면 배당액의 15.4%를 소득세로 원천징수한다. 그리고 금융 소득이 2,000만 원을 초과하면 누진세율을 적용해 소득세를 매긴다. 그러다 보니 같은 소득에 법인세와 소득세를 이중으로 과세한 것이 된다. 세법에서는 그로스 업과 배당 세액 공제로 이러한 이중과세를 조정하고 있지만 이는 법인세가 10%로 과세된다는 가정 아래 만들어졌으며 배당 소득이 2,000만 원을 초과해 누진세율을 적용하는 경우에만 해당하므로 완벽한 조정을 기대하기는 어렵다.

납세자들이 성실하게 이행하기를 기대하면서 세법의 조문을 만든 것이 아니다. 실제로 세법에는 사용할 수 있는 규정과 그렇지 못한 규정이 섞여 있다. 그렇지 못한 규정은 실제 신고단계에서는 적용하지 못하고 향후 세무 조사를 대비해 만들어놓은 것이다. 세무 조사용 세법의 조문은 누락된 소득이나 재산이 포착됐을 때 정부가 과세할 수 있도록 만든 근거 규정이다. 하지만 부자들은 이러한 규정조차도 세금 줄이는 방법으로 활용한다.

자녀에게 아파트 한 채를 사주고 싶은 부모가 있다고 하자. 어떻게 하면 증여세를 피할 수 있을까? 부동산을 취득할 때 금융기관에서 자녀 이름으로 대출을 받아 구매하는 방법을 가장 많이 이용한다. 이는 세법에서 정한 '재산 취득자금의 증여 추정'이라는 규정을 피하기 위해서다. 과세관청은 이 규정을 경제적 능력이 없는 사람이 고가의 부동산을 취득한 경우 자금 출처를 조사하기 위해 만들었지만 납세자는 세무 조사를 대비하는 규정으로 활용한다.

그로스 업과
배당 세액 공제란 무엇인가?

배당 소득은 법인이 영업 활동으로 벌어들인 소득에 법인세를 낸 후 잉여금으로 배당한 금액이다. 배당받을 주주에게 다시 소득세를 부과하면 동일한 소득에 이중으로 과세하는 문제가 발생한다. 이러한 이중과세를 조정하기 위해 배당 소득에 11%를 할증해 법인세 과세 전의 잉여금으로 배당을 환산하고, 그 금액을 배당 세액 공제로 차감하는 것이다.

예를 들어 (주)성실에 투자한 B는 90만 원을 배당받았다. B는 배당 소득 외에 이자 소득 3,000만 원도 있다. 소득세를 계산할 때 가산하는 배당 소득금액은 90만 원이 아니라 100만 원이다. (주)성실이 법인세를 내지 않고 배당했다면 90만 원이 아닌 100만 원을 배당받았을 것이기 때문이다. 그 대신 배당 소득에 가산한 10만 원은 소득세를 계산할 때 세액에서 공제해준다.

이때 배당 소득에 가산하는 금액을 '그로스 업(Gross-up)'이라 하고, 같은 금액을 세액에서 차감하는 것을 '배당 세액 공제'라고 한다.

05
잘못된 절세 지식은
형사처분 대상이 될 수 있다

세금을 줄이려고 이용하는 차명계좌 사용 등은 상당히 위험하다. 과거와 다르게
과세당국이 밝혀낼 가능성이 매우 높고 속도도 빨라졌으므로 세금 내는 것보다
더 큰 불이익을 당할 수 있다.

대기업 회장이 과거에 차명으로 거래한 계좌 때문에 사회적인 이슈
가 된 적이 있었다. 엄청난 세금이 추징될 것이라는 뉴스도 있었다.

차명으로 하는 금융 거래를 규제하는 법률은 김영삼 전 대통령의 긴
급 명령으로 만들어졌다. 그 이전만 해도 은행에서 다른 사람의 이름
이나 단체 이름으로 통장을 만드는 것이 어렵지 않았고 불법도 아니었
다. 김영삼 전 대통령의 긴급 명령이 법률로 정비된 것이 흔히 금융 실
명법으로 불리는 '금융 실명 거래 및 비밀 보장에 관한 법률'이다.

하지만 이 법률이 만들어진 후에도 여전히 가족 간에 차명으로
금융 거래를 많이 했다. 초창기에는 금융계좌를 만들 때의 절차적
차명 거래를 중심으로 규제했기 때문이다. 관리를 목적으로 하는
가족 간의 차명 거래에 대해서는 사실상 규제하기가 어려웠다. 즉,

과거의 금융 실명법은 명의 도용 및 차용 등을 규제했지만 계좌에 있는 자금이 명의상 소유자의 것인지를 확인할 필요는 없었다.

그런데 2014년 11월 29일부터 기존 '금융 실명 거래 및 비밀 보장에 관한 법률'이 강화되었다. 기존에 있었던 금융 실명법에 차명 거래를 규제하는 내용이 대폭 반영되어 개정된 것이다. 이렇게 강화된 금융 실명법은 통상 '차명 거래 금지법'으로 불린다. 그렇다면 기존에 있었던 법률 규정이 2014년 11월 29일 이후에 어떻게 변한 것일까? 개정된 금융 실명법은 크게 두 가지로 요약된다.

첫 번째, 가족 간 합의에 따른 차명도 불법 대상이다. 금융 실명법 개정 전에는 명의를 빌린 사람과 빌려준 사람끼리 합의에 따른 차명은 규제하기 힘들었다. 예를 들어 사실상 자금의 소유주인 A가 동생 B에게 계좌를 만들어 달라고 부탁해서 B가 직접 계좌를 만들면 기존의 금융 실명법으로는 이러한 가족 간의 합의에 따른 차명을 규제할 수 없었다. 하지만 개정된 금융 실명법에서는 당사자 간의 합의된 차명도 불법으로 규정하고 처벌할 수 있다.

두 번째, 차명 거래를 하는 고객도 처벌받을 수 있다. 개정 전의 금융 실명법은 금융기관 종사자를 규제하는 법률이었으며 차명으로 거래하는 고객에게는 세금 측면에서만 불이익(차명계좌에서 발생한 이자의 99% 원천징수)을 줬다. 하지만 개정된 금융 실명법에서는 고객도 금융기관 종사자와 동일하게 처벌받을 수 있다.

그렇다면 개정된 금융 실명법이 심각하게 받아들여지는 이유는 무엇일까? 처벌 대상이 된다는 것과 계좌의 명의상 소유자가 사실상 소유자로 추정된다는 것이다.

개정된 금융 실명법에서는 누구든지 불법 재산의 은닉, 자금 세탁 행위, 공중 협박 자금 조달 행위, 강제 집행의 회피, 그 밖의 탈법 행위를 목적으로 하는 차명 거래를 금지한다. 이를 위반하면 5년 이하의 징역 또는 5,000만 원 이하의 벌금에 처한다. 또한 실명이 확인된 계좌 등 금융 자산은 명의자의 소유로 추정되는데 소유자가 본인의 것임을 입증해야만 환원할 수 있게 된다.

명의상 소유자가 계좌의 소유권을 주장하면 실제 소유주는 상당히 곤란해진다. 물론 사전에 이해관계를 같이 하기로 했다면 벌어지지 않을 일이지만 그 관계가 틀어진다면 차명 소유자가 유리해질 수 있다. 차명 소유자는 실제 소유주에게 본인의 소유권을 주장할 가능성도, 최소한 차명 거래 금지법 위반에 대한 형사고발을 하지 않는 조건으로 대가를 흥정할 가능성도 있다.

앞으로 유가증권, 부동산, 금융 상품 등 대상을 불문하고 차명으로 투자해서는 안 된다. 부동산을 차명으로 거래하다 발각되면 부동산 실명법에 의해 과징금(부동산 가액의 30%)을 부과받고 처벌 대상이 될 수 있다(명의 신탁자: 5년 이하의 징역 또는 2억 원 이하의 벌금, 명의 수탁자: 3년 이하의 징역 또는 1억 원 이하의 벌금). 주식을 차명으로 거래하면 차명 소유주에게 증여세를 매긴다.

이제는 금융 거래까지도 차명으로 할 경우에 강화된 금융 실명법에 따라 처벌 대상이 될 수 있으므로 이름을 빌리는 투자는 생각조차 하지 않는 것이 좋다.

알아두면 좋은 절세 지식

개정된 금융 실명법의 질의응답 자료에는 차명 거래로 보지 않는 대표적인 유형 3가지를 설명하고 있다(금융위원회의 감수를 거침).

1. 계, 부녀회, 동창회 등 친목모임의 회비를 관리하기 위해 대표자(회장, 총무, 간사 등) 명의의 계좌를 개설하는 행위
2. 문중, 교회 등 임의단체의 금융 재산을 관리하기 위해 대표자(회장, 총무, 간사 등) 명의의 계좌를 개설하는 행위
3. 미성년 자녀의 금융 자산을 관리하기 위해 부모 명의의 계좌에 예금하는 행위

물론 여기에 명시된 내용이 아니더라도 탈법적 목적이 아닌 것이 명백하다면 차명 거래의 규제에서 제외된다.

2장

절세를 위한 7가지 원칙

얼마나 정확하게 세무 신고를 할 것인지의 판단은 과세 권자의 정보 취합 능력과 밀접한 관련이 있다. 국세청은 뛰어난 전산 시스템과 다양한 법률을 정비하여 다양한 경로로 납세자의 정보를 취합하고 있다. 그래서 절세에 는 과세권자의 시각으로 세법을 해석하는 능력이 필요 하다.

01
세금을 내지 않고
세금을 줄일 방법은 없다

절세를 위해서는 세금을 내야만 한다. 세금을 내지 않고 절세할 방법을 찾는다는 것은 논리에 맞지 않기 때문이다.

금융소득종합과세 대상인 고객을 상담한 적이 있다. 고객은 이자 소득이 2,000만 원을 초과한 것에 대해 불만을 강하게 표시했다. 이자 소득이 많으면 오히려 좋아할 일이 아니냐고 생각하는 사람이 많을 것이다. 대부분 그렇기는 하지만 자산가들의 경우에는 꼭 그렇지만은 않다. 세금 효과를 고려해야 하기 때문이다. 그 고객은 2,000만 원을 초과하는 이자는 모두 33%로 원천징수가 되는 분리과세로 전환했는데 일부 상품이 종합과세가 되어 5월에 종합소득세 신고를 하게 된 것이다. 고객은 유통 중인 10년 이상 장기 채권을 구매해서 33%의 분리과세를 원했던 것이다.

10년 이상 장기 채권에 투자하여 발생한 이자는 본인의 선택에 따라 분리과세를 할 수 있다. 분리과세를 신청하면 일반 세율인 15.4%

대신 높은 33% 세율로 세금을 떼고 이자를 지급하며 그 이자 소득은 금융소득종합과세에서 완전히 제외된다. 보통 분리과세 관련해서는 적용받는 누진세율이 38.5%(지방소득세 포함) 이상일 경우 절세 효과가 나타난다. 다른 소득이 없다면 이자가 3억 250만 원을 넘어야 유리해진다. 이자율을 2%로 가정해도 원금 기준으로 환산하면 151억 원이 넘는다. 즉, 은행에서 거래하는 금액이 151억 원이 넘을 때 33%의 분리과세가 종합과세보다 유리하다는 계산이 나온다.

당시 그 고객의 이자를 확인해보니 분리과세보다는 종합과세가 더 유리했다. 그래서 고객에게 왜 분리과세 상품에 가입했느냐고 물었더니 자신의 금융 자산이 국세청에 보고되는 상황이 싫다는 것이었다. 금융소득종합과세 신고를 하면 본인의 금융 소득명세가 국세청에 보고되므로 음성적으로 모아온 금융 자산에 대해 세무 조사가 나오거나 다른 세금이 부과되지 않을까 걱정하고 있었다.

그의 생각이 틀리지는 않는다. 세법에서는 재산 취득자금의 증여 추정 규정을 적용해 경제적 능력이 없는 사람이 자력으로 취득했다고 보기 어려운 재산의 자금 출처를 조사할 수 있다. 물론 금융 상품도 예외는 아니다.

하지만 금융소득종합과세 신고를 이유로 자금 출처나 세무를 조사하지 않는다. 국세청에서는 금융소득종합과세 신고를 하지 않아도 해당하는 사람의 금융 소득 자료를 확인할 수 있다. 매년 2월에 이자 소득이나 배당 소득을 지급한 각 금융기관에서 소득 지급명세를 국세청에 보고하기 때문이다.

부자는 세무 조사가 두렵다

앞에서도 언급했듯이 과거에는 세법이 완벽하지 못해서 어느 정도 탈세가 가능했고 신고하지 않은 소득으로 또 다른 재산을 만든 사례가 적지 않았다. 하지만 그 사이 세법의 부족한 부분이 많이 보완됐고 전산 시스템을 활용해 적발하는 능력도 많이 발전했다. 탈세가 과거보다 매우 힘들다는 것이다.

예나 지금이나 세무 조사라도 나오면 예전에 신고하지 못한 소득이나 재산에 추징이 되는데 가산세까지 붙어서 그 부담이 상당히 커진다. 극단적인 경우지만 세금 때문에 기업이 문을 닫기도 한다.

남대문시장에서 사업자 등록 없이 장사하던 사람이 15년 동안 번 돈으로 강남에 빌딩 하나를 샀다. 며칠 후, 세무서에서 빌딩 취득 관련 자금을 조사하기 위해 나왔다. 빌딩을 어떻게 구매했는지 소명하지 못하면 증여세를 내야 했다. 시장에서 성실히 일해 빌딩을 구매했음을 설명하면서 그동안 얼마나 열심히 살았는지 증명하기 위해 수십 개의 통장을 보여줬다. 하지만 이는 아무런 도움이 되지 못했다. 장사하면서 벌어들인 소득에 대해 소득세와 부가가치세를 전혀 신고하지 않았기 때문에 취득자금을 입증할 수 없었던 것이다. 결국 제척 기간(국세를 부과할 수 있는 기간)인 10년 동안의 소득세와 부가가치세, 그리고 가산세를 내는 대신 증여세를 선택했다. 만일 그동안 세금을 꾸준하게 냈다면 결과는 달라졌을 것이다.

부자들 대부분에게는 증여 등 어떤 방식으로든 세무서에 신고되지 않은 소득이 너무 많다. 그래서 혹시라도 세무 조사가 나오면 예전에 빠뜨린 소득까지 줄줄이 걸리지 않을까 걱정한다. 지금이라도 절세를 위해서는 세금을 내야 한다고 생각하자. 세금을 내지 않고서는 줄일 방법이 없다. 그래서 실질 소득보다 더 많이 신고하여 세금을 내는 사업가들도 있다. 향후 자금 출처조사에 소명할 수 있는 신고된 소득 자료를 만들기 위해서다.

알아두면 좋은 절세 지식

'분리과세가 되는 장기 채권'은 발행일로부터 원금 전부를 일시에 상환하기로 약정한 날까지의 기간이 10년 이상인 채권 등을 말한다. 그 기간이 지나기 전에 주식으로 전환·교환을 하거나 중도상환을 할 수 있는 조건부 채권은 제외다.

분리과세 채권은 종류에 제한이 없다. 국가나 지자체에서 발행하는 채권, 회사에서 발행하는 채권, 금융권에서 발행하는 후순위채권도 만기가 10년 이상이면 분리과세가 가능하다. 심지어 해외에서 발행한 채권도 국내에서 이자 지급을 대행하는 기관이 있다면 33%의 분리과세가 된다.

장기 채권은 발행할 때부터 보유할 필요는 없다. 이자를 받기 전에 유통 중인 채권을 구매해서 분리과세를 신청할 수 있다. 다만 금융소득종합과세를 피하려는 단기 투자를 규제하기 위해 2013년 이후에 발행하는 채권은 3년 이상 보유해야만 분리과세를 신청할 수 있도록 세법이 개정되었다. 그리고 2018년 1월 1일 이후 발행하는 채권부터는 분리과세가 불가능하다.

2003년까지는 5년 이상의 장기 채권과 장기 저축 및 수익 증권도 분리과세 신청이 가능했지만 이제는 10년 이상의 채권으로 개정되었으며 장기 저축은 원천적으로 불가능하다. 기존에 발행된 채권 등에 대해서는 분리과세가 가능하다. 33% 분리과세를 적용받고 싶은 경우에는 '장기 채권 이자 소득 분리과세 신청서'를 해당 금융기관이나 이자 등을 지급한 곳에 제출해야 하며 중도에 철회할 수 있다.

02
비과세 혜택을
최우선으로 따진다

어떤 종류의 금융 상품에 투자하든, 부자들에게는 공통점이 하나 있다. 절세형 상품을 가장 먼저 고려한다는 점이다.

　부자들의 금융 자산은 어떻게 구성되어 있을까? 금융소득종합과세 신고를 하다 보면 부자들의 금융 자산 구조를 알 수 있다. 성향에 따라 조금씩 차이가 있지만 크게 고위험, 고수익(High Risk, High Return)을 추구하는 부자와 수익은 적지만 안전하게 투자하는 부자로 나뉜다.

　일반적으로 고위험, 고수익을 원하면 증권사의 투자 상품을 많이 선택한다. 반면 저위험, 안전한 수익을 바라면 은행에서 원금의 손실이 적은 정기 예금이나 적금, 국·공채형 간접 투자 상품을 고른다.

　부자들은 어떤 금융 상품에 투자하든, 가장 먼저 절세형인지를 고려한다. 비과세 상품인지 확인한 다음, 분리과세 상품을 생각한다. 비과세 상품과 분리과세 상품은 금융소득종합과세에서 완전히 제외된다.

금융소득종합과세 대상에서 제외되는 상품은 연금저축계좌, 장기 저축성보험, 비과세 해외 펀드 등이다. 금융소득종합과세에 대비하기 위해서는 이처럼 비과세 또는 분리과세가 적용되는 금융 상품에 우선 가입해야 한다.

연금저축계좌는 나이에 상관없이 연 1,800만 원까지 들 수 있으며 1년에 400만 원까지 적립금액의 13.2%가 세액 공제된다. 종합소득금액이 4,000만 원 이하이거나 근로 소득만 있는 경우, 연봉 5,500만 원 이하인 경우는 16.5%까지 세액 공제가 된다. 종합 소득금액이 1억 원, 근로 소득만 있는 경우 연봉 1억 2,000만 원을 초과하는 사람의 공제 대상 납부금액은 1년에 300만 원으로 줄어든다.

장기저축성보험의 비과세는 여전히 유효하다. 하지만 그 요건은 계속 강화되고 있다. 10년 이상 가입해야 비과세가 되는 장기저축성보험은 거치식의 경우 1억 원(2017년 3월 31일까지 체결한 보험은 2억 원)까지만 비과세가 된다. 적립식 보험의 경우 월 150만 원(2017년 4월 1일 이후 보험 계약을 체결한 보험부터 적용, 그 전 가입분은 제한 없음)까지만 비과세가 된다.

연금저축계좌의 경우 최저 5년 이상 불입하고 만 55세 이후에 세법에서 인정하는 연금 수령의 한도에서 나눠 연금을 받을 수 있다. 1년에 300~400만 원까지 불입한 금액에 대해 세액 공제가 가능하고 퇴직연금계좌와 합해 연간 최고 700만 원까지 불입한 금액에 세액 공제를 받을 수 있어 절세 효과가 크다. 2020년부터 50세 이상은 추가 200만 원을 더 공제받을 수 있다. 퇴직연금계좌와 합하면 연간 최고 900만 원에 대해 세액 공제가 가능하다(금융소득종합과세 대상자는 불가).

일반적으로 절세형 상품은 근로자에게만 효과가 있지만 연금저축계좌는 사업자도 세액 공제 혜택을 누릴 수 있다. 연간 300만 원을 적립했다면 종합 소득금액이 4,000만 원(연봉 5,500만 원) 이하의 경우 16.5%의 세액 공제를 받을 수 있으므로 49만 5,000원의 절세가 가능하다. 종합 소득금액이 4,000만 원(연봉 5,500만 원)을 초과하면 13.2%의 세액 공제를 받을 수 있으므로 39만 6,000원의 절세가 가능하다.

이익과 손실을 통산할 수 있는 금융 상품을 활용하라

ISA(Individual Saving Account, 개인 종합자산 관리계좌)는 가입자가 예금, 적금, 펀드 등 다양한 금융 상품을 선택하여 포트폴리오를 구성하고 통합적으로 관리할 수 있는 계좌다. '개인이 직접 구성하고 운용하는 펀드'와 유사한 개념인데 일정 기간 동안 다양한 금융 상품을 운용한 결과의 이익과 손실을 통산한 후에 나온 순이익에 세제 혜택을 부여한다. 계약 유지 기간은 5년(서민형은 3년)이며 1년에 2,000만 원 범위에서 낼 수 있다. ISA는 당해 연도 또는 직전 3개 연도 중 신고된 소득이 있는 직장인 또는 개인 사업자만 가입이 가능하다.

ISA의 통산된 이익 중 200만 원(서민형은 400만 원)까지 비과세가 된다. 200만 원(서민형은 400만 원) 초과분은 9.9%의 세율로 분리 과세가 된다. 하지만 금융 소득만 있는 금융소득종합과세 대상자는 이 상품에 가입할 수 없다는 한계가 있다.

2021년부터는 직장인과 개인 사업자만 가입이 가능했던 ISA 활성화를 위해 가입 대상이 조정될 예정이다. 세법 개정을 통해 19세 이상 거주자(단, 직전 3개 과세기간 중 1회 이상 금융소득종합과세 대상자는 제외)라면 누구나 가입이 가능하게 된다. 계약 유지 기간 역시 5년에서 3년으로 단축되어 기존 가입자도 단축된 의무 가입 기간을 적용받을 수 있다. 또 납입 한도가 이월 적용되어 1년간 2,000만 원의 납입금액을 채우지 못하더라도 채우지 못한 금액만큼 다음 해에 추가 납입이 가능해진다.

03
변하는 세법에
적극적으로 대응한다

효과적으로 절세하려면 세법 관련 기사를 주의 깊게 관찰해야 한다. 세법의 변화
는 본인의 실소득에 직접적인 영향을 미치기 때문이다.

　　정부의 개정 세법안 발표를 앞두고 한 고객의 연락을 받았다. 본
인 소유의 주택을 자녀에게 증여할 것인지 여부를 결정하고 싶은데
이번 개정안에서 세법이 어떻게 바뀔지 예측해달라는 연락이었다.
　　일반적으로 매년 7월 말에서 8월 초에 정부(기획재정부)가 개정
세법안을 발표한다. 개정 세법안은 발표된 직후부터 사회 전반에
영향을 미치지만 아직 확정된 법률은 아니다. 개정 세법안은 국회
에 제출되기 전에 일부 수정과정을 거치며 국회에 제출된 이후에도
상임위원회에서 내용을 바꾸기도 한다. 따라서 이 과정을 거치기
전에 언론에 오르내리는 기사는 전문가의 분석자료나 보도자료인
경우가 많다.
　　병원에 오랫동안 입원 중인 환자는 웬만한 의사보다 더 정확하

게 본인의 병에 대해 알고 있다고 한다. 본인이 당면한 질환이라 다른 누구보다 병에 관한 기사나 뉴스에 더 많은 관심이 있기 때문이다. 이와 마찬가지로 자산가일수록 세법의 변화가 실소득에 직접적인 영향을 미치므로 일반인보다 세법 관련 기사를 더 주의 깊게 관찰한다.

세법의 틈새를 공략하라

보통 이자 소득, 배당 소득, 부동산 임대 소득을 자산 소득이라고 하는데 명의 분산이 쉽다는 공통점이 있다. 그래서 과거의 세법에서는 명의를 분산해 과세표준을 줄이고 세금 회피를 방지하기 위해 부부 합산과세를 원칙으로 했다. 이와 관련해 '자산 소득의 부부 합산과세는 혼인한 부부를 그렇지 않은 사람보다 차별하는 것'이라며 헌법에서 보장한 평등권에 어긋난다는 논리로 헌법소원이 제기되었고 결국 2002년 8월 29일 재판관 전원의 일치된 의견으로 헌법 불합치 판정이 내려졌다. 이후 세법이 부부 별산과세로 변경되어 자산 소득은 2002년 1월 1일 소득부터 소급해 부부간 따로 과세하고 있다. 일부 자산가는 2001년 자산 소득에 대해서도 부부별로 세금을 계산해 이미 낸 세금을 돌려받을 수 있었다. 자산 소득 부부 합산과세의 헌법소원이 제기된 것을 알고 동일한 소송을 제기했기 때문이다. 헌법재판소에서 위헌으로 결정이 난다면 계류 중인 동일 건도 똑같이 보호받을 수 있다. 그들은 이미 토지 초과 이득세가 위헌으로 결정될 당시에도 비슷한 경험을 했다.

부자들은 세법의 변화를 주도하지는 않지만 변하는 세법에 빠르게 적응한다. 그들이 가장 많이 활용하는 매체는 신문이다. 물론 경제와 관련한 기사만 고집하지 않는다. 이제부터 우리도 재산권에 영향을 줄 수 있는 모든 기사는 관심 있게 지켜볼 필요가 있다.

알아두면 좋은 절세 지식

가족 간 공동 사업도 인별로 과세된다

공동 사업을 하면 공동 사업장에서 벌어들이는 소득금액을 각자의 투자 지분 비율에 따라 배분한 후 소득세를 계산한다. 만약 공동 사업 계약서에 지분 비율이 기재되어 있지 않았다면 균등 지분으로 보고 똑같은 비율로 분배한다.

과거에는 생계를 같이 하는 가족 간에 공동 사업을 할 때, 세금을 줄이기 위한 명의 분산으로 해석하고 지분 비율이 가장 큰 사람에게 합산해서 과세했다. 하지만 2005년부터는 명의 분산이나 조세 회피 등이 목적인 공동 사업이 아니라면 생계를 같이 해도 지분 또는 손익 분배 비율로 개별 과세가 가능해졌다. 이는 헌법재판소가 자산 소득 부부 합산과세제도를 놓고 위헌 결정한 취지를 세법에 반영했기 때문으로 보인다. 즉, 부부간에도 투자 지분 비율이 허위가 아니라면 남남처럼 따로 세금을 계산하는 것이다.

04
자금 출처조사는
전략적으로 대비해야 한다

자금 출처조사를 대비하기 위해 재산 취득자금을 모두 입증할 필요는 없다. 실제 취득한 금액을 기준으로 자금 출처조사가 나온다는 것도 기억하자.

D에게는 결혼한 아들이 3명 있다. 경기도에 시가 4억 원 정도 하는 아파트 한 채를 막내아들 이름으로 계약했다. 대금을 지불할 여력이 충분했지만 평소 거래하는 은행에서 막내아들 이름으로 대출을 받아 중도금과 잔금을 지급했다. 자금 출처조사에 대비하기 위해서였다.

막내아들은 4년간 직장을 다녔지만 그렇다고 해도 아파트를 자력으로 취득하기에는 모은 돈이 부족했다. 직장생활을 하면서 소득세 등 공과금을 제외하고 받은 연평균 총급여액은 3,500만 원이었고 4년간 한 푼도 쓰지 않았더라도 근로 소득으로 입증할 수 있는 금액은 1억 4,000만 원 정도였다. 4억 원짜리 아파트를 취득하기에는 너무나 부족한 금액이었다.

경제적 능력이 없는 사람이 고가의 부동산 등을 취득하면 국세청에서 자금 출처조사가 나온다. 세법에 명시된 재산 취득자금에 대한 증여 추정 규정 때문인데 취득자금의 원천(源泉)을 소명하도록 요구한다. 국세청에서 인정하는 소명자료는 국세청에 신고된 소득자료나 객관적으로 인정되는 채무 등이다. 취득자금을 소명하지 못하면 증여세가 부과된다.

그렇다면 어떻게 자금 출처조사를 대비해야 할까? 재산 취득자금을 전부 입증할 필요는 없다. 취득세를 포함한 부동산 가격이 10억 원 이하일 경우에는 취득자금의 80% 이상을 입증하면 전체를 입증한 것으로 보고 증여세를 부과하지 않는다. 하지만 취득한 재산이 10억 원을 초과할 경우에는 입증하지 못하는 금액이 2억 원을 넘으면 안 된다. 즉, '취득자금에서 2억 원을 제외한 나머지 금액' 이상을 입증해야 전체를 증명한 것으로 보고 증여세를 부과하지 않는다. 예를 들어 8억 원 상당의 부동산을 구매했다면 자금 출처조사에서 6억 4,000만 원(8억 원×80%)을 소명해야 한다. 즉, 6억 4,000만 원 이상을 취득자금으로 소명하면 증여세를 피할 수 있다. 취득자금이 17억 원이라면 15억 원(17억 원−2억 원) 이상을 취득자금으로 소명해야 한다.

이때 주의해야 할 점이 있다. 바로 자금 출처조사는 기준 시가와 상관없다는 점이다. 실제 취득한 금액을 기준으로 자금 출처조사가 나오기 때문이다.

재산 취득자금을 입증할 수 있어야 한다

그렇다면 입증은 어떻게 해야 할까? 부동산 매각자금으로 취득했다면 양도소득세 신고 서류나 납부영수증이 필요하다. 본인이 벌어들인 소득으로 취득했다면 종합소득세를 낸 실적이면 된다. 소득세 신고를 자진해서 했거나 세무 조사 등으로 과세된 소득금액은 그 소득에 대한 소득세 및 공과금 상당액을 차감한 금액으로 소명할 수 있다. 농지 경작 소득, 전세금, 보증금 등도 입증자료로 사용할 수 있다. 또한 재산 취득 전에 빌린 금액도 자금 출처 입증자료로 쓰일 수 있다. 하지만 원칙적으로 배우자와 직계존비속 간의 차용증은 인정되지 않는다.

오래전에 발행한 묻지 마 채권의 최종 상환자금도 자금 출처조사에 사용된다. 최종 소지인 이름으로 만기에 원천징수된 사람은 그만큼 자금 출처도 확보되는 것이다.

객관적으로 인정할 수 있는 자금 출처조사 자료인 차입금은 금융기관의 대출금이다. 금융기관의 대출이라도 부동산을 취득하는 데 실제로 사용되어야 입증된다.

자금 출처조사가 끝났다고 대출금을 바로 상환하는 것은 바람직하지 않다. 채무 상환자금도 자금 출처조사 대상이 될 수 있기 때문이다. 따라서 대출을 상환해도 연소득 범위 내에서 원금과 이자를 만기까지 갚을 수 있어야 한다. 그렇다면 앞의 D가 부동산을 취득하기 위해 대출해야 할 금액은 1억 8,000만 원(4억 원의 80%—1억 4,000만 원) 이상이다.

경제적 능력이 없다는 이유만으로 원칙 없이 자금 출처조사를 하지는 않는다. 국세청은 전산 입력된 자료 중에서 30세 미만인 사람의 부동산이나 주식 취득자료, 신규 개업자금 등을 분석한 결과를 바탕으로 취득 재산 규모 및 부족 금액에 따라 등급별로 출력해 조사 대상을 선정한다. 취득 재산의 금액 및 상환자금이 국세청에서 내부적으로 정한 '증여 추정 배제 기준'에 미달하면 출력에서 제외한다. 증여 추정 배제 기준은 증여일을 기준으로 소급해 10년 이내에 다른 취득자금이 있으면 누적해서 적용한다.

자금 출처조사는 취득자금의 원천을 확인하는 과정이지만 거기에 그치지 않고 자금의 흐름을 파악하기 위해 금융자료의 제출을 요구한다. 취득자금의 원천과 그 흐름을 보여줄 수 없다면 객관성이 유지되는 금융기관의 대출을 이용하거나 부족 자금의 증여 신고를 한 후에 증여세를 내는 것도 좋은 방법이다.

알아두면 좋은 절세 지식

증여 추정 배제 기준의 적용 대상별 구분

상속세 및 증여세 사무 처리 규정(법령의 규정에는 없지만 국세청 내부적으로 조사 기준 등을 정해 놓은 훈령의 일종)을 보면, 재산 취득자금 등에 대한 증여 추정 배제 기준을 정해놓았다. 즉, 재산 취득일 전 또는 채무 상환일 전 10년 이내에 주택과 기타 재산의 취득금액 또는 채무 상환금액이 각각 다음 표의 기준에 미달하거나 주택 취득자금, 기타 재산의 취득자금 및 채무 상환자금의 합계액이 총액 한도 기준에 미달하면 증여 추정 규정을 적용하지 않는다.

구분	취득 재산		채무 상환	총액 한도
	주택	기타 재산		
30세 미만	5,000만 원	5,000만 원	5,000만 원	1억 원
30세 이상	1.5억 원	5,000만 원	5,000만 원	2억 원
40세 이상	3억 원	1억 원	5,000만 원	4억 원

위 표의 금액 이하라도 취득자금이나 상환자금을 타인에게 증여받은 사실이 객관적으로 확인되면 증여세 과세 대상이 된다(이때에는 증여 사실을 과세관청이 입증해야 한다).

05
국세청이
절세와 탈세를 판단한다

이제는 국세청의 엔티스 관리를 피하기 어렵다. 자진해서 신고하거나 자금 출처 조사에 대비한다.

한적한 시골길을 가다가 급하게 주차할 일이 생겼다. 바로 앞 단속구역에 주차할까? 아니면 인근 유료주차장으로 갈까? 단속에 걸리지만 않는다면 주차 요금 1만 원을 벌겠지만 단속에 걸리면 과태료로 4만 원을 내야 한다. 어떤 선택을 할 것인가?

이런 상황에서 하는 선택에는 늘 부담이 따른다. 단속구역에 주차하는 것은 불법이므로 유료주차장에 주차하는 것이 규정상 정답이다. 하지만 단속이 뜸한 곳에서 유료주차장을 찾아 주차하는 사람은 드물다. 사람마다 판단 기준이 다르겠지만 가장 큰 고려의 대상은 주차 단속 가능성, 단속의 빈도, 범칙금이다.

부자나 직장인이나 세금을 싫어하는 마음에는 그 차이가 없으며 국적이나 나이, 성별도 불문한다. 따라서 모두가 세금을 합법적으로 덜 내기 위해 온갖 방안을 마련한다. 이를 '절세'라고 한다. 반면 합법적인 범위를 초월하면 '탈세'라고 구분한다. 부자들은 절세를 추구하나 때에 따라서는 탈세를 시도한다.

E는 최근에 부친상을 당했다. 부친이 거액의 상속 재산을 남겼는데 상속세 신고 시 포함해야 할 재산 범위 때문에 고민이 많다. 상속 재산은 골동품, 금융 자산, 부동산을 합해 40억 원 정도였다. 부친이 돌아가시기 전에 미리 증여받은 재산도 30억 원이 넘었다. 증여받은 재산은 부동산과 금융 자산이 대부분이며 증여세를 신고한 것도 있었고 그렇지 않은 것도 있었다.

상속세는 원칙적으로 10년 이내에 증여받은 재산까지 합해 계산해야 한다. 하지만 E는 사전에 증여받은 재산 중 일부를 상속 재산에 포함하지 않았다. 오래전에 증여받은 금융 자산과 상속으로 취득한 골동품, 부친이 돌아가시기 2년 전에 증여받은 현금과 E 명의로 부친이 사준 부동산 역시 신고하지 않았다.

E가 증여 신고 여부의 판단 기준으로 정한 것은 '국세청에서 나와 부친의 소득과 재산을 어느 정도로 파악하고 있는가?'였다. 즉, 국세청의 상속 재산 파악 여부와 조사 가능성이 의사 결정의 가장 큰 기준이었다.

국세청은 국세청통합전산망을 개선한 차세대전산시스템(NTIS: Neo Tax Integrated System, 이하 '엔티스')을 이용해 국민의 소득과 재산을 관리한다. 전국 모든 세무서 단말기에 주민등록번호만 입력하면 그 사람이 신고한 소득명세와 등록된 재산, 조사 후 사후관리

중인 명세를 한눈에 확인할 수 있다.

엔티스에서 관리하는 데이터의 원시자료는 다양한 경로로 입력된다. 직장인에게 급여를 지급하거나 이자를 지급하면 소득을 지급한 회사와 은행은 그 소득자료를 국세청에 보고한다. 부동산, 주식의 취득이나 변동 명세 역시 대법원의 전산망과 법인들의 주식 이동 상황 명세자료 등의 신고로 국세청에 통보된다.

국세청은 엔티스로 보고된 자료를 주민등록별로, 그리고 특수관계인별로 정리해서 관리한다. 엔티스에 입력된 자료는 개인마다 수백여 가지가 넘는다. 수작업으로 관리하기 어려운 과세자료를 전산으로 보완한 것이다.

하지만 엔티스에서도 관리하기 힘든 자료가 있는데 현금과 현물이 가장 대표적이다. 그래서 장사하는 사람이 신용카드보다 현금결제를 선호하는 것이다. 현금은 사업자의 세원 관리뿐만 아니라 상속이나 증여 면에서도 관리하기가 쉽지 않다. 골동품이나 귀금속 역시 마찬가지다. 그래서 세법에서는 골동품, 귀금속, 그리고 일정 규모를 초과하는 현금을 포착하면 언제든지 과세할 수 있도록 규정하고 있다.

일부 자산가는 엔티스에서 관리되는 명세를 상당히 많이 알고 있다. 엔티스의 세무 행정 사각지대를 적극적으로 활용하는데 특히 상속, 증여, 양도, 사업 매출을 신고할 때 관리되는 자료를 피해 신고한다. 이들은 소득을 누락시키면서 30~40%의 추가적인 가산세 부담을 감수한다. 세금을 100% 피하든지 아니면 130~140% 부담하겠다는 계산이다. 엔티스의 관리를 피할 수 없을 때에는 그 대응 방안을 고려한다. 자진해서 신고하거나 자금 출처조사에 대비하는 것이다.

알아두면 좋은 절세 지식

기존의 국세청통합전산망(TIS)과
차세대전산시스템(NTIS, 엔티스) 간의 차이

	TIS	엔티스(NTIS)

대민 서비스

통합 시스템 01	• 8개 사이트 독립적 운영 • 사이트별 회원가입·로그인	✓ 하나의 사이트로 통합·운영 ✓ 한번의 가입·로그인
신고 편의성 향상 02	• 신고 부속서류 수동 제출	✓ 전자제출 가능 ✓ 간편신고(Pre-filled) 서비스 확대
MY-NTS 강화 03	• 세금신고 등 34종 정보 제공	✓ 62종으로 확대 ✓ 우편물 조회·출력 등 기능 추가
온라인민원발급확대 04	• 사업자등록증명 등 20종 발급 • 일요일·공휴일 미발급	✓ 39종으로 확대 ✓ 365일 서비스
모바일 서비스 개선 05	• 모바일 앱 7종 등 독립적 운영	✓ 통합운영 ✓ 부가가치세 모바일 간편신고 등 서비스 확대

내부 업무

전자서고 구축 01	• 납세자가 제출한 일부 문서 전자화	✓ 모든 문서 전자화
해명안내 전산관리 02	• 해명안내 발송 및 검토내역 일부 전산관리	✓ 모든 자료의 전산관리
우편물 자동 발송 03	• 과세자료 해명안내문 등 일부 우편물 수동 발송	✓ 모든 우편물 자동 발송
국세공간정보(GIS) 04	〈 새롭게 구축 〉	✓ 지리정보와 국세정보를 연결· 제공함으로써 세원관리 지원 강화

• 출처: 국세청

06
국세청의 움직임이
확 달라졌다

지금까지 금융 자산은 부동산이나 주식에 비해 국세청의 관리가 소홀했다. 하지만 앞으로는 금융 자산의 명의 분산과 비과세 상품 가입 때 더욱 신중해야 한다.

'내 재산의 보유 내용을 국세청에서 알고 있을까?'

기본적으로 부자들은 이 부분에 관심이 많으며 국세청에서 자신의 재산을 파악하는 것을 무척이나 꺼린다.

국세청은 일반적으로 등기·등록 및 명의 변경을 해야 하는 토지, 건물, 주식, 차량, 선박, 항공기 등 상당히 많은 재산명세를 알고 있다. 가장 대표적인 것이 부동산이다. 대법원 전산망과 국세청 엔티스가 소유권 이전 등기를 공유해 그 내용을 확인할 수 있다. 주식 보유 현황을 직접 보고하지 않아도 국세청은 주식과 지분의 변동 내용을 정확히 파악하고 있다. 매년 주권을 발행하는 법인이 국세청에 주식 이동 상황명세서를 보고하고 있기 때문이다.

원천징수가 되는 소득 역시 전부 국세청에 통보된다. 일반적으로 원천징수가 되는 소득은 이자 소득, 배당 소득, 방문판매원이나 보험모집원의 사업 소득 등이다. 연금 소득과 기타 소득에 대한 원천징수도 그 사람의 소득을 파악하는 중요한 자료로 활용하고 있다. 이 자료는 재산 취득자금에 대한 자금 출처조사의 기준으로 사용되기도 한다.

국세청에 통보되지 않는 소득도 있다. 소득세법에 열거되지 않아서 과세하지 못하는 소득은 국세청에서 확인하지 못한다. 가령 소액 주주가 증권시장에서 매매로 벌어들인 소득이 그렇다. 국내 주식형 펀드에 가입해서 벌어들인 소득도 국세청에서 정확히 측정할 수 없다. 국내 주식형 펀드의 경우 배당 소득으로 잡히는 과세표준에 상장 주식의 매매 차익부분이 빠지기 때문이다. 채권 환매 시에도 보유 기간에 대한 이자 소득은 확인할 수 있지만 채권의 매매 차익은 정확하게 알지 못한다. 이렇듯 소득세법의 열거주의 입장에서 제외되어 과세하지 못하는 항목은 국세청에서 그 소득 내역을 정확하게 알지 못한다. 단, 10년 이상 장기저축성보험의 경우 세법 해석으로는 미열거 소득으로 구분하여 소득세를 매기지 못하지만 지급조서가 국세청에 제출되기 때문에 그 소득명세를 확인할 수 있다.

여기서 꼭 알고 넘어가야 할 부분이 있다. 상담을 하다 보면 국세청에 통보되지 않은 소득의 상속세와 증여세는 피할 수 있다고 생각한다. 하지만 잘못된 생각이다.

이유는 너무나도 명확하다. 현재 국세청에는 신고된 소득이 아니더라도 개인별 재산을 확인할 수 있는 전산시스템, 즉 첨단탈세방지센터(FAC: Forensic & Anti Tax-Evasion Center)를 운영 중이다. 금융정보분석원(FIU: Financial Intelligence Unit)에서도 금융자료를 넘겨받아 조사에 활용한다. 또한 PCI 분석시스템으로 자금 출처 조사 대상자를 선정하고 금융 재산을 포함해 부동산의 취득자금 출처조사 등에 이용한다. PCI 분석은 재산 증가(Property), 소비 지출(Consumption), 소득(Income)을 분석하여 현재 재산 현황을 추정하는 시스템을 말하며 자금 출처조사에 많이 쓰인다.

지급조서 제출이 면제된 소득이라도 국세청에서 금융 자산 일괄조회(계좌추적)를 하면 언제든지 자료를 확인할 수 있다. 하지만 아직 일반 부동산이나 주식보다 금융 자산의 관리가 소홀한 것은 사실이다. 상당히 많은 사람이 이미 자녀에게 증여 공제의 범위를 초과해 사실상 증여했는데도 과세하는 경우가 적은 편이다. 그 이유는 부동산이나 주식처럼 등기 또는 등록하지 않고 명의 변경을 하지 않기 때문이다. 또한 금융기관이 국세청에 보고하는 자료도 원금이 아닌 이자 지급명세다. 현재 은행에서 원금이 국세청에 보고되는 경우는 고액 현금 거래나 고액 환전이 있을 때 등이다. 이러한 자료는 금융정보분석원(FIU)에 보내져 국세청이 언제든지 세무 조사의 근거자료로 활용할 수 있도록 법제화되었다.

부동산이나 주식을 차명으로 거래하다가 발각될 경우 위반으로 엄청난 과징금을 물어야 한다. 명의를 수탁받은 사람이 소유권을 주장하면 되찾는 데 상당히 어렵다.

과거 2014년 11월 28일까지는 차명으로 거래한 금융 자산이 발각되더라도 불이익은 크게 없었다. 세법상 '명의 신탁 재산에 대한 증여 의제' 규정도 주식에만 적용되었고 예금, 적금 펀드 등은 예외였다. 상속세 및 증여세법상 금융 실명법에 따라 실명이 확인된 계좌는 명의자가 그 재산을 취득한 것으로 추정(증여 추정)한다는 규정이 있었지만 금융 실명법을 위반하지 않는 범위 내에서 실제 소유주를 입증하면 증여세를 과세할 수 없었다.

그런데 2014년 11월 29일부터 분위기가 달라졌다. 불법을 목적으로 금융 거래를 차명으로 하면 이유를 불문하고 처벌한다는 내용이 강화된 금융 실명법(일명 '차명 거래 금지법')이 시행됐기 때문이다. 여기에서 언급한 '불법'의 목적은 당연히 세금을 줄이려는 의도도 포함한다. 실제로 증여할 목적이 없는데도 금융소득종합과세를 피할 목적으로 한 가족 간의 명의 이전은 처벌의 대상이 될 수 있다. 만약 차명계좌를 만들면 5년 이하의 징역 또는 5,000만 원 이하의 벌금을 물린다.

2014년 11월 29일부터 시행한 차명 거래 금지법은 세무 조사에 응하는 방법에도 변화를 줬다. 과거에는 금융 재산과 관련한 자금 출처조사가 나왔을 때는 실제 소유자를 입증하면서 관리 목적의 차명계좌임을 밝히면 증여세를 피할 수 있었지만 이제는 불가능하다. 차명 거래 금지법 위반을 스스로 자백하는 것과 같기 때문이다. 따라서 무조건 취득자금을 소명해야 하고 소명하지 못하는 부분에 대해서는 증여세가 나온다.

07
세금은 되도록
늦게 낸다

세법상 사유에 해당하는 납세자는 세금 납부를 일정 기한 연장받는 것이 좋다. 납부 세액이 1,000만 원을 넘으면 세금을 나눠 내는 분납도 가능하다.

사업을 하다 보면 재해를 당하거나 거래처의 부도 등으로 위기에 처하기도 한다. 이런 위기에서도 세법에서 정한 납부 기한 내에 내야 하는 세금으로 곤란을 겪는다. 그렇다고 자금 사정을 이유로 아무런 조치도 하지 않으면서 세금 신고와 납부를 하지 않으면 신고와 납부의 불성실에 따른 가산세와 가산금을 물어야 한다.

납세자라면 종합소득세, 부가가치세, 법인세 등 내야 할 세금을 스스로 확정해 법정 기한 내에 신고와 납부를 하도록 의무화되어 있다. 하지만 세법에서는 일정한 사유가 있다면 신고 및 납부 기한을 연장해주거나 징수 유예로 세금 납부를 연기할 수 있도록 규정하고 있다. 즉, 납세자가 천재 지변, 화재 등 재해를 입거나 도난을 당한 때, 납세자 또는 그 동거 가족이 질병으로 위중하거나 사망해 상중(喪中)일 때, 권한 있는 기관에 장부나 서류가 압수 또는 영치된 때, 납세자가 사업에 심한 손해를 입거나 사업이 중대한 위기에 처한 때, 정전이나 프로그램의 오류 및 기타 부득이한 사유로 한국은행 및 체신관서(우체국 등)의 정보 처리장치 가동이 불가능한 때 등에는 납세자가 신고 및 납부 기한을 연장할 수 있다. 납부 기한 연장은 3개월 이내지만 기한 연장 사유가 소멸하지 않으면 최장 9개월까지 늘릴 수 있다. 이때는 기한 만료일 3일 전까지 연장할 기한 및 사유를 작성해 신청하고 세무서장의 승인을 얻어야 한다.

2018년에는 악화된 고용 환경 등의 사유로 기업 경영이 어려워진 경우를 고려해 신고 및 납부 기한을 연장해주는 규정도 신설됐다. 자동차공장, 조선소 등의 폐쇄로 인해 고용 여건이 악화되어 고용재난지역으로 선포된 군산 등의 경우 납부 기한을 추가로 연장해준다.

납세자가 화재 등의 재해를 입었거나 도난을 당한 경우, 납세자 또는 그 동거 가족이 질병이나 중상해로 6개월 이상의 치료가 필요하거나 사망해 상중인 경우, 납세자가 그 사업에서 심각한 손해를 입었거나 그 사업이 중대한 위기에 처한 경우, 그리고 납세자의 형편, 경제적 사정 등을 고려해 기한의 연장이 필요하다고 인정되는 경우에는 6개월 이내에서 기한을 연장할 수 있다. 또한 2년의 범위에서 3개월 단위로 기한을 연장할 수 있다.

단, 이 혜택을 받기 위해서는 조세특례제한법에서 규정하는 중소기업이어야 하고 지역 요건에 해당해야 한다. 지역 요건으로는, 고용정책기본법에 따라 선포된 고용재난지역, 국가균형발전특별법에 따라 지정된 산업위기대응특별지역, 그리고 재난 및 안전관리기본법에 따라 선포된 특별재난지역이 있다. 특별재난지역의 경우 선포된 날로부터 2년으로 한정한다.

세무서장은 국세 채권의 보전을 위해 납부 기한 연장을 조건으로 담보 제공을 요구할 수 있다. 단, 납세자가 사업에서 심각한 손해를 입었거나 그 사업이 중대한 위기에 처했지만 연장한 납부 기한까지 국세를 납부할 수 있다고 관할 세무서장이 인정하면 담보 제공을 요구하지 않을 수 있다. 토요 휴무제에 따라 연장한 납부 기한일이 토요일이라면 그다음 정상 근무일(보통 월요일)까지 납부 기한이 연장된다. 이때에는 납부 불성실 가산세, 가산금, 중가산금을 내지 않는다.

신고 기한과 납부 기한을 정확히 알자

정부에서 세액을 결정해 고지하고 세금을 납세 고지로 내야 하는 상속세나 증여세의 경우에는 납부 기한의 연장이 아니라 징수 유예를 신청할 수 있다.

징수 유예는 납세자가 일정한 사유로 인해 국세를 납부 기한 또는 독촉 기한 내에 납부할 수 없다고 인정되는 경우에 납세 고지의 유예 또는 세액의 분할 고지를 하거나 납부 기한을 다시 정해 징수를 유예함으로써 납세자에게 기한의 이익을 부여하는 제도다. 징수 유예 사유도 납부 기한 연장 사유와 유사하며 6~9개월 동안 유예할 수 있다. 세무서에서는 징수를 유예할 때 관련 금액에 상당하는 납세 담보를 요구할 수 있다.

2018년 이후 악화된 고용 환경 등의 사유로 특정한 지역에 한정해 신고 및 납부 기한을 추가로 연장해줬던 규정은 징수 유예에서도 동일하게 적용한다. 재해 또는 도난, 사업에 현저한 손실을 입거나 사업이 중대한 위기에 처한 경우, 그리고 납세자 또는 동거 가족의 질병 등으로 장기 치료가 필요한 경우에는 납세 고지를 유예하거나 결정한 세액을 분할해 고지할 수 있다. 이 경우 유예의 기간은 최대 2년 이내로 할 수 있고 징수 유예 기간 중 분납 기한 및 분납 금액은 관할 세무서장이 정할 수 있다.

납부 기간을 조정할 수 있는 세금이 더 있다. 소득세법상의 '분납' 제도는 세금을 나눠 내는 것을 말하는데 보통 두 달 정도를 준다. 가령 세금이 2,000만 원 이하라면 1,000만 원을 초과하는 금액을 두 달 이내에 나눠 낼 수 있고 2,000만 원을 초과하면 그 세액의 50% 이하인 금액을 두 달 이내에 분납할 수 있다. 물론 상속세와 증여세도 분납이 가능하다.

분납은 납부 세액이 1,000만 원을 초과하는 납세자라면 누구나 신청할 수 있고, 두 달 기간 경과에 따른 이자 부담도 없다. 납부 세액이 1,000만 원을 초과한다면 분납 신청을 한 다음, 납부 세액의 50%를 단 하루만 운용해도 이자가 지급되는 금융 상품에 가입하는 것도 좋은 방법이다.

상속세, 증여세도 분납이 가능하다

상속세나 증여세는 한 번에 내기 부담스러운데 이때 '연부연납'을 고려해본다. 연부연납(年賦延納)은 세금의 일부를 장기간에 걸쳐 나눠 납부하는 방법을 말한다. 납세 자금을 준비할 수 있는 시간을 주기 위해서다. 상속세 및 증여세에 적용되는 '연부연납'은 납부 세액이 2,000만 원을 초과해야 신청할 수 있다.

연부연납은 5년 이내로 할 수 있지만 상속 재산이 가업 상속 재산일 경우에는 연부연납 허가 후 10년 또는 3년이 되는 날부터 7년까지, 상속 재산 중 가업 상속 재산이 차지하는 비율이 50% 이상이면 연부연납 허가 후 20년 또는 5년이 되는 날부터 15년까지 가능하다. 단, 각 회분의 분할 납부 세액이 1,000만 원을 초과하도록 연부연납 기한을 정해야 한다.

연부연납은 분납과 달리 기한이 장기간인 만큼 가산 이자 1.8%를 부담해야 한다. 따라서 연부연납을 신청할 것인가, 대출을 받아서 세금을 낼 것인가 잘 판단해야 한다. 연부연납 이자율이 1년을 기준으로 1.8%이므로 대출 이자율이 이보다 저렴하면 대출을 받아 세금을 내는 것이 유리하다.

알아두면 좋은 절세 지식

상속세 신고 기한은 다음과 같다.

- 상속인과 피상속인이 (국내) 거주자인 경우: 상속 개시일이 속하는 달의 말일부터 6개월 이내
- 피상속인 또는 상속인 전원이 (국내) 비거주자인 경우: 상속 개시일이 속하는 달의 말일부터 9개월 이내
- 유언 집행자 또는 상속 재산 관리인인 경우: 지정 또는 선임되어 직무를 시작한 날부터 6개월 이내

신고할 때 갖춰야 하는 서류는 다음과 같다.

- 상속세 과세표준 신고와 자진납부계산서
- 상속 재산명세와 그 평가명세서
- 채무 사실을 입증할 수 있는 서류
- 배우자의 상속 재산이 분할된 경우에는 상속 재산 분할명세와 그 평가명세서
- 기타 상속세 및 증여세법에 따라 제출해야 하는 서류

상속세는 신고 기한 이내에 납세지 담당 세무서, 한국은행 또는 체신 관서에 내야 한다(자진 납부). 일정한 요건을 갖추면 분납 및 연부연납이 허용된다.

3장

월급과 관련된 절세 지식

절세는 습관이다. 1년 단위로 과세하는 소득세는 특정한 기간에 열심히 준비해서 줄어드는 세금이 아니다. 사소하지만 반복되는 의사 결정이 합리적으로 이뤄져야 마지막 단계에서 빛을 볼 수 있다. 절세의 습관은 연말정산과 종합소득세 확정 신고의 과정에서 결실을 볼 수 있을 것이다.

01
취업과 동시에
노후를 준비해야 한다

사회생활을 시작하면서 가입한 사적 연금을 활용하면 나중에 받는 공적 연금과 함께 노후가 충분히 보장된다. 사적 연금에 들 때에는 세액 공제의 한도가 아닌 불입한도를 활용하는 것이 좋다.

직장인은 현재의 경제력이 미래에도 보장되지 않기 때문에 은퇴 후 노년에 대한 불안감을 갖고 있다. 현실적으로 은퇴 전에 필요한 자금을 충분히 모으기가 어렵고 은퇴 시점도 빠르게 다가오고 있다. 보통 직장인은 은퇴할 즈음에 비로소 금융 자산 조금에다 한 채 정도의 주택, 약간의 금융 상품을 보유 재산으로 구성하게 된다. 이 중 일부는 여전히 대출을 갖고 있을지도 모른다. 이런 상황에서 자녀에게 재산을 넘기는 증여는 사치일 수도 있다.

이러한 이유로 노후 준비는 젊을 때부터 해야 한다. 노후 준비는 연금에 대한 세금을 이해하면서 시작할 필요가 있다. 사실 '연금'이라는 단어는 부동산보다 금융 상품에 많이 사용된다. 그래서 'ㅇㅇ 연금'이라고 명시된 금융 상품이 많다. 연금은 공적 연금과 사적 연금으로 구분된다.

국민연금, 공무원연금처럼 가입이 의무화된 공적 연금은 세금이 없을 것이라고 생각하는 사람이 많지만 연금을 수령하는 시점에 종합소득세를 내야 한다. 공적 연금을 받으면 직장인들과 비슷하게 연말정산 때 종합소득세를 납부해야 하는 것이다. 직장인들과 차이가 있다면 직장인은 근로 소득으로 연말정산을 하고, 공적 연금을 받는 사람은 연금 소득으로 연말정산을 하는 것뿐이다. 공적 연금 외에 다른 종합과세대상 소득이 없다면 연말정산으로 종합소득세의 납세의무는 종결된다. 만약 은퇴한 후에 공적 연금을 한 번에 수령한다면 퇴직 소득으로 소득세를 내야 한다.

반면 본인이나 회사의 선택으로 가입하는 사적 연금이 있다. 연금저축계좌와 퇴직연금계좌 등인데 이 역시 연금을 수령하는 시점에 연금 소득으로 구분된다. 하지만 공적 연금과 다르게 1년간 받는 연금 소득의 금액에 따라 세금을 납부하는 방식이 달라진다.

1년간 수령하는 연금 소득이 1,200만 원 이하면 연금 수령자의 나이에 따라 3.3~5.5% 세율로 원천징수하고 납세의무가 종결된다. 1,200만 원을 초과하면 연금 소득을 다른 소득과 합산하고 기본세율(누진세율)을 적용해서 종합소득세를 납부해야 한다. 따라서 사적 연금을 종합과세 대상에서 제외하고 싶다면 수령 기간을 늘려서 1년간 받는 연금을 1,200만 원 이하로 낮추는 것이 좋다. 1년간 수령하는 사적 연금을 1,200만 원 이하로 낮추면 3.3~5.5%의 원천징수로 납세의무가 종결되기 때문에 분리과세의 효과가 있다.

[사적 연금의 원천징수 세율]

연금 수령일 기준 나이	원천징수 세율
70세 미만	연금 수령액의 5.5%
70세 이상 ~ 80세 미만	연금 수령액의 4.4%
80세 이상	연금 수령액의 3.3%

• 주: 사망할 때까지 연금을 받는 종신 계약(사망일까지 연금을 수령하면서 중도 해지할 수 없는 계약)에 따라 받는 연금 소득에는 4.4%로 원천징수가 된다.

사적 연금을 연금형식으로 받지 않고 일시에 수령하거나 요건을 만족시키지 못한 상황에서 중도에 받는다면 기타 소득으로 구분된다. 기타 소득으로 구분되는 사적 연금은 소득세법상 다른 기타 소득과 2가지 측면에서 차이가 있다.

첫째, 일반적인 기타 소득은 22%로 원천징수가 되지만 기타 소득으로 구분되는 사적 연금은 16.5%의 세율로 원천징수를 한다.

둘째, 일반적인 기타 소득의 경우 소득금액(수입금액에서 필요 경비를 차감한 금액)을 기준으로 22% 원천징수를 하고, 그 금액이 300만 원을 초과하는 경우 종합과세가 된다. 즉, 기타 소득금액이 300만 원을 초과하는 경우 22%의 원천징수로 납세 의무가 종결되는 것이 아니라 다른 종합 소득(이자 소득, 배당 소득, 근로 소득, 사업 소득, 연금 소득)과 합산해 소득세를 다시 계산해야 한다. 그런데 기타 소득으로 구분되는 사적 연금은 금액에 상관없이 16.5%의 원천징수로 모든 납세 의무가 종결된다.

보험금을 연금 형식으로 지급하는 비적격 연금보험도 있다. 비적격 연금보험은 세법상 이자 소득으로 해석되어 종합소득세를 내야 한다는 점이 공적 연금이나 사적 연금과 다르다. 소득세법에서는 이러한 비적격 연금보험을 저축성 보험으로 해석한다. 물론 소득세법의 요건을 만족하는 일부 비적격 연금보험(저축성 보험)에는 비과세의 혜택을 주기도 한다. 10년 이상 저축성 보험 중 거치식 보험의 경우 1억 원까지, 적립식 보험의 경우 월 150만 원 이하로 적립하는 보험의 보험 차익에는 소득세가 과세되지 않는다.

연금 상품은 납입하는 시점에 세액 공제 또는 소득 공제 등의 세제 혜택이 있다. 국민연금 같은 공적 연금은 내는 시점에 연금 보험료 공제라는 명목으로 한도에 제한 없이 납부금액 전체를 소득 공제를 해준다. 반면 연금저축이나 퇴직연금[개인형 퇴직 연금제도(IRP), 확정 기여형 퇴직 연금제도(DC형)] 같은 사적 연금은 불입하는 금액에 주민세 효과까지 고려해 세액 공제를 13.2% 정도 해준다. 단, 종합 소득금액이 4,000만 원 이하이거나 총급여액이 5,500만 원 이하면 16.5%까지 가능하다.

사적 연금의 경우 세액 공제에 한도가 있다. 가령 연금저축계좌는 납부금액 기준으로 400만 원까지 세액이 공제된다. 단, 종합 소득금액이 1억 원(근로 소득만 있으면 총급여액 1억 2,000만 원)을 초과하면 300만 원으로 축소된다. 반면 퇴직연금계좌는 연금저축계좌의 세액 공제 대상 납입금을 포함해 총 700만 원까지 세액 공제 대상이 된다. 연금저축계좌에서 불입금액 300만 원까지 세액 공제를 받았다면 퇴직연금계좌에서 나머지 400만 원을 대상으로 세액 공제를 받을 수 있다. 만약 연금저축계좌가 없다면 퇴직연금계좌에서

700만 원 불입금액 전체에 대해 세액 공제를 받을 수 있다.

또 50세 이상은 추가로 200만 원을 더 공제받을 수 있다. 퇴직 연금계좌와 합하면 연간 최고 900만 원에 대해 세액 공제가 가능하다. 단, 종합 소득금액이 1억 원(근로 소득만 있으면 총급여액 1억 2,000만 원)을 초과하는 사람과 금융소득종합과세 대상자는 추가 공제가 불가능하다.

세액 공제 한도를 초과해 납입해도 걱정할 필요가 없다. 사적 연금의 세금구조에서는 납부할 때 소득 공제(2001~2013년 불입분) 또는 세액 공제(2014년 이후 불입분)를 하고, 받을 때에는 연금 소득으로 과세한다. 하지만 납부할 때 소득 공제 또는 세액을 공제받지 않은 원금부분은 연금 소득의 과세 대상에서 제외된다. 그래서 사적 연금을 납부할 때 공제되지 않은 원금 상당액은 나중에 연금으로 받을 때에도 연금 소득으로 과세하지 않는다.

많은 직장인이 연금저축계좌 가입 시 세액 공제가 되는 400만 원(퇴직연금계좌까지 포함하면 700만 원) 한도까지 납부한다. 필자는 그 이상 납입하기를 적극적으로 권한다. 어차피 세액 공제의 대상이 되지 않는 원금 상당액은 나중에 수령할 때 과세하지 않는다. 그래서 은퇴 이후에 연금형식으로 받는다면 분명 노후 보장에 상당한 도움이 될 것이다.

알아두면 좋은 절세 지식

　자기 주택에 거주하면서 주택을 노후자금으로 활용하는 방안도 노후 준비의 또 다른 방법이다. 2016년 4월 25일, 정부가 출시한 일명 '내 집 연금 3종 세트'가 바로 그것이다(주택담보대출의 주택 연금 전환, 보금자리론 연계 주택 연금, 우대형 주택 연금). 가입자에게 다음과 같은 특징이 있다.

　첫째, 부채 상환 후 노후생활을 시작해 부채 감축 효과를 기대할 수 있다.

　둘째, 매월 주택연금을 받아 안정적인 노후생활을 영위하는 동시에 연금을 사용해 소비 진작 효과를 기대할 수 있다.

　셋째, 평생 내 집에서 거주할 수 있는 주거 안정 효과를 기대할 수 있다.

　주택연금으로 받는 연금은 과세 대상이 아니다. 사실 주택을 담보로 연금형식으로 수령하는 대출 개념이기 때문이다. 그래서 일반적인 연금 상품과 동일하게 생각하면 안 된다. 단, 노후에 특별한 소득도, 은퇴자금도 없다면 주거 안정을 유지하면서 연금을 받기 때문에 고려할 만하다.

02
펀드로 절세 효과와
투자 효과를 극대화하자

간접 투자는 자산운용을 할 때 전문가의 힘을 빌리는 것이 주목적이었다. 최근에는 세금 부담을 줄이면서 수익률을 높이기 위한 수단으로 주목받고 있다.

현금 1억 원을 운용하기 위해 고심하다가 시중에서 이자율이 가장 높은 한 은행의 정기예금에 가입한다고 해보자. 확정 이자율은 1.5%였다. 만기인 1년이 지난 후에 받게 될 금액은 얼마일까?

1년 후의 이자 소득은 150만 원이지만 아쉽게도 다 받을 수 없다. 지겹게도 따라붙는 세금을 떼야 하기 때문이다. 원천징수가 되는 세금은 15.4%로 23만 원 정도다. 결과적으로 실제로 받는 이자는 세후 127만 원 정도다. 약정된 이자율이 1.5%라도 세후 수익률은 약 1.27%[1.5%×(100%—15.4%)]인 것이다.

요즘 같은 저금리시대에는 세후 수익률 1.27%만 보장된다고 해도 투자할 만하다. 하지만 평균 물가 상승률 2.5%를 고려하면 실질 수익률은 마이너스 1.23%로 떨어진다. 1억 원을 투자해 123만 원 정도 손실을 보는 셈이다. 만약 다른 금융 소득이 많아서 금융소득 종합과세 대상자까지 되면 이자 소득에 더 많은 세금을 내야 하므로 정기예금 가입에 따른 마이너스 수익률은 더 커진다. 이처럼 저금리에 따른 수익률 감소는 당분간 지속할 것이다.

그렇다면 세금을 피하면서 수익률도 높일 수 있는 금융 상품은 없을까? 물론 비과세 상품이나 분리과세 상품이 있지만 가입 한도가 정해져 있거나 만기 제한이 있으므로 유동성이 떨어지고 수익률도 기대에 미치지 못하는 경우가 대부분이다. 그래서 부자들은 오래전부터 금융 자산보다 부동산을 선호했고 실제 부동산으로 상당히 많은 이득을 취했다. 하지만 이제 분위기가 많이 달라졌다.

2017년 8월 2일 '실수요 보호와 단기 투기 수요 억제를 통한 주택 시장 안정화 방안(이하 '8·2 대책')', 2018년 9월 13일 '주택 시장 안정대책(이하 '9·13 대책')', 2019년 12월 16일 '주택 시장 안정화방안(이하 '12·16 대책')', 2020년 6월 17일 '주택 시장 안정을 위한 관리방안(이하 '6·17 대책')', 2020년 7월 10일 '주택 시장 안정보완대책(이하 '7·10 대책')' 등 지금까지 발표된 수많은 부동산 정책이 정부의 강력한 투기성 자본 억제정책이라는 것을 알기 때문에 부동산 투자에 대한 부자들의 생각이 조금씩 바뀌고 있다.

간접 투자로 얻을 수 있는 효과

은행 이자를 뛰어넘는 수익을 원한다면 주식 투자가 가장 좋다.

하지만 직접 주식에 투자하기 위해서는 경제적 식견이 상당한 수준이어야 하므로 비전문가에게는 어려운 문제일 수밖에 없다. 그래서 집합투자기구, 즉 펀드를 추천한다. 펀드 등의 간접 투자는 주식에 전문 지식과 경험을 가진 자산운용 전문가가 일반 투자자를 대신해 운용하므로 개인의 노력과 시간을 절약할 수 있다.

펀드란 다수의 투자자가 모아서 만든 대규모 자금을 자산운용 전문가들이 지식과 시간이 부족한 일반인들을 대신해 운용하고 그 수익을 투자자에게 분배해주는 금융 상품이다. 자산운용 전문가들은 펀드로 모인 자금을 주로 주식, 채권 등에 투자한다.

펀드 상품은 분산 투자의 효과와 전문가의 힘을 빌린다는 점에서 유리하지만 불리한 점도 있다. 먼저 운용 결과, 발생한 손실은 투자자가 부담해야 한다. 은행의 예금 상품처럼 원금과 일정 수준의 이자를 보장해주지 않는다. 또한 직접 투자보다 수수료 등 비용이 더 많이 든다. 전문 투자기관에 펀드의 운용을 맡기므로 운용보수를 지급해야 하고 자금을 안전하게 보관·관리를 해야 하므로 수탁보수도 내야 한다.

간접 투자는 전문가의 힘을 빌려 자산을 운용하는 것이 주목적이지만 세금 부담을 최소화하면서 수익률을 높이기 위한 수단으로 활용하기도 한다. 개인이 간접 투자로 얻을 수 있는 이익은 주식 매매 차익, 주식 평가 차익, 배당금, 채권 매매 이익, 채권 이자 등이다. 그런데 세법상 주식 매매 차익과 주식 평가 차익에는 과세하지 않아서 정기예금과 똑같은 투자 수익이더라도 간접 투자 상품에 대한 세금이 더 적다.

특히 주식형 펀드는 절세 효과가 더 크다. 예를 들어 주식형 펀드의 환매 이익이 5,000만 원이고 이 중 주식 매매 차익이 차지하는 금액이 3,000만 원이었다면 이 3,000만 원에는 소득세를 과세하지 않는다. 실제 소득은 5,000만 원이지만 과세 대상인 배당 소득으로 구분되는 소득은 2,000만 원으로 낮아진다.

절세형 펀드라고 해도 펀드는 실적 배당 상품이다. 펀드를 거래할 때 저축이라는 용어를 사용하는 경우가 가끔 있는데, 사실 펀드는 고객의 편의를 위해 저축예금 같은 형식만 빌린 것이다. 궁극적으로는 펀드라는 실적 배당 상품에 투자하는 것이며 주식 편입 비율이 높을수록 원금 손실이 생길 수 있으니 정확한 판단과 책임 아래 투자해야 한다.

집합투자기구의 세법상 이해

우리나라 세법에서는 사실상 '펀드'라는 용어를 사용하지 않으므로 펀드를 이해하기 위해서는 '집합투자기구' 개념부터 알아야 한다.

집합투자기구는 다양한 불특정 다수의 투자자로부터 자금을 모아 투자하는 실체다. 신탁구조나 조합·주식회사 등의 형태로 만들어지는데 우리나라의 경우 대부분 투자신탁의 형태이다. 그리고 투자자와의 관계는 투자계약으로 형성되는데 그 계약을 표방하는 증서를 수익증권이라고 부르며 통상 '펀드'라고 표현한다.

이러한 과정에서 만들어진 펀드가 세법에서 요구하는 3가지 요건(① 자본시장법에 의한 집합투자기구일 것, ② 금전으로 위탁받아 금전으로 환급할 것, ③ 1년에 1회 이상 결산할 것)을 갖추게 되면 소득세법에서는 원천을 불문하고 배당 소득으로 구분해왔다. 하나의 실체에 투자해서 벌어들인 것으로 보고 그 이익을 투자자에게 돌려줄 때 배당 소득으로 보는 것이다. 주식, 채권, 부동산에 투자해도 배당 소득으로 구분되어 과세된다. 단, 편입된 자산 중에서 국내 상장주식이 포함되어 있으면 국내 상장주식의 매매 차익과 평가 차익은 과세 대상에서 제외됐다. 그래서 국내 주식형 펀드를 비과세 펀드라고 표현했다.

그러나 2020년 6월 25일에 발표된 '금융세제 선진화 추진 방향'에 따라 금융 소득의 소득체계가 바뀔 예정이다('금융세제 선진화 추진 방향'에 따른 법안은 2023년 1월 1일 이후 시행될 예정이다). 더 이상 상장주식의 매매 차익과 평가 차익은 비과세 대상이 아니다. 금융 투자 소득이라 칭하는 새로운 소득으로 분류된다. 이에 따라 국내 주식형 펀드를 앞으로는 비과세 펀드라고 표현해서는 안 된다.

03
신용카드 소득 공제에
필요한 전략

직장인이 연말정산에서 가장 유용하게 활용하는 항목이 신용카드 소득 공제다.
본인 명의로 발급된 신용카드 사용금액만 해당된다.

한 맞벌이 부부가 있다. 중소기업 사장인 남편의 연봉은 8,000만 원, 대기업 과장인 아내의 연봉은 4,000만 원이다. 생활비 대부분은 카드로 하고 있다. 요즘 남편은 신용카드 사용에 대해 의문이 생겼다. 지금까지 신용카드 사용금액은 부부 각자의 연말정산에서 공제했는데 은행에 다니는 동생의 말에 따르면 소득이 많은 사람에게 몰아서 공제할 때 환급액이 더 커진다는 것이다. 과연 그럴까?

직장인이 연말정산을 할 때 집중적으로 챙기는 것이 신용카드 소득 공제다. 매년 1월 1일부터 12월 31일까지 신용카드 또는 체크카드를 사용했거나 현금영수증을 발급받았던 대상을 기준으로 공제한다. 신용카드 등 사용액의 연간 합계액이 해당 과세연도 총급여액의 25%(이를 '최저 사용금액'이라고 한다)를 초과하는 경우, 초과 사용한 금액에 일정 비율을 적용해 근로 소득금액에서 공제한다(신용카드와 백화점카드는 물론이고 직불카드와 기명식 선불카드, 체크카드도 공제에 해당된다).

신용카드를 사용하지 않아도 소득 공제가 가능한 사례가 있다. 가령 학원비를 현금으로 지급하지 않고 학원에서 지로용지를 받아 은행에 납부한 다음, 그 영수증을 첨부하면 다른 카드 사용액과 합산해 소득 공제를 받을 수 있다. 또한 2005년 1월 1일부터는 현금영수증제도가 도입되어 신용카드를 사용하지 않고 현금으로 결제해도 소득 공제가 가능하다.

신용카드 소득 공제는 본인 명의로 발급된 신용카드의 사용금액만 공제가 된다. 단, 생계를 같이 하는 배우자와 직계존비속의 연 소득금액이 100만 원 이하라면 가족 명의로 발급된 신용카드 사용금액도 공제된다(총급여액 500만 원 이하의 근로 소득만 있는 경우도 포함). 앞에 나온 맞벌이 부부의 경우에는 아내의 연봉이 연 500만 원을 초과하므로 본인(아내) 명의의 신용카드 사용금액을 남편의 연말정산에서 공제받을 수 없다.

소득 수준이 다르면 추가로 환급받을 수 있다

신용카드 소득 공제는 어떤 카드를 어디에 사용했는지에 따라 공제율이 달라진다. 직불카드(체크카드 포함), 현금영수증을 사용하면 공제율이 30%이지만 일반 신용카드는 15%이다. 일반 카드라도 전통시장이나 대중교통에 쓴 금액은 40%의 공제율이 적용된다. 그리고 연봉 7,000만 원 이하인 사람이 지출한 도서 구입비, 공연 관람료의 경우 30% 공제율이 적용된다. 신용카드보다 체크카드나 현금영수증을 발급받는 것이, 대중교통이나 전통시장을 많이 이용하는 것이 유리하다.

신용카드 소득 공제의 경우 연봉 수준별로 그 한도가 다르다. 연봉 7,000만 원 이하라면 연봉 20%와 300만 원 중 적은 금액, 연봉 7,000만 원 초과 1억 2,000만 원 이하라면 250만 원 한도로 신용카드 소득 공제를 받을 수 있다. 연봉이 1억 2,000만 원을 초과하면 신용카드 소득 공제의 한도가 200만 원까지 줄어든다. 단, ① 전통시장에서 사용한 명세, ② 대중교통 이용내역, ③ 연봉 7,000만 원 이하인 사람이 도서 구입 및 공연 관람에 지출한 내역이 있으면 각각 100만 원씩 한도를 늘려준다. 따라서 연봉 7,000만 원 이하이면 세법상 최대 600만 원까지, 연봉 1억 2,000만 원을 초과하면 최대 400만 원까지 공제받을 수 있다. 일반 카드의 경우 전통시장이나 대중교통을 이용하면 공제율과 공제 한도가 늘어난다.

앞의 맞벌이 부부처럼 서로 소득 수준이 다르면 소득 높은 사람 쪽으로 공제하는 편이 유리하다. 남편이 300만 원을, 아내가 100만 원을 공제하는 것보다 남편이 400만 원을 공제하는 것이다. 만약 아내의 신용카드 공제 100만 원을 남편에게 돌린다면 10만 원 정도가 추가로 환급된다. 남편이 적용받는 누진세율이 아내보다 크므로 공제에 대한 절세 효과가 더 커지기 때문이다. 공동 생활비라면 남편의 신용카드를 사용하는 것이 더 좋다.

여기에서도 판단의 기준이 필요하다. 한 사람이 신용카드 소득 공제의 한도를 초과해 공제받는 것은 불가능하다. 신용카드 소득 공제의 한도를 초과한 신용카드 사용금액은 소멸하기 때문에 다른 가족의 카드를 사용하는 것이 좋다. 예를 들어 연봉 8,000만 원인 남편은 전통시장 사용분과 대중교통 사용분을 포함하면 최대 450만 원까지 공제받을 수 있다. 만약 공제 대상 금액의 신용카드 사용액이 이 한도를 초과할 것 같다면 배우자인 아내의 카드를 사용하여 공제 대상을 늘리는 편이 좋다. 아내는 연봉이 4,000만 원이기 때문에 최대 500만 원까지 신용카드 소득 공제를 받을 수 있다. 남편의 신용카드 소득 공제 한도와 합하면 최대 950만 원까지 공제받을 수 있는 것이다.

직장인이 아니라면 신용카드 사용에 따른 절세 효과가 없을까? 한의사인 F는 은행에 갔다가 카드 가입을 권유받았다. 그러나 그는 작년부터 카드를 쓰지 않기로 하고 그동안 써왔던 카드도 해지했다. 신용카드 사용으로 무분별하게 소비가 늘었다는 것이 이유였다. 더구나 개인 사업자인 관계로 근로 소득자가 아니므로 소득 공제 혜택이 없을 것이라고 짐작했다. 그 생각에는 어느 정도 일리가 있지만 장부를 작성해야 하는 개인 사업자는 신용카드 영수증을 세법상 적격증빙(세금계산서 등 거래에 대한 증명서)으로 사용할 수 있다.

세법에서 복식부기(모든 거래를 대변과 차변으로 나눠 기입한 다음에 각 계좌마다 집계하는 기장법) 의무자는 적격증빙을 첨부하도록 의무화하고 있다. 만약 적격증빙이 아닌 간이영수증 등을 증빙으로 남기면 1%의 가산세를 부과해야 한다. 사업자는 사업과 관련해 직접 사용한 경비를 신용카드 영수증으로 남기면 100% 경비로 인정받을 수 있다. 그래서 직장인이 일정 비율에 500만 원 한도까지 공제를 받는 것과 비교하면 사업자가 더 유리할 수 있다.

알아두면 좋은 절세 지식

신용카드 소득 공제의 대상이 아닌 사용 내역

① 사업 소득과 관련해 비용으로 처리되거나 법인의 비용으로 사용된 것

② 국외에서 사용하거나 면세점(시내 · 출국장 면세점, 기내 면세점, 지정 면세점)에서 사용된 것

③ 실제 사용한 점포가 아닌 다른 가맹점 명의로 거래가 이뤄진 것을 알고 사용한 것

④ 건강보험료, 국민연금보험료, 생명보험 및 손해보험의 보험료 등

⑤ 유아교육법, 초 · 중등교육법, 고등교육법 및 영유아보호법 등에 따른 수업료, 입학금, 보육 비용, 기타 공과금(단, 취학 전 아동의 학원 · 체육시설의 수강료는 가능)

⑥ 국세, 지방세, 전기료, 수도료, 가스료, 전화료(전화료에 함께 고지되는 정보 사용료, 인터넷 이용료 등 포함), 아파트 관리비, 텔레비전 시청료(종합유선방송 이용료 포함), 고속도로 통행료

⑦ 리스료, 상품권 등 유가 증권 구입비, 자동차 구입 비용(중고 자동차를 구입하는 경우 구입 금액의 10%는 공제 가능)

⑧ 국가, 지방자치단체 또는 지방자치단체조합에 지급하는 사용료 또

는 수수료(단, 우체국의 소포 수수료 및 배달 용역의 대가, 부동산 임대 및 도 · 소매, 음식 · 숙박 등의 사용 대가는 공제 가능)

⑨ 차입금의 이자 상환액, 증권 거래 수수료 등 금융 · 보험 용역과 관련한 지급액, 수수료, 보증료 및 이와 유사한 대가

⑩ 정치자금법에 따라 정당에 신용카드 등으로 결제해 기부하는 정치자금

⑪ 월세 세액 공제를 적용받은 월 임차료

알아두면 좋은 절세 지식

    신용카드 소득 공제의 범위는 매년 1월 1일부터 12월 31일까지 사용한 금액이다. 그렇다면 그 공제액은 어떻게 계산해야 하는지 알아보자[신용카드 등의 사용금액이 최저 사용금액(연봉의 25%)을 초과하지 않으면 신용카드 소득 공제는 없다].

    [공제 대상금액＝①＋②＋③＋④＋⑤－⑥]

① 전통시장 사용분×40%

② 대중교통 이용분×40%

③ 직불카드(체크카드), 현금영수증 사용분×30%

④ 총급여 7,000만 원 이하인 사람의 도서 구입비, 공연 관람료, 박물관 및 미술관 입장료 지출분×30%

⑤ 일반 신용카드 사용분×15%

⑥ 최저 사용분(연봉의 25%) 공제 제외 금액: Ⓐ 또는 Ⓑ 또는 Ⓒ

    Ⓐ 일반 신용카드 사용분이 최저 사용분 이상일 경우

        → 최저 사용금액×15%

    Ⓑ 일반 신용카드 사용분이 최고 사용분에 미달하고 '일반 신용카

드 사용분+30% 공제 대상 사용분'이 최저 사용금액 이상일 때

→ 신용카드 사용분×15%+(최저 사용금액－일반 신용카드 사용분)×30%

ⓒ 일반 신용카드 사용분이 최고 사용분에 미달하고 '일반 신용카드 사용분+30% 공제 대상 사용분'이 최저 사용금액에 미달할 때

→ 신용카드 사용분×15%+('30% 공제 대상 사용분'×30%) +(최저 사용금액－일반 신용카드 사용분－30% 공제 대상 사용분)×40%

[한도]

① 7,000만 원 이하: ⓐ와 ⓑ 중 적은 금액(ⓐ 연봉 20%, ⓑ 300만 원)

② 7,000만 원 초과~1억 2,000만 원 이하: 250만 원

③ 1억 2,000만 원 초과: 200만 원

위 한도를 초과해 공제 대상에서 제외되는 금액이 있는데 신용카드 등을 전통시장이나 대중교통 이용에 사용했거나 총급여 7,000만 원 이하 직장인이 도서 구입, 공연 관람, 박물관 및 미술관 입장에 사용한 적이 있는 경우, 한도에 걸려서 공제받지 못한 신용카드 소득 공제를 추가로 한다.

• 전통시장 사용분 및 대중교통 이용분의 추가 소득 공제 = ①과 ② 중 적은 금액
① 신용카드 소득 공제 한도를 초과하여 공제 대상에서 제외된 금액
② A+B+C
  A: ⓐ와 ⓑ 중 적은 금액(ⓐ 전통시장 사용분×40%, ⓑ 100만 원)
  B: ⓒ와 ⓓ 중 적은 금액(ⓒ 대중교통 사용분×40%, ⓓ 100만 원)
  C: ⓔ와 ⓕ 중 적은 금액(ⓔ 총급여 7,000만 원 이하인 사람의 도서 구입비, 공연 관람료, 박물관 및 미술관 입장료 지출분×30%, ⓕ 100만 원)

04
연말정산의
기술

연말정산을 할 때에는 본인이 적극적으로 노력해야 환급 세액이 발생한다. 연말정산을 위한 최고 습관은 평소에 증빙서류를 잘 챙기는 것이다.

　연봉 7,500만 원인 G는 올해부터 장인어른을 모시고 있다. 장인어른은 작년까지 부동산 임대업을 했지만 이제 모든 것을 정리하고 딸 부부와 함께 살기로 했다(사고로 한쪽 귀의 청력을 잃어서 장애인으로 등록되었다).

　올해부터 장인어른을 부양가족으로 하여 인적 공제를 받는다면 작년과 비교해 환급액이 얼마나 커질까? 그리고 올해 출산으로 식구가 한 명 더 늘어난다면 환급 세액은 또 얼마나 커질까?

　연말정산은 직장인의 세금을 정산하는 과정이다. 직장인이 월급을 받을 때 원천징수된 세금은 국세청에서 만든 간이세액표에 의해 일률적으로 징수한 것이다. 직장인은 부양가족과 공제 대상이 되는 보험료, 의료비, 교육비, 신용카드 사용실적 등의 증빙을 갖춰 회사에 제출해야 한다. 직장인이 제출한 자료로 소득세를 정확히 산출하고 나면 소득세와 원천징수가 된 세금을 비교한다. 과다하게 징수된 세금은 환급해주고 부족하게 징수된 세금은 추가로 거둔다. 연봉이 같아도 연말정산을 어떻게 준비하느냐에 따라 환급받는 세액이 달라지기도 한다. 노력에 따라 환급액이 달라지므로 연말정산은 또 다른 보너스가 분명하다. 간이세액표에 의한 원천징수는 월급 수준과 부양가족 수만을 고려해 계산한 일률적인 세금이다. 기본적인 공제부분만 반영해 징수하므로 연말정산을 할 때 본인이 적극적으로 노력해야 환급 세액이 발생한다.

소득 공제금액 증가에 따른 절세 효과

소득 공제금액이 추가로 커지면 얼마나 절세 효과를 볼까? 우선 본인이 몇 % 세율을 적용받고 있는지 확인해야 한다. 그렇게 하기 위해서는 직장인의 급여가 어떻게 과세표준으로 만들어지는지 알아야 한다.

직장인이 1년 동안 받은 급여를 총급여액으로 보고 여기에 필요 경비 성격인 근로 소득 공제를 차감하면 '근로 소득금액'이 나온다. 세법에서는 일반적으로 '소득금액'이 과세 대상의 순이익 개념이므로 근로 소득금액을 직장인의 과세 대상 순이익으로 이해하면 된다. 여기에 종합 소득 공제(기본 공제, 추가 공제, 연금보험료 공제 등)를 차감하면 과세표준이 만들어진다. 그리고 종합소득세 기본 세율

(누진세율)을 곱하면 산출 세액이 나온다. 총급여액에서 필요 경비가 차감되는 근로 소득 공제는 다음과 같다.

총급여액	공제액
500만 원 이하	총급여액의 70%
500만 원 초과 ~ 1,500만 원 이하	500만 원 초과 금액의 40% + 350만 원
1,500만 원 초과 ~ 4,500만 원 이하	1,500만 원 초과 금액의 15% + 750만 원
4,500만 원 초과 ~ 1억 원 이하	4,500만 원 초과 금액의 5% + 1,200만 원
1억 원 초과	1억 원 초과 금액의 2% + 1,475만 원

· 공제액이 2,000만 원을 초과하는 경우에는 2,000만 원
· 일용근로자의 근로 소득 공제액은 1일 15만 원

자신의 과세 대상 근로 소득금액은 총급여액(연봉)에 위에서 확인한 근로 소득 공제를 차감하면 된다. 그리고 각자의 종합 소득 공제를 차감하면 과세표준이 나온다.

다음 표는 종합 소득 공제가 400만 원(기본 공제 2명: 300만 원, 신용카드 소득 공제: 100만 원)이라고 가정해서 공제액을 계산한 것이다.

[종합소득세 기본 세율]

연봉 수준	과세표준	세율	누진공제액
2,500만 원 이하	1,200만 원 이하	6%	0원
2,500만 원 초과 ~ 6,290만 원 이하	1,200만 원 초과 ~ 4,600만 원 이하	15%	108만 원
6,290만 원 초과 ~ 1억 689만 원 이하	4,600만 원 초과 ~ 8,800만 원 이하	24%	522만 원
1억 689만 원 초과 ~ 1억 7,016만 원 이하	8,800만 원 초과 ~ 1억 5,000만 원 이하	35%	1,490만 원
1억 7,016만 원 초과 ~ 3억 2,322만 원 이하	1억 5,000만 원 초과 ~ 3억 원 이하	38%	1,940만 원
3억 2,322만 원 초과 ~ 5억 2,730만 원 이하	3억 원 초과 ~ 5억 원 이하	40%	2,540만 원
5억 2,730만 원 초과	5억 원 초과	42%	3,540만 원

· 주: 지방소득세 별도
· 과세표준 10억 원 초과 세율 45% 시행 예정(2021년 이후 소득분부터)

앞의 표는 직장인의 연봉 수준별로 적용하는 종합소득세 세율을 보여주는 자료다. 보통 세율은 과세표준을 기준으로 적용하기 때문에 본인 연봉에 적용하는 세율을 확인하기 어렵다. 근로 소득에 대한 과세표준은 과세 대상 근로 소득(연봉) 기준으로 앞에서 설명한 근로 소득 공제와 종합 소득 공제금액을 차감해 만들기 때문이다.

앞의 표에서 종합 소득 공제를 400만 원이라고 한 것은 직장인들이 가장 일반적으로 적용받는 종합 소득 공제로 봤기 때문이다. 그 400만 원을 기준으로 연봉 수준별 적용 세율을 계산한 것이다.

추가되는 소득 공제에 본인이 적용받는 세율을 곱하면 추가로 환급되거나 절감되는 세금을 확인할 수 있다. 예를 들어, 작년에 기본 공제 대상이 아니었던 아버지가 본인의 기본 공제 대상이 된다면 추가적인 종합 소득 공제는 250만 원(기본 공제: 150만 원, 경로 우대 공제: 100만 원)이다. 종합 소득 공제 금액이 250만 원으로 커지면 환급 세액이나 절감되는 세금은 다음과 같다.

- 연봉 2,500만 원 이하: 16만 5,000원

- 연봉 6,290만 원 이하: 41만 2,500원

- 연봉 1억 689만 원 이하: 66만 원

- 연봉 1억 7,016만 원 이하: 96만 2,500원

- 연봉 3억 2,322만 원 이하: 104만 5,000원

- 연봉 5억 2,730만 원 이하: 110만 원

- 연봉 5억 2,730만 원 초과: 115만 5,000원

연봉 7,500만 원인 G가 올해 출산으로 부양가족이 추가적으로 늘어나는 경우를 가정해보자. G는 종합소득세율의 경우 지방소득세를 포함해 26.4%로 적용받는다. 종합 소득 공제금액이 100만 원씩 늘어날 때마다 환급액도 26만 4,000원씩 증가한다. 게다가 모시는 장인어른까지 생각하면 종합 소득 공제는 상당히 늘어난다. 기

[연말정산의 계산과정]

총급여	• 연봉(급여+상여+수당+인정 상여) — 비과세 소득
(−) 근로 소득 공제	
= 근로 소득금액	
(−) 인적 공제	• 기본 공제(1인당 150만 원) • 추가 공제(경로 우대, 장애인, 부녀자, 한부모)
(−) 연금보험료 공제	• 공적 연금 보험료 불입액
(−) 특별 소득 공제	• 보험료, 주택자금, 기부금(이월분)
(−) 그 밖의 소득 공제	• 개인 연금저축, 소기업 · 소상공인 공제부금 • 주택마련저축, 중소기업창업투자조합 출자 등 • 신용카드 등 사용금액, 우리사주조합 출연금 • 고용 유지 중소기업 근로자 • 장기집합투자증권저축
= 종합소득 과세표준	.
(×) 기본 세율	• 6~42%(지방세 별도, 2021년 이후 6~45%)
= 산출 세액	
(−) 세액 감면 및 공제	• 세액 감면(중소기업 취업자 소득세 감면 등) • 근로 소득 세액 공제 • 자녀 세액 공제(7세 이상, 20세 이하 기본 공제 대상자, 단 7세 미만으로 취학 아동을 포함) • 연금계좌 세액 공제 • 특별 세액 공제(보장성 보험료, 의료비, 교육비, 기부금) • 납세조합 공제 • 주택자금 차입금 이자 세액 공제 • 외국 납부 세액 공제 • 월 세액 공제
= 결정 세액	
(−) 기납부 세액	• 매월 간이세액표에 의해 원천징수가 된 금액의 합계
= 차감 징수(환급) 세액	

본 공제 대상이 2명(자녀, 장인어른) 늘어 300만 원(150만 원x2명)이 공제되고 연로자 공제로 100만 원, 장애인 공제로 200만 원이 추가되어 총 600만 원의 종합 소득 공제를 더 받을 수 있다. 결과적으로 158만 4,000원을 환급받을 수 있다.

절세를 위한 생활습관은 연말정산에 그대로 반영된다. 활용도가 가장 높은 절세 습관은 증빙서류를 잘 챙기는 것이다. 영수증과 증명서는 환급되는 돈과 똑같다. 특히 신용카드 사용금액확인서, 보험료 납입증명서, 의료비 지급명세서, 의료비 영수증, 교육비 납입증명서, 주택마련저축이나 장기증권저축 등 은행에서 발행하는 납입증명서 등을 꼼꼼히 챙겨야 한다. 2019년에 개정된 세법 후속 시행령 개정안에 따르면, 2019년 1월 1일부터 직장인과 성실 사업자의 경우 산후조리원의 비용도 의료비 세액 공제의 대상이 되기 때문에 놓치지 말아야 한다. 다만 의료비 공제의 대상이 되는 산후조리원 비용은 총급여가 7,000만 원 이하인 직장인 또는 사업 소득금액이 6,000만 원 이하인 성실 사업자 및 성실 신고 확인 대상자만 세액 공제를 받을 수 있다. 그리고 200만 원을 한도로 한다. 요즘은 국세청 홈택스로 자료의 조회, 출력, 제출까지 가능하기 때문에 과거에 비해 증빙을 챙기지 못하거나 누락할 가능성이 상대적으로 줄어들었다.

소득 공제나 세액 공제가 가능한 금융 상품들을 활용하는 방법도 있다. 연금저축에 가입하며 퇴직연금 납부금액과 합해 연 700만 원(50세 이상은 연 900만 원)까지 세액 공제(불입금액의 13.2% 또는 16.5%)가 된다.

알아두면 좋은 절세 지식

연말정산 시 종합 소득 공제 중에 인적 공제에 해당하는 요건은 다음과 같다.

구분	공제금액 · 한도	공제 요건		
기본 공제	1명당 150만 원	• 기본 공제는 부양가족 1인당 150만 원의 공제가 가능함 • 연령 요건과 소득금액 요건(100만 원)을 만족해야 함 • 근로자 본인은 소득금액과 연령 요건을 불문하고 공제 가능 • 부양가족인 배우자는 소득금액 요건만 확인함 • 부양가족 중 장애인이 있을 경우, 연령 요건을 불문함		
		구분	소득금액 요건	연령 요건
		본인	×	×
		배우자	○	×
		직계존속	○	만 60세 이상
		형제자매	○	만 20세 이하 만 60세 이상
		직계비속(입양자 포함)	○	만 20세 이하
		위탁 아동	○	만 18세 미만
		수급자 등	○	×

구분		공제금액 · 한도	공제 요건
추가 공제	경로 우대	1명당 100만 원	기본 공제 대상자 중 만 70세 이상
	장애인	1명당 200만 원	기본 공제 대상자 중 장애인
	부녀자	50만 원	종합 소득금액이 3,000만 원 이하인 근로자가 다음 내용 중 하나에 해당하는 경우 • 배우자가 있는 여성 근로자 • 기본 공제 대상자가 있는 여성 근로자로서 세대주
	한부모	100만 원	배우자가 없는 자가 기본 공제 대상인 직계비속 또는 입양자가 있는 경우(단, 부녀자 공제와 중복 적용은 배제)

05
본업 외 소득은 기타 소득과 사업 소득 중
어느 것이 유리한지 따져봐야 한다

전통적으로 원고료, 강사료 등은 사업 소득보다 기타 소득으로 구분되는 것이 세무적으로 유리했다. 기타 소득으로 구분되는 강사료 등의 경우 필요 경비가 80%까지 인정되어 과세 대상 소득금액이 낮았기 때문이다. 그런데 2019년부터 기타 소득으로 구분되는 강사료 등의 경우 필요 경비 인정이 60%로 낮아졌다.

'직장인이 외부 강사로 활동하면서 받은 강사료나 책을 집필해서 받은 원고료에 대해서는 어떻게 과세가 될까?'

근로 소득, 사업 소득, 그리고 기타 소득 중 어떤 유형의 소득으로 과세될 것인지에 대한 질문이다. 이 3가지 유형의 소득 모두 종합소득세가 과세되지만 구분 여부에 따라 세금의 크기가 달라진다.

우선 근로 소득인지, 아닌지를 판단하는 것은 어렵지 않다. 고용 계약에 의해 지급받는 강사료는 근로 소득으로 구분된다. 근로 소득으로 구분된 강사료는 소득을 지급한 회사에서 연말정산의 과정을 통해 종합소득세 신고와 납부를 대신한다.

일시적으로 강의하고 지급받는 강사료라면 보통 기타 소득에 해당한다. 그리고 독립된 자격으로 '계속적', '반복적' 강의를 하고 지급받는 강사료는 사업 소득에 해당한다. 그런데 '계속적' 또는 '반복적'을 구분하는 객관적인 기준이 없다. 국세청에서는 '계속적', '반복적' 여부는 소득 지급자의 지급 횟수 등을 기준으로 판단하지 않고 당해 용역을 제공하는 사람(소득자)을 기준으로 판단한다. 강사료를 지급하는 회사 입장으로 판단하는 것이 아니라 강의하는 사람이 얼마나 반복적으로 강의하는지 여부를 갖고 판단한다는 말이다.

기타 소득은 이자 소득, 배당 소득, 사업 소득, 근로 소득, 연금 소득, 퇴직 소득, 양도 소득 외의 소득이며 소득세법에 열거된 것으로 한다. 대표적인 기타 소득은 다음과 같다.

- 상금, 포상금 등
- 복권 당첨금
- 승마 투표권에 따라 구매자가 받는 환급금
- 저작권의 양도 또는 대여로 받는 금품
- 광업권, 어업권 등의 양도 또는 대여로 받는 금품
- 계약의 위약 또는 해약으로 받는 소득
- 부당 이득 반환 시 지급받는 이자
- 집필을 통해 받는 저작권 사용료인 인세
- 재산권에 대한 알선 수수료
- 뇌물이나 알선수재 또는 배임수재에 의해 받는 금품
- 법에서 정하는 서화, 골동품 등의 양도로 발생하는 소득
- 종교 관련 종사자가 종교단체 등으로부터 받은 소득

기타 소득은 필요 경비를 차감해서 기타 소득금액을 만든 다음, 다른 종합 소득금액(이자·배당·근로·사업·연금 소득)을 합산하여 종합소득세를 계산한다. 기타 소득에 적용되는 필요 경비는 소득을 실현시키기 위해 지출한 (직접 대응되는) 비용이다. 그래서 기타 소득을 실현시키기 위해 지출한 내역이 없다면 필요 경비는 없다고 판단한다. 필요 경비가 없다면 기타 소득과 기타 소득금액은 동일해진다.

[기타 소득금액의 계산]
기타 소득금액=기타 소득─필요 경비

기타 소득에 대한 필요 경비는 직접 대응되는 비용을 차감하는 것이 원칙이다. 하지만 앞에서도 확인했지만 소득세법에는 여러 유형의 기타 소득이 있다. 그런데 일부 기타 소득의 경우 직접 대응되는 비용이 없더라도 일정한 비율만큼 필요 경비로 인정해주기도 한다.

고용관계 없이 일시적으로 강의를 하고 받는 강사료 등은 기타 소득으로 구분되는데 대응되는 비용이 없어도 수입금액의 60%(2018년 3월 31일까지는 80%, 2018년 4월 1일부터 2018년 12월 31일까지는 70%)를 필요 경비로 인정해준다. 결과적으로 기타 소득으로 구분된 강사료 수입의 경우 수령한 금액의 40%(2018년 3월 31일까지는 20%, 2018년 4월 1일부터 2018년 12월 31일까지는 30%)만 순이익(기타 소득금액)의 개념으로 판단하고 소득세를 계산한다. 반면 강의를 독립적인 위치에서 '계속적'이고 '반복적'으로 진행한다면 강사료 수입은 기타 소득이 아닌 사업 소득으로 구분될 수도 있다. 사업 소득도 기타 소득과 동일하게 수입금액에서 필요 경비를 차감해 소득금액을 만들어 종합소득세를 계산한다. 사업 소득의 경우 장부 작성(복식부기 또는 간편 장부)을 통해서 필요 경비를 차감해 소득금액을 만드는 것이 원칙이지만 세법에서 정하는 경비율을 적용해 필요 경비를 만들기도 한다. 경비율을 활용해 소득금액을 만드는 방식을 '추계'라고 표현한다. 경비율은 단순 경비율과 기준 경비율로 나뉘는데, 사업 소득의 규모가 작은 경우에는 단순 경비율을 적용하고, 사업의 규모가 일정 규모를 초과하는 경우에는 기준 경비율을 적용한다. 일반적으로 단순 경비율이 기준 경비율보다 높다. 강사료가 사업 소득으로 구분되는 경우로서 추계의 방식으로 필요 경비를 계산할 때, 기준 경비율로 구분되면 19.4%, 단순 경비율로 구분되면 최대 61.7%까지 필요 경비로 인정된다. 결과적으로 사업 소득으로 구분되는 강사료의 규모에 따라 달라질 수 있지만 규모가 작다면 강사료 수입이 기타 소득보다 사업 소득으로 구분되는 편이 더 유리할 수 있다는 결론이 나온다.

공인중개사 자격증을 갖고 있는 직장인 H는 최근 주말을 이용해 학원에서 공인중개사 시험 수강생을 대상으로 강의를 시작했다(연봉은 7,000만 원이다). 강사료 명목으로 한 해 동안 1,000만 원을 받기로 했다. 강사료 1,000만 원이 기타 소득으로 구분될 때와 사업 소득으로 구분될 때, 납부하는 세금에 얼마나 차이가 있는지 알아보자.

연봉이 7,000만 원대 수준이라면 보통 26.4%(지방소득세 포함) 정도의 소득세율로 연말정산을 한다. H는 현재 상황에서 과세 대상 소득금액이 늘어나면 26.4%의 세율을 적용받아 추가적으로 소득세를 납부하게 된다. 만약 H의 강사료 1,000만 원이 기타 소득으로 구분되면 400만 원(1,000만 원−1,000만 원×60%)이 소득금액으로 잡힌다. H는 105만 6,000원 정도(400만 원×26.4%)의 세금을 추가로 납부하게 된다.

그렇다면 H의 강사료가 사업 소득으로 구분되면 종합소득세는 얼마나 늘어날까? 사업 소득으로 구분되는 강사료 수입도 법정 경비율로 소득금액을 계산할 수 있다. 법정 경비율에는 기준 경비율과 단순 경비율이 있는데, 일반적으로 단순 경비율은 영세한 사업자(강사료 수입의 경우 직전 수입금액 2,400만 원 기준으로 판단)에게 적용한다. 강사료 수입에 대한 2019년 귀속 단순 경비율은 61.7%, 기준 경비율은 19.4%다. 단순 경비율이 적용되면 필요 경비로 617만 원(1,000만 원×61.7%)을 인정받는다. 소득금액으로 383만 원이 계산되고 여기에 26.4%의 소득세율이 적용되어 종합소득세 101만 1,120원을 추가로 납부하게 된다. 만약 기준 경비율로 적용되면 추가적으로 납부하는 종합소득세가 더 커진다. 필요 경비로 인정되는 기준 경비율이 더 낮기 때문이다.

본업 외 소득이 발생하면 어떻게 소득을 구분하는지에 따라 부담해야 할 세금에 차이가 난다. 기타 소득으로 구분되는 강사료 소득의 경우 규모에 상관없이 필요 경비로 60%가 인정된다. 반면 사업 소득으로 구분되는 강사료 등은 규모에 따라 필요 경비가 19.4%가 될 수도 있고, 61.7%가 될 수도 있다. 강사료의 경우 규모에 따라 사업 소득이 기타 소득 때보다 유리할 수도 있고, 불리할 수도 있다는 것이다. 그래서 강사료 등이 사업 소득으로 구분될 경우 본인에게 적용되는 경비율이 어떻게 되는지 미리 확인해보는 것도 세금을 줄이기 위한 중요한 과정이 된다.

사업 소득에 대한 경비율은 국세청홈텍스(www.hometax.go.kr)에서 '조회/발급'을 클릭한 다음, '기타 조회'의 '기준·단순 경비율(업종코드)'에 들어가면 확인할 수 있다.

기타 소득의 법정 필요 경비 인정 여부

기타 소득의 경우 그 소득을 실현시키기 위해 지출된 비용이 있으면 필요 경비로 공제를 받을 수 있다. 그런데 다음 표에서 설명하는 일부 기타 소득은 지출된 비용이 없어도 소득세법에서 정하는 비율만큼 필요 경비로 인정된다. 물론 표에 명시된 비율보다 더 큰 지출이 있으면 실제 지출된 내역으로 필요 경비를 인정받을 수 있다. 하지만 기타 소득은 실제 지출했어도 그 내역을 증빙으로 입증하기가 어렵다. 그런 이유로 보통 다음 페이지 표의 비율만큼 필요 경비로 계산한다.

기타 소득 중 2018년부터 과세되는 것이 있다. 바로 종교인에 대한 과세다. 그동안 논란이 있었는데 2018년부터 종교인의 소득을 기타 소득으로 구분하여 과세한다. 종교인 소득을 근로 소득으로 원천징수한 후, 연말정산을 선택하면 기타 소득이 아닌 근로 소득으로 보도록 했다.

종교인의 소득은 규모가 커질수록 근로 소득보다 기타 소득으로 구분하는 것이 유리하다. 다음 표를 보면, 기타 소득으로 구분되는 종교인의 소득이 근로 소득의 경우보다 필요 경비가 높게 계산되기 때문이다.

한 종교인의 소득이 1억 원이라고 해보자. 근로 소득으로 구분되면 필요 경비(근로 소득 공제)로 1,475만 원이 계산된다. 반면 기타 소득으로

[필요 경비 적용 대상 기타 소득]

기타 소득 종류	필요 경비 공제율		
	~2018. 3. 31.	2018. 4.1.~ 2018. 12. 31.	2019. 1. 1.~
• 공익 법인이 주무관청의 승인을 받아 시상하는 상금과 부상 • 순위 경쟁 대회에서 받는 상금과 부상	80%		
주택 입주 지체 상금	80%		
공익사업과 관련된 지상권 등의 설정·대여 소득	80%	70%	60%
무형 자산의 양도·대여 소득	80%	70%	60%
원고료, 인세 등	80%	70%	60%
일시적 강사료, 자문료 등	80%	70%	60%
서화·골동품의 양도	80%(10년 이상 보유했다면 90%)		
종교인 소득	2천만 원 이하: 80% 2천만 원~4천만 원: 2천만 원 초과분 50% 4천만 원~6천만 원: 4천만 원 초과분 30% 6천만 원 초과: 6천만 원 초과분 20%		

• 주: 무형 자산은 광업권, 어업권, 상표권, 영업권 등을 말한다.

구분되면 필요 경비로 4,000만 원이 계산된다.

06
분리과세와 종합과세를
선택할 수 있는 기타 소득

기타 소득은 소득금액을 기준으로 300만 원까지 분리과세로 납세 의무가 종결된다. 분리과세 대상인 기타 소득은 본인의 판단으로 종합과세를 선택할 수 있다.

기타 소득의 원천징수 세율을 4.4%(지방소득세 포함)로 알고 있는 사람이 의외로 많다. 심지어 세금을 잘 알고 있는 실무자들 중에도 기타 소득에 대한 원천징수 세율을 4.4%로 말한다. 하지만 이는 틀렸다. 기타 소득에 대한 일반적인 원천징수 세율은 지방소득세를 포함해 22%(지방소득세 포함)이다. 그렇다면 원천징수 세율을 4.4%로 알고 있는 이유는 뭘까?

가장 많이 알려진 이자 소득이나 배당 소득의 원천징수 세율은 지방소득세를 포함해 15.4%이다. 연금 소득의 원천징수 세율 역시 지방소득세를 포함해 나이별로 3.3~5.5%다. 사업 소득에도 원천징수를 하는 경우가 있는데, 이때 세율이 3.3%이다. 이러한 유형의 원천징수는 기타 소득과 다른 방식으로 (원천징수를) 한다. 이자 소득과 배당 소득, 연금 소득과 사업 소득, 심지어 근로 소득까지도 원천징수는 소득금액이 아닌 수입금액을 기준으로 원천징수한다.

기타 소득에 대한 원천징수를 이해하기 위해서는 수입금액과 소득금액의 개념을 알아야 한다. 일반적으로 수입금액은 필요 경비를 차감하기 전 소득을 말한다. 사업 소득을 기준으로 설명하면 조금 더 명확해지는데 매출에 가까운 개념이다. 그리고 수입금액에서 필요 경비(비용)를 차감하면 소득금액이다. 결과적으로 소득금액은 필요 경비를 차감한 순이익의 개념에 가깝다.

세법상 원천징수는 일반적으로 수입금액을 기준으로 하는데 앞에서 설명한 이자 소득과 배당 소득, 연금 소득, 사업 소득, 근로 소득이 그 대상이다. 그러나 기타 소득은 다르다. 기타 소득은 필요 경비를 차감한 후의 소득금액을 기준으로 원천징수한다. 필요 경비를 차감한 소득금액에 22%의 세율을 적용하는 것이다.

기타 소득의 원천징수 세율을 4.4%로 알고 있는 이유는 80%의 필요 경비 때문이다. 흔히 알고 있는 강사료, 원고료 등은 80%의 필요 경비가 인정되는 기타 소득이고, 해당 소득의 원천징수 대상의 금액은 수입금액의 80%가 필요 경비로 차감된 소득금액이었다. 다시 말하면, 필요 경비를 차감한 후의 소득금액은 수입금액의 20%가 되고, 여기에 22%의 세율을 적용하면 수입금액을 기준으로 4.4%의 세율로 원천징수한 것과 같은 결과가 나왔다.

그런데 2019년 1월 1일부터 필요 경비가 인정되는 기타 소득(강사료, 원고료 등)에 적용되는 필요 경비가 60%로 낮아졌다. 수입금액의 60%를 필요 경비 명목으로 차감한 소득금액을 기준으로 원천 징수를 하게 된 것이다. 필요 경비를 차감한 후의 소득금액은 수입금액의 40%가 되고, 여기에 22%의 세율을 적용하면 수입금액 기준으로 8.8%의 세율로 원천징수한 것과 같은 결과가 나온다.

필요 경비가 인정되지 않는 기타 소득도 많다. 필요 경비가 전혀 인정되지 않는 기타 소득은 수입금액과 소득금액이 같아진다. 즉, 소득금액을 기준으로 원천징수하더라도 필요 경비가 인정되지 않기 때문에 수입금액에 22% 세율을 적용해서 원천징수한 것과 동일하다.

기타 소득은 사업 소득과 다르게 규모에 상관없이 필요 경비로 60%가 인정되는 경우가 있다는 점에서 유리하다. 소득금액을 기준으로 300만 원 이하일 경우 22%의 원천징수로 납세 의무를 종결시킬 수 있다. 즉, 기타 소득은 소득금액을 기준으로 300만 원 이하면 분리과세 대상이다. 그런데 기타 소득의 금액이 300만 원 이하라도 본인이 원하면 선택적으로 다른 종합 소득(이자·배당·사업·근로·연금 소득)과 합산해서 종합과세를 선택할 수 있다. 이를 '선택적 분리과세'라고 한다.

종합과세를 선택할 때는 기타 소득의 금액을 다른 종합 소득과 합산해서 기본 세율로 종합소득세의 산출 세액을 계산한다. 그리고 기타 소득은 수령할 때 원천징수가 된 22%의 세금을 기납부 세액으로 차감하여 그 차액을 확정 신고기한인 5월에 내게 된다. 그 과정에서 기납부한 기타 소득의 원천징수세액이 더 크면 환급된다.

그렇다면 기타 소득의 금액이 300만 원 이하일 경우 분리과세가 유리할까? 종합과세가 유리할까? 자신이 현재 적용받는 종합소득세의 기본 세율(종합소득세 누진세율)을 확인하면 답이 나온다.

만약 자신이 적용받는 기본 세율(종합소득세 누진세율)이 지방소득세를 포함해 22%를 초과하면 분리과세가 유리하다. 하지만 기본 세율이 22% 미만이면 기타 소득의 금액을 다른 소득과 합산해 종합과세를 하는 것이 낫다. 이 경우 22%로 원천징수가 된 세금은 과하게 원천징수한 것으로 해석하므로 일부가 환급된다.

직장인의 종합 소득 공제 금액을 400만 원으로 가정하면 연봉 기준으로 6,290만 원이 분기점이다. 즉, 연봉이 6,290만 원을 초과하면 26.4%의 세율이, 6,290만 원 이하면 16.5%의 세율이 적용된다. 결과적으로 연봉 6,290만 원을 초과하는 사람은 소득금액 기준으로 300만 원 이하의 기타 소득에 대해서는 분리과세를 신청하고, 그 이하면 종합과세를 하는 것이 효과적이다.

4장

부동산 투자할 때 필요한 절세 지식

부동산 시장에서는 본인 결정권을 신뢰하는 경우가 많다. 부동산에 대한 자신감을 표현하는 사람이 많다는 의미다. 하지만 부동산의 경우 거래금액이 크기 때문에 판단 실수로 감수해야 하는 경제적 손실 또한 크다. 계약서에 도장을 찍기 전에 세무 전문가에게 상담을 받는 것만으로도 세금을 줄일 수 있다.

01
지금도 공시지가로
취득세를 낼 수 있다

취득세는 실거래 가격으로 내라고 지방세법에 있지 않다. 상속이나 증여처럼 무상으로 취득하는 부동산의 경우 공시지가로 취득세를 납부할 수 있다.

고위직 공무원 후보자의 인사청문회에서 후보자들이 부동산 다운계약서로 곤욕을 치르는 장면이 자주 나온다. 그럴 때마다 필자는 세무 전문가라는 이유로 주변 사람들에게 관련 질문을 받는다. 과거에 작성한 다운계약서로 인해 생기는 불필요한 오해와 비난이 줄어들기를 기대하면서 이번에 세법적인 입장으로 정리하려고 한다. 결론부터 말하자면 양도소득세를 줄이기 위한 다운계약서는 취득 시점과 상관없이 불법이며 추징 대상이다.

일반적으로 부동산을 구매할 때 내는 취득세는 실거래 가격으로 계산한다고 알고 있다. 맞는 말이지만 지방세법에서는 취득세를 실거래 가격으로 낸다는 조항이 없고 취득한 사람이 신고하는 금액으로 취득세를 계산한다고 나와 있다. 단, 신고하지 않거나 신고했더라도 신고 금액이 시가 표준액보다 낮으면 시가 표준액을 과세표준으로 하여 취득세를 계산한다. 시가 표준액 이상으로 취득한 금액을 신고하면 세무적으로 아무런 문제가 없다는 것이다. 이런 상황에서 취득한 금액을 시가 표준액보다 높게 신고할 경우 취득세의 부담은 커진다. 결국 현행 지방세법은 취득세 신고를 위해서 취득한 금액을 얼마나 낮춰야 하는지 지침을 제공하는 셈이다. 다만 지방세법에서는 취득 당시의 실거래 가격으로 무조건 취득세를 계산해야 하는 예외를 다음과 같이 설명하고 있다.

① 국가, 지방자치단체 및 지방자치단체조합으로부터 취득하는 경우
② 법원의 판결로 취득하거나 법인으로부터 취득하는 경우
③ 공매·경매 등으로 취득하는 경우
④ 2006년부터 신설된 일명 '부동산중개업법' 규정에 의한 부동산 실거래 신고제도로 부동산 가격을 실거래 가격으로 신고하는 경우

2006년 이후 부동산을 구매할 때 취득세를 낮출 목적으로 다운계약서를 작성한 경우에는 부동산중개업법과 지방세법을 동시에 위반한 것이 된다.

부동산 세금을 이해하려면 먼저 기준 시가와 시가 표준액을 알아야 한다. 사실 기준 시가와 시가 표준액은 부동산 세금을 계산하기

위해 만들어진 개념으로, 과세권자와 납세자 사이의 객관적 평가 기준이다. 기준 시가는 상속세, 증여세, 양도소득세 같은 국세를 계산할 때, 시가 표준액은 취득세, 재산세 등 지방세를 계산할 때 쓴다는 차이가 있다.

토지 세금에서 기준 시가와 시가 표준액은 모두 국토교통부에서 고시하는 개별 공시지가를 사용한다. 아파트와 단독주택도 국토교통부에서 고시하는 공동 주택 고시금액과 개별 주택금액을 사용한다. 주거용이 아닌 일반 건물을 평가하는 기준에서는 국세의 기준 시가와 지방세의 시가 표준액 간에 약간의 차이가 있다.

그렇다면 2006년 이후 부동산을 취득했을 때 무조건 실거래 가격으로 취득세를 내야 할까? 앞에서도 언급했지만 지방세법상 취득세는 실거래 가격이 아니라 취득한 사람이 신고한 금액으로 내는 것이 원칙이다. 시가 표준액 이상으로 취득금액을 신고하면 세무상 문제가 없다. (앞에서 설명한) 예외적인 4가지 경우에만 무조건 실거래 가격으로 취득세를 내야 하는 것이다. 만약 상속이나 증여로 부동산을 취득했다면 부동산중개업법의 적용 대상이 아니므로 여전히 시가 표준액으로 취득세를 낼 수 있다. 상속이나 증여로 취득한 부동산은 무조건 실거래 가격으로 취득세를 내야 하는 예외사항에 들어가지 않는다.

알아두면 좋은 절세 지식

[기준 시가]

정부가 국세를 부과할 때 기준이 되는 재산 평가액이다. 소득세법으로 양도소득세를 계산할 때 양도금액 및 취득금액의 산정과 상속세 및 증여세법으로 상속 재산 또는 증여 재산의 금액을 산정하는 기준이 된다. 지방세의 시가 표준액과 다른 개념이다.

- 토지: 개별 공시지가(시청이나 구청에서 확인 가능)
- 아파트 등 공동 주택: 국세청장이 토지와 건물을 평가해 일괄 고시한 금액(국세청 홈페이지에서 확인 가능)
- 일반 주택: 개별 주택 금액
- 일반 건물: 국세청장이 정한 기준으로 계산한 금액(기준 가격×구조 지수×용도 지수×위치 지수×잔가율×면적)

[시가 표준액]

취득세·재산세 등 지방세, 재산세와 연계해 매기는 종합부동산세를 부과할 때 기준이 되는 토지 및 건물의 금액으로 매년 12월 31일까지 지방자치단체장이 결정·고시한다. 일반적으로 국세의 기준 시가와 유사하게 평가되지만 현재 토지, 공동 주택, 개별 주택은 국세의 기준 시가와 지방세의 시가 표준액을 같은 기준으로 사용한다. 조만간 국세의 기준 시가와 통일될 가능성이 크다.

02
양도와 증여의 차이는
대가성 유무

유상으로 소유권을 이전하면 세법상 양도소득세가 부과된다. 하지만 무상으로 소유권을 이전하면 상속세나 증여세가 부과된다.

I는 서울에서 장사를 크게 하기 위해 친구에게 돈을 빌렸다. 하지만 장사가 잘되지 않아 끝내 정리했다. 친구에게 빌린 돈은 갚기 힘들어 시골에 있는 임야의 소유권을 넘겨줬다. 그런데 문제가 발생했다. 세무서에서 I에게 양도소득세를 내라는 것이 아닌가! 장사가 되지 않아 친구에게 넘겨준 것인데 세금까지 내라니 황당할 수밖에 없었다. I는 자신이 양도소득세를 내야 하는 것이 아니라 증여를 받은 친구가 증여세를 내야 한다고 생각했다.

민법상 양도란 '재산 및 권리의 법률적 지위 이전'을 말한다. 하지만 세법에서는 조금 더 세분화를 한다. 유상으로 지위를 이전하면 양도로 보고 양도소득세를, 무상으로 소유권을 이전하면 상속이나 증여로 보고 상속세나 증여세를 부과한다.

유상, 무상을 구분하는 기준은 '대가성'이다. 즉, 대가성이 있으면 유상으로 본다. 세법에서 매매, 공매, 경매, 수용, 교환, 대물 변제, 현물 출자, 부담부 증여 등은 대가성이 있는 거래로 보지만 현실적으로 대가성 여부의 구분이 모호한 것도 많다.

I는 친구에게 아무런 대가도 받지 않았기 때문에 증여라고 주장할 수 있지만 세법에서는 이 경우 양도로 판단한다. 친구에게 갚아야 할 채무를 상계하는 조건으로 부동산을 줬기 때문에 대가성이 있다고 본다. 즉, 채무를 면제받는 조건으로 부동산의 소유권을 넘겼다고 보는 것이다. 아무런 조치를 하지 않으면 I에게는 양도소득세가 부과된다.

양도소득세는 실거래 가격으로 계산한다. 채무 가격을 양도 가격으로 판단하고 실제 취득 가격과 비교해 양도 차익을 만들어 양도소득세를 계산한다. I가 채무를 변제받는 조건으로 소유권을 넘겨줬어도 그 채무액이 부동산의 실제 취득 가격보다 낮으면 양도소득세는 나오지 않는다.

특수관계 여부도 양도·증여의 판단 기준이다

대가성을 판단할 때는 그 대가가 적정한지를 살펴보는 것도 중요하다. 매도자에게는 양도소득세가 추가되고, 매수자에게는 증여세가 추징될 수도 있기 때문이다. 가령 아버지가 아들에게 시가 10억 원인 상가 건물을 4억 원에 판다면 적정한 양도라고 판단하기 어렵다.

먼저 매수자의 증여세 문제를 피하기 위한 적정한 부동산 가격을 확인해보자. 이를 위해서는 매도자와 매수자 간의 특수관계 여부부터 확인해야 한다. 특수관계가 아니라면 시가의 70% 이상으로 대가(지불하는 가격)를 결정해 거래할 경우 매수자의 증여세 문제는 사라진다. 하지만 특수관계인 가족, 친척 등과의 거래에서는 2가지 요건을 모두 충족해야 증여세 문제를 피할 수 있다. 시가 70% 이상으로 대가를 결정해야 하고, 시가와 대가 간의 차이가 3억 원에 미달해야 한다. 만약 이 요건을 벗어난다면 부동산을 구매하는 사람에게 증여세가 부과될 수 있다.

예를 들어, I가 아무런 관련이 없는 사람에게 시가 20억 원짜리 부동산을 15억 원에 매도했다면 양도일까, 증여일까? 특수관계가 아닌 사람과 매매를 했으므로 거래 가격은 14억 원(20억 원×70%) 이상이면 문제가 없다. 15억 원을 지급하고 부동산을 구입한 사람에게 증여세 문제는 발생하지 않으며 저가로 매도한 I 역시 양도소득세 관련으로 문제가 되지 않는다.

그런데 I와 부동산을 구입한 사람이 형제간이라면 문제가 발생한다. 시가 20억 원짜리 부동산을 특수관계인에게 매도하는 경우 적정한 거래 가격은 17억 원 이상이어야 한다. 시가 70% 이상이면서 시가와 대가 간의 차이가 3억 원에 미달해야 하기 때문이다. 시가 20억 원짜리 부동산을 특수관계인과 거래하면서 15억 원을 지급했다면 2억 원은 증여로 판단해 산 사람에게 증여세를 부과한다.

부동산을 매각할 때 거래 가격의 적정성 문제는 양도소득세에 영향을 주기도 한다. 간혹 문젯거리가 되기도 한다. 과세권자 입장에서는 양도소득세를 줄이기 위해 거래 금액을 낮췄다고 해석할 수 있기 때문이다. 그래서 양도소득세를 부당하게 줄이려는 거래에는 비록 실제 대금을 지급했더라도 해당 금액으로 계산한 양도소득세를 인정하지 않는다. 그리고 과세권자가 판단하는 정상적인 대금으로 양도소득세를 다시 계산해 부과한다. 이를 '부당 행위 계산 부인 규정'이라고 한다. 부당 행위 계산 부인은 매도자와 매수자가 특수 관계자인 경우에만 적용한다. 즉, 특수관계인이 아닌 타인과 부동산 등을 매도할 때 가격의 적정성을 문제 삼아 양도소득세가 추징되는 경우는 없다.

그렇다면 특수관계자 간에 부동산을 매도할 때 양도소득세 문제가 없으려면 매도 금액은 어느 선에서 정해야 할까? 앞에서 설명한 매수자의 증여세 문제를 없게 하기 위한 적정 가격의 결정보다 더 엄격하다. 시가의 95% 이상을 지급해야 하고 시기와 대가 간의 차액이 3억 원에 미달해야 한다. 만약 이 범위를 벗어나서 특수관계자와 대금을 지급하고 거래한다면 매도자에게 부인 규정이 적용되어 양도소득세가 부과된다. 결과적으로 특수관계인 간에 부동산을 매도할 때 증여세와 양도소득세 모두에 문제되지 않는 거래액을 결정하기 위해서는 5% 기준에 맞춰야 한다. 단, 정상 가격으로 매도해도 어차피 손실이 예상되는 부동산이거나 1가구 1주택으로서 비과세 대상 주택이라면 양도소득세를 고려할 필요가 없다. '30% 기준'과 '3억 원 기준'만 맞추면 된다.

부당 행위 계산 부인규정은 특수관계자 간의 거래에서만 발생하므로 특수관계자가 아니라면 5% 기준은 무시하고 증여세 부분만 고려해 가격을 결정하면 된다.

증여인지, 양도인지 판단하기 어려울 때도 있지만 세법에서는 의외로 명확히 판단 기준을 제시한다. 따라서 가족 간에 부동산 거래를 할 때에는 대가의 금액을 적절히 판단하는 것이 가장 중요한 절세의 키포인트다.

가족 간에 거래할 경우 적정 가격의 범위

1. 저가 양도 및 고가 양수 여부에 따른 증여세 과세 요건

특수관계	거래 구분	판단 기준	과세 요건	증여 재산 금액
有 (증여 의제)	저가 양수도	낮은 가액	시가와 대가 간의 차이가 30% 이상 또는 3억 원 이상	시가 — 대가 — (시가의 30%와 3억 원 중 적은 금액)
	고가 양수도	높은 가액		대가 — 시가 — (시가의 30%와 3억 원 중 적은 금액)
無 (증여 추정)	저가 양수도	현저히 낮은 가액	시가와 대가 간의 차이가 30% 이상	시가 — 대가 — 3억 원
	고가 양수도	현저히 높은 가액		대가 — 시가 — 3억 원

2. 부당 행위 계산 부인규정을 적용하기 위한 가격 요건

거주자가 특수관계인과 부동산을 거래할 때 시가를 초과해 취득하거나 정상 가격에 미달하게 양도하여 조세 부담을 부당하게 감소시킨 것으로 인정되면 그 취득금액 또는 양도금액을 세법상 시가에 따라 계산한다. 이때 정상 가격의 범위는 시가와 대가 간의 차액이 시가의 5% 또는 3억 원을 기준으로 한다.

3. 특수관계인의 범위

고가 양도, 저가 양수 등에 증여세를 매길지 여부나 양도소득세 등 부당 행위 계산 부인을 판단하는 특수관계자의 범위는 혈족이나 인척 등 친족관계인지, 임원이나 사용인 등 경제적 연관관계인지, 주주나 출자자 등 경영 지배관계인지로 구분한다.

① 혈족, 인척 등 법으로 정하는 친족관계
- 6촌 이내의 혈족
- 4촌 이내의 인척
- 배우자(사실상 혼인관계에 있는 자 포함)
- 친생자로서 다른 사람에게 친양자로 입양된 자와 그 배우자, 직계 비속

② 임원, 사용인 등 법으로 정하는 경제적 연관관계
- 임원과 그 밖의 사용인
- 자신의 금전이나 그 밖의 재산으로 생계를 유지하는 자
- 지금까지 말한 사람들과 생계를 같이 하는 자

③ 주주, 출자자 등 법으로 정하는 경영 지배관계
- 자신이 직접 또는 그와 친족관계, 경제적 연관관계에 있는 사람을 통해 법인의 경영에 지배적인 영향력을 행사하고 있는 경우의 법인
- 자신이 직접 또는 그와 친족관계, 경제적 연관관계, 앞에서 말했던 법인과 관계가 있는 사람을 통해 법인의 경영에 지배적인 영향력을 행사하고 있는 경우의 법인

03
위자료를 부동산으로 주면
양도소득세를 내야 한다

이혼 위자료를 현금 대신 부동산으로 주면 양도소득세를 내야 한다. 세법에서는
대물 변제를 양도로 보고 양도소득세를 부과한다.

우리나라 이혼율은 세계적으로 높은 편이라고 한다. 만약 배우자
와 이혼을 이야기하고 있다면 세금도 반드시 고려해야 한다. 위자
료 지급 등의 이유로 재산권이 이동하는 과정에서 세금이 발생하기
때문이다. 이쯤에서 궁금증이 생길 것이다. 위자료에는 어떻게 세금
이 부과될까? 위자료는 조세 포탈의 목적이 있는 경우를 제외하고
증여로 보지 않는다.

사업가 J는 잦은 출장과 성격 차이로 아내와 이혼했다. 애초에 J는
아내에게 위자료로 4억 원을 주기로 했다. 그런데 사정이 생겨 현금
대신 자신 명의의 아파트들 중 1채의 소유권을 이전해줬다. 1년 후
세무서는 J에게 양도소득세를 내라는 통지서를 보냈다. 과연 이 양
도소득세는 정당한 것일까?

결론부터 말하자면 J는 양도소득세를 내야 한다. 위자료를 현금으로 주면 세금 문제가 없다. 하지만 부동산으로 주면 양도소득세를 내야 한다. 아내 입장에서 위자료는 채권이고, J 입장에서는 채무에 해당한다. 채무를 면제해주는 조건으로 아내에게 부동산 소유권을 넘겨줬으므로 대물 변제에 해당한다. 세법에서는 대물 변제를 양도로 보고 양도소득세를 부과한다. J의 주택이 비과세 요건을 만족하면 양도소득세는 문제가 되지 않겠지만 주택이 여러 채 있으므로 양도소득세를 피할 수 없다. 양도소득세가 많이 나오면 대출을 받아서 위자료로 주는 편이 더 유리할 수 있다.

위자료를 피할 수 없다면 이혼하기 전에 배우자에게 아파트를 증여하는 것도 좋은 방법이다. 이혼하기 전에는 배우자 간에 6억 원까지 세금 없이 증여되기 때문이다. J 입장에서는 이혼하기 전에 증여했다면 6억 원을 초과해도 소유권 이전에서 파생되는 세금 문제는 신경 쓰지 않아도 된다. 증여세의 납세 의무는 수증자(증여를 받는 사람)에게 있기 때문이다. 이혼 이전에 무상으로 소유권을 넘겨주면 증여이고, 이혼 이후에 위자료 대신 소유권을 넘겨주면 양도에 해당한다.

재산 분할 청구로 취득하면 양도소득세는 없다

이와 비교해 재산 분할 청구로 부동산의 소유권을 배우자에게 이전시키면 위자료 명분으로 소유권을 이전시키는 경우와 다르다는 점을 알고 있을 필요가 있다. 위자료는 배우자 상호 간의 채권 및 채무관계에서 소유권을 이전시키는 것이지만, 재산 분할 청구로 소유권을 이전시키면 본인의 재산권을 나누는 것이 되어 대가성이 있다고 해석하지 않는다. 즉, 양도소득세도, 증여세도 없다. 재산 분할 청구를 공유물의 분할 또는 신탁 재산의 환원으로 보는 것이다.

위자료 명분으로 취득한 주택과 재산 분할 청구권 행사로 취득한 주택을 처분할 때도 해당 주택의 보유 기간을 다르게 판단한다는 차이가 있다. 1가구 1주택 비과세를 판단할 때, 위자료 명분으로 취득한 주택은 소유권을 변경한 날을 취득 시기로 본다. 반면 재산 분할 청구권의 행사로 소유권이 이전된 경우 소유권을 이전시킨 배우자가 애초 주택을 취득한 날이 취득 시기가 된다.

아내가 다른 주택을 소유하지 않았다고 가정했을 때 이혼으로 취득한 주택을 1년도 지나지 않아 매각했다면 어떻게 될까? 위자료 명분으로 취득했다면 양도소득세는 40%(취득한 지 1년 미만으로 보유한 후 양도할 경우 세율, 2020년 기준)의 세율로 과세될 것이다. 하지만 재산 분할 청구로 취득했다면 양도소득세는 비과세가 될 수 있다. 전 남편이 취득한 날짜를 기준으로 세금을 계산하기 때문이다.

이혼을 앞두고 세금 문제까지 고려하는 사람은 많지 않다. 세금까지 생각할 겨를이 없기 때문이다. 세금을 챙긴다고 해도 이혼과 관련된 세무 상담을 하기가 부담스러울 수 있다. 하지만 세무상 이혼과 결혼은 재테크에도 많은 영향을 미친다. 세금 문제를 고려하지 않고 이혼하면 후폭풍은 생각보다 클 수 있다는 것을 꼭 명심하자.

04
부동산 관련 세법은
개정되기 전에 효력이 발생한다

일반적으로 개정 세법안은 7월 말에서 8월 초에 발표한다. 이 개정 세법안이 확정된 세법이 되기 위해서는 국회 의결을 거쳐야 하고 보통 그다음 해 1월 1일부터 시행된다.

개정 세법안이 언론을 통해 발표되면 당장 효력을 발휘한다고 생각한다. 하지만 개정 세법안은 확정된 것이 아니다. 개정 세법안의 '안(案)'은 생각이나 계획을 의미한다. 내년 이후에 적용할 개정 세법의 계획이라고 이해하면 된다. 일반적으로 개정 세법안은 원안대로 만들어지지만 국회에 제출되어 상임위원회와 국회 의결 절차를 거치는 과정에서 일부 수정되기도 한다. 어떤 과정을 거치더라도 개정 세법안은 다음 해 1월 1일부터 시행된다.

개정 세법안 가운데 국회 의결 절차를 거치지 않고 바로 시행되는 법안도 있다. 본법의 하위 법률인 시행령은 국회 의결 절차를 거치지 않는다. 정부의 결정으로 본법에서 정한 규정에 따라 시행령은 세부 사항을 개정할 수 있다. 따라서 정부가 개정 세법안을 발표할 때 시행령의 내용이 반영되는 경우가 있으며 개정 세법 부칙으로 시행 시기를 조정하기도 한다. 국회 의결 절차로 세법을 개정하지만 해당 개정 세법 부칙의 시행 시기를 앞당길 수 있다.

2017년에 발표한 8·2 대책에는 '조정대상지역 내 주택 중에서 1주택에 대한 양도소득세 비과세 적용을 받으려면 2년 이상 거주해야 한다'라는 요건이 추가되었다. 이는 정부 대책을 발표한 다음 날 (2017년 8월 3일) 이후에 취득하는 주택부터 적용하는 것으로 규정했다. 그런데 이 규정은 대책이 발표된 이후인 2017년 9월 19일에 만들어졌다. 부칙을 통해 세법이 개정되기 전인 2017년 8월 3일 이후에 취득하는 주택부터 적용하도록 정한 것이다.

정부가 2017년 8월 2일에 발표한 부동산 대책의 주요 핵심 내용은 2018년 4월 1일 이후에 매각하는 주택부터 적용한다. 조정대상지역에서 2주택 이상을 보유한 세대가 주택을 매각하는 경우 양도소득세 세율이 높아지고 장기 보유 특별 공제도 불가능해진다. 2주

[지역별 주택의 양도소득세 세율 및 장기 보유 특별 공제]

구분		2018. 4. 1. ~			2021. 6. 1. ~		
		1주택	2주택	3주택 이상	1주택	2주택	3주택 이상
일반 지역	세율	비과세	기본 세율	기본 세율	비과세	기본 세율	기본 세율
	장기 보유 특별 공제	가능	가능	가능	가능	가능	가능
조정대상 지역	세율	비과세 (2년 거주 요건)	기본 세율 +10%p	기본 세율 +20%p	비과세 (2년 거주 요건)	기본 세율 +20%p	기본 세율 +30%p
	장기 보유 특별 공제	가능	불가능	불가능	가능	불가능	불가능

구분	조정대상지역
서울	전 지역(25개 구)
경기	과천시, 광명시, 성남시, 고양시, 남양주시(화도읍, 수동면, 조안면 제외), 하남시, 화성시, 구리시, 안양시, 광교택지개발지구, 수원시, 군포시, 안성시(일죽면, 죽산면 죽산리 · 용설리 · 장계리 · 매산리 · 장릉리 · 장원리 · 두현리 및 삼죽면 용월리 · 덕산리 · 율곡리 · 내장리 · 배태리 제외), 부천시, 안산시, 시흥시, 용인시 수지구, 용인시 기흥구, 용인시 처인구(포곡읍, 모현면, 백암면, 양지면 및 원삼면 가재월리 · 사암리 · 미평리 · 좌항리 · 맹리 · 두창리 제외), 의왕시, 오산시, 평택시, 광주시(초월읍, 곤지암읍, 도척면, 퇴촌면, 남종면 및 남한산성면 제외), 양주시, 의정부시
인천	중구, 동구, 미추홀구, 연수구, 남동구, 부평구, 계양구, 서구
대전	동구, 중구, 서구, 유성구, 대덕구
세종	세종특별자치시(행정 중심 복합도시 건설 예정지역)
충북	청주시(낭성면, 미원면, 가덕면, 남일면, 문의면, 남이면, 현도면, 강내면, 옥산면, 내수읍 및 북이면 제외)

• 출처: 국토교통부
• 기준일: 2020년 6월 19일

택자의 경우에는 기본 세율에 10%p가, 3주택자 이상이면 기본 세율에 20%p가 가산되어 최고 세율 기준 62%까지 높아진다. 여기에 지방소득세가 가산되면 양도소득세의 최고세율은 68.2%까지 치솟는다. 더구나 2018년 4월 1일부터 강화된 양도소득세는 조정대상지역으로 확대되어 서울은 전 지역이 해당된다. 경기도와 부산의 일부 지역도 세율과 장기 보유 특별 공제의 불이익을 받게 된다.

2017년 8월 2일에 개정 세법안과 동시에 발표한 주택 시장 안정화 방안은 주거 목적과 임대 목적으로만 주택을 보유하라는 메시지를 주고 있다. 즉, 다주택 보유자는 주택의 수를 줄이거나 주택 임대사업을 등록하라는 것이다. 이후 수차례 부동산 대책이 발표됐지만 조정대상지역의 다주택자 중과세율이 변경되지는 않았다. 하지만 2020년 7월 10일 주택 시장 안정 보완대책에서 조정대상지역 2주택 이상 소유자에게 중과세율을 상향시켰다. 기존 중과세율에 10%p씩 추가되어 2주택자는 추가 20%, 3주택 이상자는 추가 30%가 적용되도록 개정됐다. 시행 시기는 일정 기간 유예를 줘 2021년 6월 1일 이후부터 적용되는 세율이기 때문에 주택 매도 시기를 고려할 경우 추가 세율이 적용되기 전에 매도해야 세금을 줄일 수 있다.

05
1가구 1주택 비과세 요건을 갖추지 못하면 3주택자가 될 수도 있다

조정대상지역에 있는 1가구 1주택 양도소득세 비과세 대상의 주택을 유예 기간 내에 매각할 때 비과세 요건을 갖추지 못하면 상황에 따라 3주택자로 구분되어 양도소득세가 무겁게 과세될 수도 있다.

8·2 대책 이후 1주택으로 양도소득세 비과세를 받지 못하면서 다주택자로 구분되어 양도소득세가 무겁게 과세되는 경우가 자주 발생하고 있다. 1가구 1주택을 확신하고 주택을 매각했다가 비과세 요건을 갖추지 못하는 바람에 중과세 대상으로 바뀐 것이다. 또한 비과세를 인정받지 못하는 것에서 그치지 않고 양도소득세 중과세로 변경이 되기도 한다.

현행 소득세법에서는 2주택자가 조정대상지역의 주택을 매각하면 양도소득세 기본 세율(6~42%)에 10%p가 가산되고, 3주택 이상을 보유한 사람이 매각하면 20%p가 가산되어 26~62%의 세율로 양도소득세가 과세된다. 지방소득세율을 포함하면 최고 세율은 68.2%까지 올라간다. 그리고 장기 보유 특별 공제는 배제된다.

주택 1채를 2년 이상 보유한 세대가(2017년 8월 3일 이후에 조정
대상지역 내 주택을 샀다면 2년 이상 거주 요건도 충족시켜야 함) 주택을
추가로 구입해 2주택자가 된 경우 3년 이내에 기존 주택을 매각하
면 양도소득세 비과세가 인정된다(2018년 9월 14일 이후에 조정대상
지역 내 주택을 샀다면 2년, 2019년 12월 17일 이후에 조정대상지역 내
주택을 샀다면 1년+신규 취득 주택으로 1년 이내 전입).

조정대상지역 내 일시적 2주택자			
신규 주택 취득일	18년 9월 13일 이전	18년 9월 14일 이후	19년 12월 17일 이후
일시적 2주택 기간	3년 이내	2년 이내	1년 이내+1년 이내 전입※

• ※ 기존 임차인이 있는 경우 임대차 계약 종료 시까지 최대 2년

그런데 취득 및 매각 날짜를 잘못 계산해 유예 기간인 3년을 하
루라도 경과하면 어떻게 될까? 단순히 비과세를 받지 못하는 것으
로 끝나지 않는다. 매각한 주택이 조정대상지역에 있다면 비과세를
받지 못하는 것뿐만 아니라 중과세 대상으로 바뀌게 된다. 양도소
득세의 경우 10%p가 가산되고 장기 보유 특별 공제도 배제된다.

예를 들어 8년 전에 4억 원에 구입한 주택을 6억 원에 매각한다
고 해보자. 주택을 추가로 구입해 2주택자가 된 날부터 3년 이내에
기존 주택을 매각하면 양도소득세 비과세가 인정되어 양도소득세
는 전혀 부과되지 않는다. 하지만 3년을 하루라도 경과하면 2주택
자로 구분되어 양도소득세는 8,000만 원 넘게 부과된다.

유예 기간 3년을 놓칠 때보다 더 억울한 사례도 있다. 주택을 추

가로 구입하고 3년 이내에 기존 주택을 매각했는데도(2018년 9월 14일 이후에 조정대상지역 내 주택을 샀다면 2년, 2019년 12월 17일 이후에 조정대상지역 내 주택을 샀다면 1년+신규 취득 주택으로 1년 이내 전입) 3주택자가 되어 무거운 양도소득세가 과세된 경우다. 주택이라고 생각하지 않았던 오피스텔 같은 부동산 때문에 일시적 2주택자로 인정받지 못하고 오히려 3주택자로 구분된 것이다.

실제로 오피스텔과 관련해서 이런 일이 자주 발생한다. 일반적으로 2주택자가 되어도 유예 기간 3년 이내에 기존 주택을 팔면 비과세를 적용받는데 그동안 주택이라고 생각하지 않았던 오피스텔이 주택으로 구분된다면 어떻게 될까? 당연히 '일시적 2주택자'는 물 건너간 이야기가 되고 3주택자가 된다. 이때 4억 원에 사서 6억 원에 매각하는 주택이 조정대상지역에 있다면 양도소득세가 1억 원이 넘게 된다.

물론 오피스텔을 업무용으로 임대한다면 이런 걱정을 할 필요가 없다. 업무용으로 사용하거나 임대하는 오피스텔은 주택으로 판단하지 않기 때문이다. 문제는 오피스텔을 임대할 때 소유주가 업무용으로 임대하는 것을 표방하고 일반 과세자로 사업자 등록을 냈더라도 주택으로 구분되는 경우다. 소유주가 업무용으로 임대하고 일반 과세자로서 세입자로부터 부가가치세를 징수했더라도 세입자가 실제 주거용으로 사용하면 주택으로 구분된다.

소유주 입장에서는 다소 억울할 수 있다. 오피스텔을 업무용으로 사용하는 조건으로 임대했지만 세입자가 주거용으로 전용했기 때문이다. 하지만 오피스텔을 주택으로 판단하는 기준은 소유주의 임대 목적과 상관이 없다. 세법에서는 세입자의 실제 용도에 따라 주택으로 판단하기 때문에 소유주의 임대 목적에 따라 주택으로 세는 것을 막기 어렵다. 그래서 오피스텔을 업무용으로 임대한다면 임대차계약서를 작성할 때 주거용으로 사용할 수 없다는 내용을 계약서에 담아야 하며 그 위반에 따른 책임의 범위를 명시하는 것이 좋다.

사실상 오피스텔을 주거용으로 임대하면서 일반 과세자를 유지한다면 오피스텔은 언제든 주택으로 구분될 수 있다. 그래서 주거용으로 임대하는 오피스텔이라면 차라리 주택으로 표방하고 떳떳하게 임대 주택으로 등록하는 것이 더 안전하다.

오피스텔을 임대 주택으로 등록할 수 없었던 과거에는 주택으로 구분되는 것을 막기 위해 일반 과세자로 사업자 등록을 내고 부가가치세를 신고하는 방법을 선택했다. 분양을 통해 오피스텔을 취득하면 부과된 부가가치세도 환급받을 수 있었다. 하지만 지금은 법률적으로 전용 면적 $85m^2$ 이하의 오피스텔은 임대 주택으로 등록이 가능하다. 임대 주택으로 등록된 오피스텔은 일반 주택의 양도소득세 비과세를 판단할 때 주택으로 세지 않는다. 오피스텔을 임대 주택으로 등록하면 주택 수에서 제외시킬 수 있는 것이다. 단, 임대 주택으로 등록하고 세무서에 사업자 등록을 주거용으로 변경하면 환급받았던 부가가치세가 일부 추징될 수 있다.

06
임대 주택 등록으로 세금을 줄일 수 있지만 혜택도 줄고 있다

공시가격 6억 원(수도권 외 지역은 3억 원) 이하의 주택을 임대 주택으로 등록하면 양도소득세 중과세를 피하고 장기 보유 특별 공제도 받을 수 있다. 보유하고 있는 동안 종합부동산세도 피할 수 있다. 하지만 점점 그러한 혜택을 줄이고 있으며 요건도 까다롭게 변하고 있다.

임대 주택으로 등록하면 받게 되는 다양한 세제 혜택은 오래전부터 있었지만 2017년 이전까지만 해도 주목을 받지 못했다. 실제로 2017년 이전에는 임대 주택으로 등록한 사람이 많지 않았다. 하지만 2017년 정부가 발표한 8·2 대책 이후부터 임대 주택으로 등록한 사람이 급격히 많아졌다. 임대 주택 등록으로 기존 주택을 계속 보유하거나 추가로 주택을 구입해도 8·2 대책에 따른 무거운 세금 문제를 피할 수 있어 투자의 대안이 된 것이다.

8·2 대책의 가장 중요한 핵심은 조정대상지역 내에서의 다주택자에 대한 세금이다. 조정대상지역에서 2주택 또는 3주택 이상을 보유한 세대는 양도소득세와 종합부동산세의 부담이 커진다. 그런데 세법상 요건을 만족하는 주택을 임대 주택으로 등록하면 8·2 대

책에 따른 세금 규제를 완벽하게 피할 수 있다. 더 나아가 세무상 불이익을 피하는 정도가 아니라 세제상 혜택까지 받게 된다.

주택을 임대 주택으로 등록하면 어떤 혜택을 받을 수 있을까? 먼저 전용 면적 $60m^2$ 이하의 공동 주택(오피스텔 포함)을 분양으로 취득한 후, 60일 이내에 임대 주택으로 등록하면 취득세가 면제 또는 감면된다. 2채 이상 임대 주택으로 등록하면 보유하고 있는 동안 임대 주택의 면적에 따라 재산세가 면제되거나 감면된다. 단, 2020년 8월 12일 이후부터는 지방세 특례제한법이 개정되어 시행됐다. 취득세 감면을 받기 위해서는 취득 당시 가액이 6억 원(수도권 외 지역은 3억 원) 이하여야 한다. 마찬가지로 재산세 면제 또는 감면을 위한 요건에도 시가표준액 기준이 추가된다. 시행일 이후 취득·등록하거나 보유한 공동 주택 및 오피스텔을 신규 등록하는 경우, 공동 주택은 6억 원(수도권 외 지역은 3억 원) 이하, 오피스텔은 4억 원 (수도권 외 지역은 2억 원) 이하인 경우에 한해 혜택을 받을 수 있다 (2020년 8월 18일 이후부터 아파트는 등록 불가). 임대 주택으로 등록한 주택이 임대를 개시할 당시에 공시가격 6억 원(수도권 외 지역은 3억 원) 이하였다면 종합부동산세 과세 대상에서 제외시킬 수 있다. 공시가격 6억 원(수도권 외 지역은 3억 원) 이하, 전용 면적 $85m^2$ 이하의 주택을 임대 주택으로 등록하면 임대 소득에 과세하는 종합소득세도 최대 75%까지 감면된다.

임대 주택으로 등록한 주택이 임대를 개시할 때 공시가격 6억 원 (수도권 외 지역은 3억 원) 이하라면 가장 핵심적인 양도소득세 규제를 피할 수 있다. 조정대상지역에 있는 주택이라도 양도소득세 중과세 대상에서 제외되고 장기 보유 특별 공제가 가능해진다. 전용 면적 85㎡ 이하를 장기 일반 민간 임대 주택(과거에는 준공공 임대 주택)으로 등록하고 10년 이상 임대했다 매각하면 장기 보유 특별 공제는 최대 70%(8년 임대 후 매각이면 50%)까지 가능해지며 양도소득세가 전액 면제(농어촌특별세 20% 과세)되기도 한다.

임대 주택으로 등록하지 않은 주택 1채에도 양도소득세 혜택을 준다. 다주택자인 세대가 일반 주택 1채를 제외한 나머지 주택을 임대 주택으로 등록하면 일반 주택 1채에 양도소득세 비과세 혜택을 부여해준다.

일반적으로 다주택자가 1가구 1주택으로 양도소득세 비과세를 받기 위해서는 선순위로 다른 주택을 먼저 매각하고 마지막으로 남겨진 1주택을 매각해야만 한다. 그런데 임대 주택으로 등록하지 않은 일반 주택을 매각할 때 일반 주택을 제외한 나머지 주택이 모두 임대 주택으로 등록되어 있다면 일반 주택은 1가구 1주택으로서 양도소득세 비과세를 인정받을 수 있다. 임대 주택으로 등록된 주택은 주택으로 세지 않고 양도소득세 비과세를 판단해야 하기 때문이다. 단, 일반 주택은 매각하기 전에 2년 이상 거주해야 한다. 그리고 최초 거주 주택 1채에 대해서만 양도소득세 비과세가 가능하다. 임대 주택이 있는 상황에서 거주 주택에 대한 양도소득세 비과세는 평생 1회로 제한한다. 즉, 등록된 임대 주택이 있는 상황에서 거주 주택을 매각해 1가구 1주택으로 양도소득세 비과세를 받았다면, 매각 후 다른 주택을 구입해 동일한 조건으로 매각을 해도 양도소득세 비과세는 불가능하다는 것이다. 이 경우 임대 주택은 임대를 개시할 당시에 공시가격 6억 원(수도권 외 지역은 3억 원) 이하, 5년 이상 임대를 해야 한다.

임대 주택 등록으로 이러한 세무 혜택을 받기 위해서는 감면이나 면제의 대상이 되는 세금 유형별로 요구되는 임대 주택 요건을 만족시켜야 한다. 예를 들어, 임대 주택에 대한 취득세 감면을 위한 요건이 별도로 있고 재산세와 종합부동산세를 줄이기 위한 임대 주택의 요건이 따로 있다. 그래서 임대 주택 등록을 통해 세금 감면을 받으려면 세금 종류별로 요구하는 임대 주택의 요건을 이해해야만 한다.

정부의 부동산 규제정책을 피하기 위해 필요한 임대 주택의 공통적인 요건은 공시가격 6억 원이다. 임대를 개시할 당시의 공시가격이 6억 원 이하여야 양도소득세 및 종합부동산세의 규제를 피할 수 있다. 그런데 2019년에 개정된 세법 후속 시행령 개정안에서 세제상의 혜택을 받기 위한 임대 주택에 대한 요건을 강화했다. 그간 세법에서는 '민간 임대 주택법'에서 규정하는 임대료 상승률 제한(5%)과 상관없이 다양한 세무상 혜택이 가능했는데 2019년에 개정된 세법 후속 시행령 개정안에서 '민간 임대 주택법'이 규정하는 임대료(임대 보증금)의 증가율 5% 이하인 경우에 한해 혜택을 받을 수 있도록 했다. 결국 세법이 민간 임대 주택법과 그 궤를 같이 하겠다는 것이다. 해당 법령의 시행일 이후에 임대차 계약을 갱신하거나 새로 체결하는 분부터 적용된다.

　이 규정은 이제 임대 주택 등록으로 혜택을 받을 수 있었던 거의 모든 국세에 일률적으로 적용된다. 양도소득세, 종합소득세, 그리고 종합부동산세 등의 혜택을 받기 위해서는 이제 임대료 상승률 제한의 요건도 만족해야 할 것이다.

알아두면 좋은 절세 지식

주택 임대사업 등록 시 세제 혜택

구분	단기 일반 민간 임대 주택	장기 일반 민간 임대 주택
등록 요건	• 없음(오피스텔의 경우 85㎡ 이하)	• 없음(오피스텔의 경우 85㎡ 이하)
의무 임대 기간	• 4년(세법 기준 5년)	• 8년
취득세 감면 (일몰: 2021년)	• 요건: 임대 목적으로 건축하거나 최초로 분양받은 공동 주택(오피스텔 포함)이면서 다음에 해당하는 주택 -전용 면적 60㎡ 이하: 전액 면제(200만 원 초과할 경우 85% 감면) -전용 면적 60㎡ 초과~85㎡ 이하 주택을 8년 이상 임대할 목적으로 20채 이상 구입한 경우: 50% 감면 -2020년 8월 12일 이후 취득한 경우 취득 당시의 가액 6억 원 이하(수도권 외 지역 3억 원)	
임대 소득 관련 종합소득세 감면 (일몰: 2022년)	• 요건: 공시가격 6억 원(수도권 외 3억 원) 이하이면서 전용 면적 85㎡ 이하 • 임대료 증가율: 5% 이하	
	• 종합소득세 감면율 -2020년 소득 발생분까지: 30% -2021년 소득 발생분부터 ① 1호 임대: 30% ② 2호 이상 임대: 20%	• 종합소득세 감면율 -2020년 소득 발생분까지: 75% -2021년 소득 발생분부터 ① 1호 임대: 75% ② 2호 이상 임대: 50%
재산세 감면 (일몰: 2021년)	• 요건: 2구구 이상의 임대용 공동 주택(오피스텔 포함)을 건축 · 매입하여 임대 목적으로 사용하는 경우 -전용 면적 40㎡ 이하: 100% 감면(재산세가 50만 원을 초과할 경우 85% 감면) -2020년 8월 12일 이후 취득 · 등록을 하거나 보유 중인 공동 주택 및 오피스텔을 신규로 등록한 경우 ① 공동 주택 등: 시가 표준액 6억 원 이하(수도권 외 지역 3억 원) ② 오피스텔: 시가 표준액 4억 원 이하(수도권 외 지역 2억 원)	
	• 전용 면적 60㎡ 이하: 50% 감면 • 전용 면적 60㎡ 초과~85㎡ 이하: 25% 감면	• 전용 면적 60㎡ 이하: 75% 감면 • 전용 면적 60㎡ 초과~85㎡ 이하: 50% 감면
종합부동산세 배제	• 요건: 임대를 개시할 당시 공시가격 6억 원(수도권 외 3억 원) 이하 • 임대료 증가율: 5% 이하 • 종합부동산세 합산 배제	

구분	단기 일반 민간 임대 주택	장기 일반 민간 임대 주택
종합부동산세 배제	• 2018년 3월 31일 이전까지 등록한 것에 한함	• 등록 시점 제한 없음 • 2018년 9월 14일 이후 1주택 보유자가 조정대상지역 내 주택을 취득한 경우 합산 배제 불가 ※ 2018년 9월 13일 이전에 계약하고 계약금을 지불한 물건은 9월 13일 이전에 취득한 것으로 인정함
조정대상지역 다주택자 양도소득세 중과세 배제	• 요건: 임대를 개시할 당시 공시가격 6억 원(수도권 외 3억 원) 이하 • 임대료 증가율: 5% 이하 • 중과세 배제, 장기 보유 특별 공제 가능	
	• 2018년 3월 31일 이전까지 등록한 것에 한함	• 등록 시점 제한 없음 • 2018년 9월 14일 이후 1주택 보유자가 조정대상지역 내 주택을 취득한 경우 중과세 배제 불가 ※ 2018년 9월 13일 이전에 계약하고 계약금을 지불한 물건은 9월 13일 이전에 취득한 것으로 인정함
장기 보유특별 공제 추가 공제(①)	• 요건: 임대를 개시할 당시 공시가격 6억 원(수도권 외 3억 원) 이하 • 임대료 증가율: 5% 이하 • 2018년 3월 31일 이전까지 등록한 것에 한함	• 요건: 전용 면적 85㎡ 이하, 8년 이상 임대, 임대료 증가율 5% 이하 • 2018년 9월 14일 이후에 취득한 경우, 공시가격 6억 원(수도권 외 3억 원) 이하 요건 추가 • 재개발·재건축사업이 진행되는 경우 관리처분 계획 인가일 전 6개월부터 준공일 후 6개월까지 기간은 계속 임대한 것으로 간주하되, 실제 임대한 기간만 임대 기간에 산입 • 단기 임대 주택을 장기 일반 민간 임대 주택으로 전환 시 최대 4년 한도로 기존 임대 기간 전체를 장기 일반 민간 임대 주택의 임대 기간으로 인정 • 2022년 12월 31일 이전까지 등록한 것에 한함◆
	• 장기 보유 특별 공제 공제율: 임대 기간 6년차부터 1년당 2%씩 추가 공제, 기존 공제와 합해 최대 40%까지	• 8년 임대: 장기 보유 특별 공제 50% 적용 • 10년 이상 임대: 장기 보유 특별 공제 70% 적용 ※ 다음 ②의 감면 혜택과 중복 적용 불가
양도소득세 감면(②)	• 해당 사항 없음	• 요건: 전용 면적 85㎡ 이하, 10년 이상 임대, 임대료 증가율 5% 이하, 취득일로부터 3개월 이내 등록, 2018년 12월 31일 이전에 취득한 주택에 한함 • 양도소득세 100% 감면(위 ①의 50% 또는 70% 장기 보유 특별 공제 혜택과 중복 적용 불가), 감면한 양도소득세의 20% 농어촌특별세 과세

• ◆ 2020년 12월 31일 이전까지 등록으로 개정 예정(2020년 세법 개정안)
• 주: 민간 임대 주택에 관한 특별법 개정(2020년 8월 18일 시행)
  1. 단기 일반 민간 임대 주택 제도 폐지
  2. 매입 임대 주택 중 아파트 등록 불가
  3. 장기 일반 민간 임대 주택 의무 임대 기간 기존 8년에서 10년으로 연장

07
새롭게 구입한 주택은
임대 주택으로 등록해도 세금 혜택이 축소된다

지금까지 부동산 대책이 수차례 발표된 이후에 취득하는 주택은 임대 주택으로 등록해도 세제상 혜택이 사라지거나 요건이 강화된다. 단, 대책 발표 이전에 취득했거나 계약하고 계약금을 지불한 주택이라면 종전 규정을 그대로 적용받을 수 있다.

 임대 주택 등록은 정부의 주택 시장 규제정책을 극복할 수 있는 거의 유일한 탈출구였다. 그래서 2017년에 정부가 8·2 대책을 발표하자 2채 이상의 주택을 보유한 사람들은 서둘러 임대 주택 등록을 했다. 임대를 개시할 당시에 공시가격 6억 원 이하라면 8·2 대책으로 강화된 거의 모든 세금을 피할 수 있었다. 조정대상지역에 있는 주택도 양도소득세 중과세를 피할 수 있고 종합부동산세 관련해 면제 대상이 된다.

 전용 면적 $85m^2$ 이하 주택을 구입한 지 3개월 내에 장기 일반 민간 임대 주택으로 등록하고 10년 이상 임대한 후 매각하면 양도소득세는 100% 면제된다. 3개월 이후에 등록하더라도 10년 이상 임대 후 매각하는 경우 장기 보유 특별 공제가 70%(8년 임대 후 매각하는 경우 50%)까지 가능하기 때문에 양도소득세 부담은 사실상 사라지게 된다. 임대 주택으로 등록된 주택 외에 일반 주택 1채를 매각해도 2년 이상 거주했다면 1가구 1주택으로 양도소득세 비과세가 가능해진다. 결과적으로 임대 주택으로 등록하면 규제를 피할 수 있는 정도를 넘어 오히려 혜택이 많아진다고 할 수 있다.

어쩌면 당연한 결과일 수도 있다. 2017년 정부가 8·2 대책을 발표했는데도 주택 가격이 오히려 상승하면서 정부의 의도가 주택 시장에 영향을 주지 못했다. 그래서 정부는 좀 더 강력한 후속 부동산 대책을 발표하게 되는데 그것이 바로 2018년 9월 13일에 발표한 '주택 시장 안정대책'이다. 이 9·13 대책이 세금에 미치는 영향은 크게 3가지 정도로 구분된다.

첫째, 9월 14일 이후에 취득하는 주택은 임대 주택으로 등록해도 양도소득세 중과세 배제, 종합부동산세 배제의 대상에서 제외된다.

둘째, 버티기에 들어가는 다주택자를 대상으로 종합부동산세 부담을 늘린다.

셋째, 실수요자가 아니라면 1주택을 보유한 사람에게도 양도소득세 부담을 늘린다.

여기서 오해하지 말아야 할 내용이 있다. 9·13 대책은 엄밀하게 말하면 기존의 다주택자에게 불이익을 주기 위해서 만든 것이 아니다. 9·13 대책 이후에 주택을 구입하는 것을 규제하기 위한 정책이라고 이해하는 것이 맞다. 그래서 9·13 대책으로 인해 2018년 9월

14일 이후에 취득하는 주택은 공시가격이 6억 원(수도권 외 지역은 3억 원) 이하라고 해도 임대 주택 등록으로 종합부동산세나 양도소득세 중과세를 피할 수 없다. 단, 9월 13일 이전에 취득했거나 계약을 체결하고 계약금을 지불한 주택이라면 기존의 주택으로 인정된다. 그래서 9월 13일 이전에 취득한 주택은 여전히 장기 일반 민간 임대 주택 등록을 통해 종합부동산세, 양도소득세 중과세를 피할 수 있으며 장기 보유 특별 공제도 적용이 가능하다. 물론 임대를 개시할 당시의 공시가격이 6억 원 이하라는 조건이 붙는다.

하지만 아쉽게도 2020년에 정부가 발표한 7·10 대책이 기존 주택 임대사업자에게도 일부 부정적인 영향을 주게 된다. 7·10 대책의 영향을 받은 '민간 임대 주택에 관한 특별법' 개정으로 인해 단기 일반 민간 임대 주택과 장기 일반 민간 임대 주택 중 아파트의 경우 의무 임대 기간이 끝나면 자동으로 말소된다. 이에 따라 장기 일반 민간 임대 주택 중 아파트는 10년 이상 임대 후 가능한 장기 보유 특별 공제 70% 혜택이 불가능하다.

[민간 임대 주택에 관한 특별법 개정](20년 8월 18일 시행)

① 단기 일반 민간 임대 주택제도 폐지

② 매입 임대 주택 중 아파트 등록 불가

③ 장기 일반 민간 임대 주택의 의무 임대 기간 기존 8년에서 10년으로 연장

알아두면 좋은 절세 지식

9 · 13 대책 이후 세금 혜택을 위한
임대 주택 등록 요건의 변화

		단기 일반 민간 임대 주택	장기 일반 민간 임대 주택
의무 임대 기간		4년(세법: 5년)	8년
종합부동산세 배제 여부		○	
	요건	· 공시가격 6억 원(비수도권 3억 원)	· 공시가격 6억 원(비수도권 3억 원)
	비고	· 2018년 4월 1일 이후 등록분: ×	· 2018년 9월 14일 이후 취득분: ×
양도소득세 중과세 배제 및 장기 보유 특별 공제 가능 여부		○	
	요건	· 공시가격 6억 원(비수도권 3억 원)	· 공시가격 6억 원(비수도권 3억 원)
	비고	· 2018년 4월 1일 이후 등록분: ×	· 2018년 9월 14일 이후 취득분: ×
장기 보유 특별 공제 추가 공제 · 임대 기간 6년차부터 1년당 2%p 추가 공제(최대 10%p)		○	×
	요건	· 공시가격 6억 원(비수도권 3억 원)	· 해당 사항 없음
	비고	· 2018년 4월 1일 이후 등록분: ×	· 해당 사항 없음
양도소득세 100% 감면 여부		×	○
	요건	· 해당 사항 없음	· 전용 면적 85㎡ 이하
	비고	· 해당 사항 없음	· 2018년 9월 14일 이후 취득분: 전용 면적 85㎡ 이하+공시가격 6억 원 이하
장기 보유 특별 공제 50% 또는 70% 공제 여부 · 50%: 8년 임대 · 70%: 10년 이상 임대		×	○
	요건	· 해당 사항 없음	· 전용 면적 85㎡ 이하
	비고	· 해당 사항 없음	· 2018년 9월 14일 이후 취득분: 전용 면적 85㎡ 이하+공시가격 6억 원(비수도권 3억 원) 이하

· 주: 1. 양도소득세 100% 감면은 2018년 12월 31일 이전에 취득한 것에 한함
　　 2. 장기 보유 특별 공제 50% 또는 70% 여부는 2020년 12월 31일 이전까지 등록으로 개정 예정(2020년 세법 개정안)

08
보유만으로
세금 부담이 커질 수 있다

그동안 주택 시장에 대한 규제 대상은 양도소득세였다. 그래서 주택을 팔지만 않으면 세금 부담이 없다고 생각했다. 하지만 9·13 대책과 12·16 대책의 영향으로 주택을 갖고 있는 것만으로도 보유세의 부담이 커지게 됐다.

앞에서 정부의 주택 시장 규제정책에 대한 거의 유일한 탈출구가 임대 주택 등록이라고 말했다. 임대를 개시할 당시에 공시가격 6억 원 이하라면 거의 모든 세금을 피할 수 있었다. 그런데 문제는 공시 가격이 6억 원을 초과하고 전용 면적이 $85m^2$를 초과하는 경우다. 이러한 주택은 임대 주택으로 등록해도 혜택이 거의 없다.

조정대상지역의 주택을 다주택자가 매각하면 장기 보유 특별 공제가 불가능하며 중과세 세율이 적용된 양도소득세로 계산된다. 또한 보유 및 임대하는 동안 종합부동산세 대상에서 제외되지 않는다. 그나마 전용 면적이 $85m^2$ 이하인 주택을 장기 일반 민간 임대 주택으로 등록하면 양도소득세가 면제되거나 장기 보유 특별 공제가 최대 70%까지 가능한 규정이 있다. 하지만 이 규정 역시 2018년

9·13 대책 이전에 취득한 주택에 한해서만 가능하다. 2018년 9월 14일 이후에 취득하는 주택의 경우 전용 면적 85㎡ 이하 외에도 임대를 개시할 당시에 공시가격이 6억 원 이하여야 혜택을 받을 수 있다.

임대 주택으로 등록해도 혜택이 없는 다주택자 중에는 재산세와 종합부동산세를 내면서 정책 변화를 기다리는 사람도 있다. 정부의 부동산 규제정책이 풀릴 때까지 기다렸다가 매각하겠다는 생각이다. 일명 '버티기'에 들어가겠다는 것이다. 이 부분은 일견 맞는 생각이다. 그동안 정부는 다양한 지표를 보고 목적에 맞게 부동산 정책에 변화를 주고 있다. 규제정책으로 투기 수요를 제한하기도 하고, 거래 활성화정책으로 부동산 시장의 침체에 변화를 주기도 한다. 그런데 9·13 대책 이후부터는 일명 버티기가 쉽지 않다. 종합부동산세 부담이 커지기 때문이다.

부동산의 경우 취득하는 단계에서는 취득세를, 매각하는 단계에서는 양도소득세를 낸다. 보유하고 있는 동안에는 보유세를 낸다.

보유세는 크게 재산세와 종합부동산세로 구분된다. 1차적으로 부동산을 보유한 사람에게 지방세인 재산세를 부과한다. 그리고 재산세고지서에는 지방교육세와 재산세도시계획분이 부가되어 함께 고지된다. 재산세를 납부하는 사람 중에서 일정한 규모를 초과한 부동산을 갖고 있는 사람에게는 국세인 종합부동산세가 2차적으로 부과된다. 종합부동산세는 농어촌특별세와 함께 부과된다. 재산세는 지방 정부에서 부과하는 세금이고 종합부동산세는 국세청에서 부과하는 세금이라는 점에서 차이가 있지만 공통점도 있다. 재산세와 종합부동산세는 매년 6월 1일(과세 기준일)을 기준으로 세금을 부과한다. 그리고 6월 1일 현재 소유자에게, 6월 1일 현재 공시가격을 기준으로 재산세와 종합부동산세를 계산한다.

주택에 대한 재산세와 종합부동산세는 공시가격을 기준으로 계산하지만 공시가격에 바로 세율로 곱하는 방식은 아니다. 공시가격에 공정시장가액비율(과세표준을 정할 때 적용하는 공시가격의 비율)을 곱해 과세표준을 일정 부분 낮춘다. 현재 주택에 대한 재산세를 계산할 때의 공정시장가액비율은 60%다. 주택의 공시가격이 5억 원이라고 가정하면 재산세의 과세표준은 3억 원(5억 원×60%)이 된다. 여기에 재산세 세율을 곱해 재산세를 계산한다.

종합부동산세는 과세표준을 만드는 방식이 재산세와 약간 다르다. 일단 종합부동산세 기준 금액을 초과한 부분에 대해서만 종합부동산세가 과세된다. 1가구 1주택이면서 단독 명의로 주택을 보유하고 있다면 종합부동산세의 기준 금액은 9억 원이다. 하지만 공동명의로 보유하고 있거나 세대를 기준으로 2주택 이상 보유하고 있다면 기준 금액은 6억 원으로 낮춰진다.

주택에 대한 종합부동산세는 개인별로 보유하고 있는 모든 주택의 공시가격을 합한 금액에서 기준 금액을 초과하는 부분에 대해 종합부동산세를 계산한다. 공정시장가액비율을 곱해 종합부동산세의 과세표준을 낮추는데 재산세의 공정시장가액비율보다 높게 형성되어 있다. 2020년 공정시장가액비율은 90%다. 기준 금액(6억 원 또는 9억 원)을 초과하는 금액에 공정시장가액비율을 곱해 종합부동산세의 과세표준을 만든 후, 세율을 곱해 종합부동산세를 계산한다. 그런데 이렇게 계산하면 기준 금액을 초과하는 부분에 대해서는 재산세와 종합부동산세가 이중으로 과세되는 문제가 발생한다. 그래서 기준 금액을 초과하는 금액에 대해서는 이미 납부한 재산세 상당액을 차감해 그 차액을 종합부동산세로 납부한다.

2020년 개정 세법안에서 종합부동산세 세율을 높이는 것이 확정됐다. 기존 9·13 대책으로 종합부동산세를 강화했지만 그 부담이 크지 않다는 분위기 때문인지 12·16 대책으로 강화방안이 발표되고 세법 개정안을 통해 그 상향 폭을 조정했다. 종합부동산세가 늘어나는 요인은 크게 4가지로 정리된다.

첫째, 종합부동산세의 공정시장가액비율이 상승 중이다. 9·13 대책으로 인해 매년 5%p씩 상승하고 있는 공정시장가액비율은 2020년 현재 90%가 적용되고 있다. 그리고 2021년에는 95%, 2022년에는 100%로 공시가격을 과세표준으로 사용될 예정이다.

둘째, 세율의 영향이다. 12·16 대책을 반영한 세법 개정안에서 종합부동산세의 세율이 대폭 상향 조정됐다. 2주택 이하 보유자(조정대상지역 내 2주택자 제외)는 기존 0.5~2.7% 세율이 0.6%~3.0%로까지 조정됐고, 3주택 이상 보유자(조정대상지역 내 2주택자 포함)는 기존 0.6~3.2% 세율이 1.2~6.0%로 두 배 이상으로 조정됐다.

셋째, 공시가격의 시세 반영률이 조정됐다. 2019년 12월 17일 국토교통부는 '부동산 가격 공시 및 공시가격 신뢰성 제고방안'을 발표했다. 이는 보유세 계산의 시작점에 있는 공시가격의 상향을 의미한다. 다른 사항들의 변경이 없더라도 공시가격 자체의 상향만으로 보유세 부담은 증가할 수밖에 없다.

넷째, 세금 부담 상한선의 상향 조정 때문이다. 재산세와 종합부동산세는 작년에 납부했던 재산세와 종합부동산세 합계의 일정 비율을 초과할 수 없도록 상한선을 정하고 있다. 2018년에는 150%였다. 2017년에 납부한 재산세와 종합부동산세의 합계가 100만 원이라고 했을 때 공시가격이나 세율이 높아져서 세금이 갑작스럽게 늘어나더라도 150만 원을 초과할 수 없도록 세금 부담의 상한선이 정해진 것이다.

2019년부터는 그 부담의 상한선을 최대 300%까지 늘렸다. 2채 이하라면 기존 한도와 동일하게 150%로 유지되지만, 조정대상지역에서 2채를 보유하고 있다면 한도를 200%까지 올렸다. 조정대상지역과 상관없이 3채 이상을 보유하고 있다면 300%까지 세 부담 상한선을 올렸다. 그리고 2020년 세법 개정을 통해 2021년부터 적용되는 종합부동산세 세 부담 상한을 조정대상지역에서 2채를 보유한 사람의 경우 기존 200%에서 300%로 추가 상향 조정을 했다. 조정대상지역 내 2주택만을 보유한 사람도 3주택 이상 보유자와 동일한 세 부담 상한을 적용받게 된다. 2021년 6월 1일 기준으로 재산세와 종합부동산세를 납부하는 납세자부터 적용되고, 2020년 총 보유세를 100만 원 납부했다면 2021년부터는 최대 300만 원까지 부과될 수 있는 것이다.

이제 임대 주택으로 등록할 수도 없고 매각도 어려워서 대안으로 일명 '버티기'에 들어간다면 보유세의 부담이 커질 수 있다는 것을 명심해야 한다. 다주택자가 주택을 보유하고 있는 것만으로 세금 부담이 커질 수 있다.

세법 개정안 문답자료를 살펴보면 향후 늘어나는 세금 부담액을 예측해볼 수 있다[출처: 2020년 세법 개정안 문답자료(기획재정부 보도자료)].

〈사례 1: 다주택자 — 조정대상지역 2주택자〉
서울 A 아파트 공시가격 20년 15억 원, 21년 16.5억 원
서울 B 아파트 공시가격 20년 13억 원, 21년 14억 원

☐ (세 부담 변화)

〈조정대상지역 2주택자의 세 부담 변화〉

	20년도	21년도
시가	33억 원	36억 원
합산 공시가격	28억 원	30.5억 원
종부세액	2,650만 원	6,856만 원

○ 해당 2주택자의 **세 부담은 전년 대비 4,206만 원 증가**

〈사례 2: 다주택자 — 3주택자〉
서울 A 아파트 공시가격 20년 15억 원, 21년 16.5억 원
대구 B 아파트 공시가격 20년 13억 원, 21년 14.5억 원
부산 C 아파트 공시가격 20년 8.7억 원, 21년 9.5억 원

□ (세 부담 변화)

〈3주택자의 세 부담 변화〉

	20년도	21년도
시가	43억 원	48억 원
합산 공시가격	36.7억 원	40.5억 원
종부세액	4,179만 원	1억 754만 원

○ 해당 3주택자의 **세 부담은 전년 대비 6,575만 원 증가**

보유 부동산의 변화가 없다면, 조정대상지역 내 2주택자는 약 4,000만 원, 3주택자는 약 6,500만 원 증가를 보여준다. 여기에 공시가격 시세 반영률이 시가의 90% 가까이 근접하게 되면 해가 바뀔수록 보유세 부담은 상상을 초월하게 커질 수 있다.

부동산에 부과하는 재산세는 크게 3가지 유형으로 나눠진다. ① 토지에 대한 재산세, ② 건물에 대한 재산세, ③ 주택에 대한 재산세 등이다.

토지에 대한 재산세는 다시 3가지 유형으로 나눠진다. ① 나대지 등에 부과하는 종합 합산 대상 토지에 대한 재산세, ② 건물 등의 부속 토지에 부과하는 별도 합산 대상 토지에 대한 재산세, ③ 농지 등에 부과되는 분리과세 대상 재산세 등이다.

건물에 대한 재산세는 일반적으로 누진세율을 적용하지 않고 단일 비례세율을 적용해 부과한다.

토지에 대한 재산세 중 종합 합산 대상 토지의 공시가격 합계가 5억 원을 초과하면 종합부동산세가 추가로 과세된다. 별도 합산 대상인 토지의 경우 공시가격의 합계가 80억 원을 초과하면 종합부동산세가 추가로 과세된다. 단, 건물에는 종합부동산세가 과세되지 않는다.

주택에 대한 재산세는 토지와 건물에 부과하는 재산세와 다른 점이 하나 있다. 주택에 대한 재산세와 종합부동산세를 계산할 때에는 토지와 건물을 구분하지 않는다. 주택의 경우 공동 주택이든, 단독 주택이든, 토지와 건물을 일괄적으로 평가해서 재산세와 종합부동산세를 과세한다.

그래서 단독 주택의 경우 토지와 건물의 소유자가 달라도 토지와 건물을 일괄 평가해 재산세와 종합부동산세를 계산한다. 단, 토지와 건물(주택부분)의 공시가격을 기준으로 비율대로 나눠서 토지 소유자와 건물 소유자에게 별도로 부과한다.

09
주택 수에 따라 취득세는
차등 부과된다

7·10 대책으로 취득세 개정안이 발표되고 8월 4일 국회를 통과했다. 8월 12일부터 2주택 이상 보유자는 신규로 주택을 취득할 경우 중과세율을 적용받는다.

일반적인 부동산의 취득세율은 4.6%다. 이에 비해 주택의 취득세율은 취득가액에 따라 1.1~3.5% 세율이다 보니 상대적으로 낮은 취득세를 부담해왔다. 하지만 각종 부동산 대책으로도 부동산 시장의 과열 양상이 지속된 결과, 결국 취득세에도 힘이 실렸다.

취득세율은 한 차례 개정을 거쳐 2020년 1월 1일부터 4주택 이상 취득자부터 4.6%를 적용했지만, 불과 8개월 만에 전폭 수정됐다. 주택을 1채 보유한 상황에서 국민 주택 규모(전용 면적 $85m^2$ 이하)의 주택을 추가로 취득해 2주택자가 되는 경우에는 8.4%, 3주택 이상 보유자가 되는 경우에는 12.4%라는 높은 취득세율을 부담해야 한다. 해당 취득세 개정은 7·10 대책 발표 후 한 달여 만에 바로 시행되어 유예기간 없이 2020년 8월 12일 이후 취득하는 주택부터 적용된다.

이제 주택을 부동산 투자의 방안으로 생각하고 있다면 취득단계 때부터 막중한 세금을 부담해야 한다. 취득세 부담이 크기 때문에 상대적으로 가중이 약한 비조정대상지역을 고려해볼 수 있다. 조정 대상지역 내에서는 주택 취득세가 2주택자부터 가중된다면 비조정 대상지역 내 주택 취득 시에는 3주택자부터 가중된다. 가령 매매가 10억 원의 국민 주택 규모(전용 면적 85㎡ 이하) 아파트를 취득한다고 하면 주택 수에 따라, 조정대상지역 여부에 따라 취득세 부담은 다음과 같다.

[조정대상지역 내 취득 시]

구분	1주택	2주택	3주택 이상
취득세율	3.3%	8.4%	12.4%
취득세액	3,300만 원	8,400만 원	1억 2,400만 원

• 주: 농어촌특별세 비과세 및 지방교육세 포함

[비조정대상지역 내 취득 시]

구분	1주택	2주택	3주택	4주택 이상
취득세율	3.3%	3.3%	8.4%	12.4%
취득세액	3,300만 원	3,300만 원	8,400만 원	1억 2,400만 원

• 주: 농어촌특별세 비과세 및 지방교육세 포함

이처럼 기존 취득세 부담에 비해 3~4배가량 많아진 세금을 부담 해야 한다.

중과세 적용이 되지 않는 조건을 파악하라

추가 주택 취득이 반드시 중과세율을 적용받는 것은 아니다. 양도 소득세에서는 일시적 2주택 특례가 있다.

기존 보유 주택을 취득한 날로부터 1년이 지난 후 신규 주택을 취득하고 기존 보유 주택을 3년 이내에(비조정대상지역인 경우) 양도하면 비과세 요건을 갖춘 1주택은 양도가액 9억 원까지 세금 부담이 없다. 취득세에서도 동일하게 인정받는다. 일시적인 2주택 기간을 인정해주는 것은 기존 보유 주택의 매도일과 신규 취득 주택의 매수일이 동일하기 어렵기 때문이다. 일시적 2주택으로 취득세를 납부할 때는 1주택자와 동일하게 취득가액에 따라 1.1~3.5%의 취득세율을 적용하면 된다. 단, 3년 이내에(기존 보유 주택과 신규 주택이 모두 조정대상지역에 있는 경우 1년) 기존 보유 주택을 매도하지 않으면 중과세율과의 차액만큼 추징되기 때문에 매도 기간을 반드시 지켜야 한다.

상속 주택은 어떨까? 상속 주택은 본인의 의사와 무관하게 취득하는 주택이다. 따라서 취득세에서도 일정 기간의 유예를 준다. 상속으로 받은 주택은 상속 개시일로부터 5년간은 주택 수에 합산하지 않는다. 상속 주택을 보유하고 있어도 5년 이내에는 신규 주택을 취득할 경우 취득세가 중과되지 않을 수 있다. 5년이 지나면 상속 주택은 아쉽게도 세대별 주택 수를 계산할 때 포함된다. 단, 공동 소유인 경우에는 지분이 가장 큰 사람의 소유로 한다. 지분이 동일하다면 해당 상속 주택에 거주하는 사람이, 거주하는 사람이 없다면 상속인 중 최연장자의 소유 주택으로 본다.

세대 분리도 주택 수를 줄이는 방법이다. 다주택자의 판단 기준은 1세대다. 1세대란 세대별 주민등록표에 함께 기재되어 있는 가족(부모, 배우자, 자녀, 형제자매 등)으로 구성된 세대를 말한다.

단, 배우자와 미혼인 30세 미만 자녀는 주택을 취득하는 자와 동일한 주민등록표에 기재되어 있지 않아도 동일 세대로 본다. 배우자는 세대를 분리해도 동일 세대로 간주되기 때문에 세대 분리의 의미가 없다. 하지만 미혼인 30세 미만인 자녀는 독립 세대로 인정받을 수 있는 일정한 요건이 있다. 국민기초생활 보장법에 따른 기준 중위 소득(2020년 1인 가구 월 175만 원)의 40% 이상 소득이 있다면 별도 세대로 인정받을 수 있다. 따라서 세대 분리한 자녀의 신규 주택 취득은 부모의 주택 수에 포함되지 않아 1주택자의 취득세율로 계산하면 된다.

[취득세율표]

부동산 취득의 종류			구분	취득세	농특세	교육세	합계
주택 (유상 취득)	1 주 택	6억 원 이하	85㎡ 이하	1.00%	–	0.10%	1.10%
			85㎡ 초과	1.00%	0.20%	0.10%	1.30%
		6억 원 초과 9억 원 이하	85㎡ 이하	(2/3억 원 × 취득 가액 —3억 원)%[1]	–	취득세 10%	취득가액에 따라 다름
			85㎡ 초과		0.20%	취득세 10%	
		9억 원 초과	85㎡ 이하	3.00%	–	0.30%	3.30%
			85㎡ 초과	3.00%	0.20%	0.30%	3.50%
		2주택	85㎡ 이하	8.00%	–	0.40%	8.40%
			85㎡ 초과	8.00%	0.60%	0.40%	9.00%
		3주택 이상	85㎡ 이하	12.00%	–	0.40%	12.40%
			85㎡ 초과	12.00%	1.00%	0.40%	13.40%
	주택 외 유상 취득			4.00%	0.20%	0.40%	4.60%
	농지의 유상 취득			3.00%	0.20%	0.20%	3.40%
	농지의 유상 취득(자경)			1.50%	–	0.10%	1.60%
	신축(원시 취득)			2.80%	0.20%	0.16%	3.16%
상속	무주택자		85㎡ 이하	0.80%	–	0.16%	0.96%
			85㎡ 초과	0.80%	–	0.16%	0.96%
	1주택 이상		85㎡ 이하	2.80%	–	0.16%	2.96%
			85㎡ 초과	2.80%	0.20%	0.16%	3.16%
	농지			2.30%	0.20%	0.06%	2.56%
	그 외			2.80%	0.20%	0.16%	3.16%
증여	주택 (조정대상지역)[2]		85㎡ 이하	12.00%	–	0.40%	12.40%
			85㎡ 초과	12.00%	1.00%	0.40%	13.40%
	주택 (그 외)		85㎡ 이하	3.50%	–	0.30%	3.80%
			85㎡ 초과	3.50%	0.20%	0.30%	4.00%
	주택 외			3.50%	0.20%	0.30%	4.00%

- 주: 1) 단위: 소수점 5자리에서 반올림
  2) 조정대상지역 내 3억 원 이상의 주택을 증여하는 경우. 단, 1가구 1주택을 배우자 또는 직계존비속에 증여하는 경우 제외

10
고가 주택의 규제를 알면
부동산이 보인다

'호화 주택'이라는 표현은 세법에 존재하지 않는다. '고급 주택'은 지방세에서, '고가 주택'은 국세에서 사용하는 표현이다.

주택을 구매할 때 호화 주택으로 구분되어 세금 부담이 커질 것 같아 걱정하는 사람들이 있다. 아마도 고급 주택이나 고가 주택을 통칭해서 호화 주택으로 표현하는 것 같은데 세법에 호화 주택이라는 표현은 없다. 유사하게 고급 주택, 고가 주택, 별장이 있을 뿐이다. 세무적으로 규제하기 위해 만든 개념이며 일반 주택과 비교하면 조세 부담이 큰 것이 사실이지만 실제 부담보다 다소 부풀려진 부분도 있다. 그렇다면 이러한 유형의 주택들은 어떻게 구분하고 세무적으로 어떠한 불이익이 있는지 알아보자.

별장은 세법상 주택으로 구분되지 않는다. 지방세법상 사치성 재산이다. 별장을 구매하면 취득세가 무려 13.4%이다. 1.1~3.5%의 세율로 취득세를 내는 일반 주택과 비교하면 상당히 높다. 보유단계에서도 별장의 재산세는 4%이다. 일반 주택의 재산세 최고 세율이 0.4%이니 10배 이상인 셈이다. 매각할 때에도 별장은 양도소득세의 부담이 크다. 별장의 부속 토지는 비사업용 토지로 보기 때문에 일반 부동산보다 10%p 높은 세율로 양도소득세를 내야 한다.

지방세법에서 사용하는 개념인 고급 주택은 별장처럼 사치성 재산으로 구분된다. 별장처럼 취득세가 13.4%다. 지방세법에서는 취득 당시 공시 가격이 6억 원을 초과하면서 다음 중 하나에 해당하면 고급 주택으로 본다.

- 건물 총면적이 331㎡를 초과하면서 건축물 가격이 9,000만 원을 초과하는 경우
- 건축물의 대지 면적이 662㎡를 초과하면서 건축물 가격이 9,000만 원을 초과하는 경우
- 일정 규모 이상의 엘리베이터, 에스컬레이터, 수영장 등이 설치된 경우
- 공동 주택으로써 건축물의 총면적이 245㎡를 초과하는 경우

하지만 고급 주택은 재산세 측면에서 별장과 차이가 있다. 고급 주택은 별장과 다르게 재산세의 경우 고율(4%)로 과세하지 않고 일반 주택과 같은 기준으로 재산세와 종합부동산세가 계산된다. 매각하는 과정에서도 일반 주택과 차이를 두지 않는다. 고급 주택이 1가구 1주택 비과세 요건을 만족하면 다른 주택과 동일하게 양도소득

세 비과세가 적용된다. 단, 매각단계에서 9억 원을 초과하면 소득세법상 고가 주택으로 구분되어 양도소득세 일부를 낼 수 있다. 그렇다면 고가 주택은 고급 주택과 어떻게 다를까?

고가 주택은 소득세를 부과하려고 만든 소득세법상 개념이다. 주택을 매각할 때에는 양도소득세에, 임대할 때에는 종합소득세에 영향을 준다. 고가 주택은 주택의 면적, 위치 등을 고려하지 않고 매각 금액이 9억 원을 초과하면 해당된다. 이렇게 고가 주택으로 구분되면 양도소득세의 비과세에 영향을 줘서 1가구 1주택 비과세 요건을 만족해도 양도소득세 일부가 부과된다.

1가구 1주택자라면 고가 주택의 양도소득세는 2가지 이유로 부담스럽지 않다.

첫째, 양도 금액 중 9억 원을 초과하는 비율만큼 매매 차익에만 양도소득세를 부과한다.

둘째, 장기 보유 특별 공제가 최대 80%까지 적용된다. 예를 들어 15년 전에 2억 원에 구매한 주택을 10억 원에 매각한다고 해보자. 1가구 1주택으로 비과세 요건을 만족했다면 과세 대상 매매 차익은 8억 원이 아닌 8,000만 원이다. 10억 원 중 9억 원을 초과하는 비율, 즉 10%(1억 원÷10억 원)의 비율에 해당하는 매매 차익에만 과세하기 때문이다. 여기에 장기 보유 특별 공제 명목으로 80%까지 공제하여 과세 대상 소득금액은 1,600만 원으로 줄게 된다.

그런데 9·13 대책과 12·16 대책으로 인해 고가(실거래가 9억 원 초과) 1주택자에 대한 장기 보유 특별 공제에 제한이 가해졌다. 장기 보유 특별 공제는 최소 3년 이상을 보유해야 공제를 받을 수 있고, 1년당 2%씩 공제되기 때문에 15년 이상을 보유해야 최대 30%를 적용받는다.

이때 1주택자에게만 주어진 특별한 혜택이 1년당 8% 공제율이다. 최대 80%를 한도로 하고 있어 10년 이상만 보유하면 양도차익의 80%를 공제받을 수 있었다. 9·13 대책에서는 2년 이상 거주하지 않으면 1주택자라고 해도 장기 보유 특별 공제 80%를 적용받지 못한다. 2020년 현재 적용되는 기준으로 1주택자의 장기 보유 특별 공제를 적용받기 위해서는 2년 이상 거주가 필수다. 하지만 이마저도 2021년부터는 어려워진다. 보유 기간과 거주 기간을 따로 계산하기 때문이다. 1년당 8%의 공제율이 보유 기간 1년당 4%, 거주 기간 1년당 4%로 분리된다. 따라서 12·16 대책이 반영된 2021년부터 장기 보유 특별 공제 80%를 적용받기 위한 최소 조건이 보유 기간 10년, 거주 기간 10년이다. 거주를 한 적이 없다면 최대 30%인 일반 장기 보유 특별 공제율 이상은 적용받을 수 없다.

2018년까지는 한시적으로 2,000만 원 이하의 주택 임대 소득에 대한 종합소득세를 과세하지 않았다. 하지만 2019년부터 적용되는 현행 소득세법에서는 주택 임대 소득이 2,000만 원 이하라고 해도 종합소득세를 부담하고 있다. 14% 세율로 분리과세가 된다. 즉, 다른 소득과 합산하지 않고 14%의 세율로 주택 임대 소득에 대한 소득세 문제를 종결시킬 수 있다. 이외에도 주택 임대 소득에 대한 비과세제도가 있다. 즉, 부부 합산 기준으로 1주택을 보유한 사람이 주택을 임대하면 주택 임대 소득에 대한 종합소득세를 비과세로 한다.

그런데 고가 주택은 1주택이라도 비과세할 수 없다. 이때 고가 주택의 판단은 기준 시가이다. 임대하는 주택의 기준 시가가 9억 원을 초과하는 고가 주택은 1주택이라도 주택 임대 소득에 대한 종합소득세의 비과세가 불가능하다.

알아두면 좋은 절세 지식

주택 임대 소득에 대한 종합소득세 과세 여부

주택 수 | 임대차 구조	월세	전세(보증금)
1주택(부부 합산)	비과세 • 공시가격 9억 원을 초과하는 경우: 임대 소득 과세	비과세
2주택(부부 합산)	임대 소득 과세	비과세
3주택 이상 (부부 합산)	임대 소득 과세	임대 소득 과세(간주 임대료) • 전용 면적 40㎡ 이하+공시가격 2억 원 이하인 경우 비과세 (21년 12월 31일까지)

└ 과세 대상 주택 임대 소득

• 주: 1. '간주 임대료'는 임대 보증금의 월세 상당액. 현재 3채 이상을 보유한 경우에 적용함. 단, 전용 면적 40㎡ 이하이면서 공시가격 2억 원 이하의 주택은 제외함
    2. 간주 임대료 계산식 = (임대 보증금 합계 - 3억 원) × 60% × 정기예금 이자율(1.8%, 2020년 8월 현재)
    3. 간주 임대료 계산은 부부 합산 3채 이상을 보유한 경우에 하고 전용 면적 40㎡ 이하이면서 기준 시가 2억 원 이하인 경우에는 계산 대상에서 제외함
    4. 주택에 대한 간주 임대료는 임대 주택 등록 여부와 상관없이 적용하는 규정임

[연도별 주택 임대 소득에 대한 과세 여부]

임대 소득 | 연도	2018년 이전	2019년 이후
2,000만 원 이하	비과세	15.4% 분리과세(지방소득세 포함)
2,000만 원 초과	종합과세	종합과세

11
의무 임대 기간을 채우지 않아도
혜택을 받을 수 있다

민간 임대 주택법이 개정되면서 자동으로 등록이 말소되는 유형이 생겼다. 하지만 '세제 지원 보완 조치'를 통해 자동 말소뿐만 아니라 자진해서 말소를 해도 세제 혜택을 받을 수 있다.

2020년 부동산 시장은 격변의 시간이었다. 부동산 시장의 과열 양상이 수차례의 부동산 정책 변화를 야기하며 여러 방면에 제재를 가하다가 결국 임대 주택의 폐지 수순까지 오게 됐다. 주택 시장의 안정화를 위해 만든 임대 주택 등록제도가 폐지단계에 오다 보니 세제 혜택을 받기 위해 이미 임대 주택을 등록한 사업자들에게는 적잖은 혼란이 생기게 되었다.

폐지되는 유형은 의무 임대 기간 4년인 단기 일반 민간 임대 주택과 장기 일반 민간 임대 주택 중 매매로 취득한 아파트다. 따라서 법 개정 후인 2020년 8월 18일 이후부터 해당 유형은 등록이 불가능하며 장기 일반 민간 임대 주택의 의무 임대 기간도 10년으로 변경된다. 폐지되는 임대 주택의 유형은 의무 임대 기간이 끝나는 시점에 자동으로 등록 말소가 된다.

문제는 세제 혜택이다. 세법에서 정하는 일부 혜택에는 5년 이상의 임대 기간을 요구하고 있지만 4년 의무 임대 기간이 끝나 자동 등록 말소가 되면 세제 혜택 조건을 만족할 수 없어진다. 또 지자체에 등록하는 주택 임대사업자와 세무서에 등록하는 사업자 등록 간의 시기가 달라 세법의 의무 임대 기간을 충족하지 못할 수도 있다. 따라서 불가피하게 세제 혜택에서 소외될 수 있는 기존 주택 임대사업자들을 위한 보완 조치가 발표된다. 핵심 포인트는 기존 주택 임대사업자들에게 주어진 혜택을 유지하겠다는 것이다.

4년의 의무 임대 기간이 끝나 등록 말소되어 세법에서 정하는 임대 기간을 충족하지 못해도 세제 혜택을 추징하지 않는다. 즉, 주택 임대사업자에게 주어진 임대 소득세 감면 혜택을 매년 받더라도 의무 임대 기간 미충족으로 인한 세금 추징은 없다. 또, 2018년 3월 31일 이전까지 단기 일반 민간 임대 주택으로 등록한 후 종합부동산세 합산 배제 혜택을 받고 있는 주택도 5년의 의무 임대 기간을 채우지 못한 채 등록 말소되더라도 종합부동산세 추징은 없다.

의무 임대 기간의 2분의 1만 임대하고 매도할 수 있다

폐지되는 유형의 주택 임대사업자는 의무 임대 기간을 채우지 않고 자진해서 폐지할 수 있는 선택지가 하나 생겼다. 의무 임대 기간이 끝나기 전이라도 과태료 없이 등록 말소를 직접 신청할 수 있다.

다만, 임차인이 있는 경우 임차인의 동의가 필요하다.

세제 혜택도 가능하다. 의무 임대 기간을 채우지 못한 임대 주택들을 전부 자진 등록 말소를 해도 거주 주택 비과세 특례 혜택을 받을 수 있다. 단, 자진 등록 말소를 하는 임대 주택들은 최소 의무 임대 기간의 2분의 1 이상을 임대한 후여야 하며 말소한 후 5년 이내에 거주 주택을 매도해야 가능하다.

임대 주택으로 등록한 주택에 대해서는 조정대상지역 내에 있더라도 중과 배제 혜택이 주어진다. 해당 혜택 역시 의무 임대 기간의 2분의 1 이상을 임대한 후 1년 이내에 매도한다면 중과 적용을 받지 않을 수 있다. 따라서 더 이상 주택 임대사업자를 유지하지 않으려고 한다면 의무 임대 기간까지 기다릴 필요 없이 매도할 수 있는 하나의 방안으로 고려해볼 수 있다.

알아두면 좋은 절세 지식

주택 임대사업자 세제 혜택 및 세제 지원 보완 조치		
임대 소득세 감면	세제 혜택	• 혜택: 종합소득세 감면율 30%(단기), 75%(장기) 　2021년 이후 2호 이상 임대 시 20%(단기), 50%(장기) • 추징: 의무 임대 기간 4년(단기), 8년(장기) 미충족
	보완 조치	• 추징 배제: 의무 임대 기간 종료 후 자동 말소 　or 의무 임대 기간 종료 전 자진 말소
종합부동산세 배제	세제 혜택	• 혜택: 종합부동산세 합산 과세 시 배제 • 추징: 의무 임대 기간 5년(18년 3월 31일 이전 등록), 8년(장기) 미충족
	보완 조치	• 추징 배제: 의무 임대 기간 종료 후 자동 말소 　or 의무 임대 기간 종료 전 자진 말소
거주 주택 양도소득세 비과세	세제 혜택	• 혜택: 등록 임대 주택 외 2년 이상 거주한 주택 양도소득세 비과세(19년 2월 12일 이후 신규 취득 주택은 생애 1회 최초 거주 주택만 가능) • 추징: 의무 임대 기간 5년 미충족
	보완 조치	• 혜택 유지: ① 의무 임대 기간 종료 후 자동 말소 & 자동 말소 후 5년 이내 양도 　② 의무 임대 기간 종료 전 자진 말소(의무 임대 기간 1/2 이상 충족) & 자진 말소 후 5년 이내 양도 • 추징 배제: 이미 양도한 거주 주택의 비과세 특례 추징 배제(단, 자진 말소는 의무 임대 기간 1/2 이상 충족)
다주택자 양도소득세 중과 배제	세제 혜택	• 혜택: 의무 임대 기간 충족 후 양도 시 중과 배제 　(기본 세율 적용 및 장기 보유 특별 공제 적용) • 의무 임대 기간: 5년(18년 3월 31일 이전 등록), 8년(장기)
	보완 조치	• 혜택 유지: ① 의무 임대 기간 종료 후 자동 말소 & 양도 시기 제한 없음 　② 의무 임대 기간 종료 전 자진 말소(의무 임대 기간 1/2 이상 충족) & 자진 말소 후 1년 이내 양도
장기 보유 특별 공제 추가 공제	세제 혜택	• 장기 일반 민간 임대 주택 등록 시 장기 보유 특별 공제 추가 공제 50%(8년 이상 임대), 70%(10년 이상 임대)
	보완 조치	• 없음
양도소득세 감면	세제 혜택	• 장기 일반 민간 임대 주택 등록 후 10년 이상 임대 시 양도소득세 100% 감면(18년 12월 31일 이전 취득한 주택에 한함) ※ 감면한 양도소득세의 20% 농어촌특별세 과세
	보완 조치	• 없음

12
1가구 1주택 비과세를 쉽게 생각했다가
큰코다친다

1가구 1주택자라고 생각해 매매했다가 세금을 내는 경우가 상당히 많다. 1가구 1주택 비과세 혜택을 받기 위해서는 7가지 요건을 정확히 이해해야 한다.

1가구 1주택 비과세 요건은 의외로 까다롭다. 일반적으로 알고 있는 '2년 보유'로만은 부족하다. 상담하다 보면 1가구 1주택자라고 생각해서 매매했다가 세금을 냈다는 사람을 많이 만난다.

먼저 비과세와 면제를 구분할 줄 알아야 한다. 비과세는 세금을 매기지 않는 것이다. 양도소득세 비과세 대상이라면 신고와 납부를 하지 않아도 된다. 하지만 면제는 다르다. 면제는 100% 세금 감면과 같으므로 면제를 받기 위해서는 감면신청서를 제출해야 한다. 세금 납부는 하지 않아도 되지만 신고는 해야 하는 것이다.

면제와 비과세의 차이를 가장 극명하게 보여주는 것이 농어촌특별세(이하 '농특세')이다. 세법에서는 감면되는 양도소득세에 농특세 20%를 과세하는 경우가 있다. 비과세 항목은 과세 대상 자체가 아니므로 양도에 따른 농특세는 없다. 하지만 면제 항목일 경우 양도소득세는 없더라도 농특세는 내야 한다. 양도소득세는 100% 감면되었지만 농특세를 내야 하므로 결국 양도소득세의 20%는 내는 것이 된다.

1가구 1주택 양도소득세 비과세 요건

이제 1가구 1주택의 7가지 요건을 정리해보자. 1가구 1주택의 양도소득세 비과세 요건은 지속적으로 완화되다가 2017년에 발표한 8·2 대책과 2018년에 발표한 9·13 대책, 그리고 2019년에 발표한 12·16 대책으로 다시 강화되는 분위기다.

첫째, 1가구여야 한다. 1가구란, 한 지붕 아래에서 같이 사는 가족을 세는 단위다. 가족 구성원을 기준으로 가구를 판단하는데 이때 배우자가 반드시 있어야 한다. 배우자가 없으면 가구를 구성할 수 없다. 달리 해석하면 부부간에 따로 주민등록을 해서 독립 가구를 만들어도 부부 각자의 가구는 인정받을 수 없다.

하지만 배우자가 없더라도 가구를 구성할 수 있다. 만 30세 이상이거나 소득이 있으면 된다. 여기서 소득이란, 국민 기초 생활 보장법에서 말하는 기준 중위 소득의 40% 이상으로써 소유 주택을 관리·유지하면서 독립된 생계를 할 수 있는 경우다. 2019년 보건복지부에서 고시한 2020년 1인 가구 기준 중위 소득은 월 175만 원이다. 또한 이혼했거나 사별해도 배우자 없이 가구를 구성할 수 있다. 예외적으로 상속받은 주택은 배우자가 없는 미성년자라고 해도 가구로 인정받는다. 2019년 개정된 세법에 이혼과 관련한 의미 있는 내용이 하나 추가됐다. 이혼이 독립된 세대를 구성할 수 있는 세법의 요건이기 때문에 각자 주택을 갖고 있는 부부가 이혼하면 양도소득세 중과세와 종합부동산세를 피할 수 있고, 각자 1가구 1주택이 되어 양도소득세 비과세를 받을 수 있다. 그래서 세금을 피할 목적으로 위장 이혼을 하기도 한다. 그동안 실질과세의 원칙으로 세금을 줄일 목적의 위장 이혼에 대해 과세를 해왔지만, 2019년 개정된 세법에는 세금을 줄일 목적의 위장 이혼은 독립된 세대를 구성할 수 없는 것으로 명문화했다.

주택을 2채 갖고 있다고 해보자. 비과세를 적용받으려고 주택을 양도하기 전에 주택 1채를 대학생 아들에게 증여한 다음, 아들의 주소를 증여한 집으로 옮기고 나머지 주택 1채를 매도했다. 이럴 경우 양도소득세 비과세가 가능할까? 아쉽게도 그렇게 되지 않는다. 대학생 아들이 독립 가구를 구성할 수 없어서 결국 주택 수는 줄어들지 않기 때문이다.

둘째, 양도 당시에 1주택이어야 한다. 예외도 있다. 이사 때문에 일시적으로 2주택자가 될 경우 3년 이내에 기존 주택을 팔면 비과세를 적용받을 수 있다. 단, 기존 주택을 취득한 날부터 1년 이상이 지난 후 다른 주택을 취득해야 한다. 처음으로 주택을 사고 1년이 지나지 않았는데 또 다른 주택을 샀다면 3년 이내에 처음 샀던 주택을 팔아도 비과세가 되지 않는다. 그런데 일시적 2주택자에 대한 유예 기간을 2018년 9·13 대책에서 한 차례, 2019년 12·16 대책에서 또 한 차례 단축시켰다. 기존에 주택을 보유하고 있는 사람이 2018년 9월 14일 이후에 조정대상지역에서 추가로 주택을 구입해 일시적으로 2주택자가 되면 2년 이내에 기존 주택을 매각해야 비과세를 받을 수 있다. 그런데 12·16 대책 발표 후 2019년 12월 17일 이후에 조정대상지역에서 추가로 주택을 구입하면 1년 이내에 기존 주택을 매각하는 조건과 함께 새로 취득한 주택에 전입까지 해야 한다.

9·13 대책과 12·16 대책에도 유예 기간이 있다. 2018년 9월 13일 이전에 주택을 취득 또는 계약하고 계약금을 지급했다면, 종전 규정과 동일하게 일시적 2주택 적용을 받을 수 있는 기간은 3년 이내이다. 동일하게 2019년 12월 16일 이전에 주택을 취득 또는 계약을 하고 계약금을 지급했다면 2년 이내에 매각 시 양도소득세 비과세가 가능하다. 기간이 다소 짧다 보니 신규 취득 주택에 기존 임차인이 있는 경우에는 그 기간을 최대 2년까지 용인해준다.

2주택자가 된 날로부터 2년 또는 3년이 경과되더라도 비과세가 가능한 경우가 있다. 혼인 전에 각자 1채씩 갖고 있는 남녀가 결혼해 1가구 2주택이 되어도 5년 이내에 2채 중 1채를 매각하면 1주택을 매각했다고 판단해 양도소득세 비과세를 받을 수 있다. 또한 다른 세대를 구성하고 있는 자녀가 60세 이상의 부모를 봉양하기 위해 합가할 경우 10년 이내에 2채 중 1채를 매각하면 양도소득세 비과세가 가능하다. 60세 이하의 부모라고 해도 암, 희귀성 질환 등 중

대한 질병이 발생해 합가를 한 경우 10년 이내에 매각하면 비과세를 받을 수 있다.

셋째, 1가구 1주택이어도 원칙적으로 2년 이상 보유해야만 양도소득세 비과세가 가능하다. 다음의 경우에는 2년을 보유하지 않아도 가능하다.

- 취학, 질병의 치료·요양, 근무 때문에 1년 이상 살던 주택을 팔고 가구 구성원 모두가 다른 시·군 지역으로 이사할 때
- 가구 구성원 모두가 해외로 이민할 때(출국일로부터 2년 이내에 매각해야 함)
- 취학 또는 근무 때문에 가구 구성원 모두가 1년 이상 계속 국외에 거주할 때(출국일로부터 2년 이내에 매각해야 함)
- 재개발·재건축사업 관련 조합원이 재개발·재건축사업 기간 동안 일시적으로 취득해 1년 이상 살던 집을 재개발·재건축 아파트로 가구 구성원 전원이 이사하는 바람에 팔 때 (재건축 아파트 완공 후 2년 이내에 이사해야 함)
- '민간 임대 주택에 관한 특별법'에 따른 민간 건설 임대 주택 또는 '공공 주택 특별법'에 따른 공공 건설 임대 주택을 취득하여 매각하는 경우에 해당 주택의 임차일로부터 양도일까지의 거주 기간이 5년 이상일 때
- 공공 용지로 협의 매수되거나 수용될 때(사업 인정 고시일 이전에 취득한 경우에 한함)

2년 이상 보유해야 하는 요건과 관련해 매각하는 시점에 다른 주택(일시적 2주택 포함)이 없을 경우 기존의 2년 이상 보유한 실적으로 비과세가 가능하다. 그래서 다주택 보유자가 주택을 순차적으로 매각해도 양도소득세를 냈다면 마지막 남은 주택은 언제 매각하더라도 비과세가 가능하다. 심지어 직전에 주택을 매각한 날 다음 날에 마지막 주택을 매각해도 양도소득세 비과세가 가능하다.

2021년 1월 1일 이후에 매각하는 주택부터 1가구 1주택 양도소득세 비과세를 받기 위한 2년 보유 기간의 계산방식이 달라진다. 다주택 보유자가 주택을 순차적으로 매각한 후 마지막 남은 1주택을 매각하는 경우, 보유 기간을 계산할 때 최종적으로 1주택만 보유하게 된 날부터 기산한다. 결국 2021년부터 직전에 주택을 매각했다면, 마지막으로 1채만 남겨 있는 상황에서 2년 이상 보유한 후 매각해야만 양도소득세 비과세가 가능하다. 다만 일시적 2주택자나 상속·동거봉양 등 부득이한 사유로 1가구 1주택 비과세를 받은 주택은 제외한다.

넷째, 2017년 8월 3일 이후에 조정대상지역 내 주택을 구입할 경우 2년 이상 거주해야 한다. 조정대상지역에 상관없이 2년 이상 반드시 거주해야 비과세를 받을 수 있는 주택도 있다. 임대를 개시할 당시에 공시가격 6억 원(수도권 외 지역은 3억 원) 이하의 주택을 임대 주택으로 등록한 것 외의 주택이 1채만 있는 경우 임대 주택으로 등록한 주택(2018년 4월 1일 이후부터는 장기 일반 민간 임대 주택으로 등록한 주택에 한함)은 주택으로 세지 않고 1가구 1주택 양도소득세 비과세를 판단한다. 그런데 그때의 일반 주택은 조정대상지역에 있지 않더라도 반드시 2년 이상 거주해야만 1가구 1주택으로 양도소득세 비과세를 인정받을 수 있다.

다섯째, 고가 주택이 아니어야 한다. 다른 조건을 만족해도 고가 주택이라면 양도소득세가 100% 비과세되지 않는다. 고가 주택은 규모에 상관없이 실거래 가격이 9억 원을 초과하는 주택을 말한다.

비과세 요건을 만족하는 고가 주택은 양도소득세를 계산할 때 매매금액 중 9억 원을 초과하는 부분을 갖고 계산한 결과를 양도 차익으로 본다. 9억 원까지는 비과세 효과를 주겠다는 의도다. 취득금액이 2억 원인 주택을 10억 원에 양도한다는 예로 자세히 보자. 비과세 요건을 만족한 고가 주택이 아니라면 양도 차익을 8억 원으로 보지만 비과세 요건을 만족한 고가 주택은 양도 차익을 8,000만 원 [8억 원×(10억 원—9억 원)÷10억 원]으로 보고 세금을 계산한다.

여섯째, 등기된 주택이어야 한다. 1가구 1주택이라도 등기 이전을 하지 않고 파는 이른바 '미등기 전매'는 양도소득세를 낸다. 이때 내는 세금은 양도 차익의 77%(지방소득세 포함)나 된다.

일곱째, 거주자여야 한다. 양도소득세 계산 시 비거주자는 비과세를 적용받지 못한다. 그래서 국내에 체류하지 않는 영주권자가 보유 기간과 거주 기간을 모두 충족해도 양도소득세 비과세가 되지 않는다.

비과세를 받기 위해서는 앞의 7가지 요건을 모두 만족해야 한다. 원칙적으로 양도하는 시점에 이 모든 요건을 만족하면 되지만 거주자 요건은 취득 시점에 만족하면 된다. 1가구 1주택 비과세 혜택은 원칙적으로 거주자에게만 주어지지만 주택을 양도할 때 비거주자라 해도 취득할 당시에 거주자였고 출국 시점에 하나의 주택을 보유했다면 비과세가 되는 것이다. 단, 출국 후 2년 이내에 매각해야 한다.

13
주택 수는
어떻게 셀까?

세법에서 주택 수는 개인별 기준으로 세지 않는다. 가구를 달리하는 가족이 공동 명의로 주택을 구매하면 주택 수가 명의자 모두 늘어날 수 있다.

주택을 공동명의로 하면 세금이 다양한 부분에서 줄어든다. 양도 소득세의 경우 명의 분산만으로 최대 3,900만 원까지 줄일 수 있다. 주택을 임대할 때도 공동명의를 하면 분리과세가 쉬워진다. 주택 임대 소득의 비과세와 분리과세를 판단하는 수입금액 2,000만 원을 각자 기준으로 판단하기 때문이다. 그리고 임대 소득도 지분 비율만큼 분산되는데 이렇게 분산된 소득에는 상대적으로 낮은 누진 세율이 적용되어 소득세를 낮춰준다.

증여 때도 마찬가지다. 부동산을 증여할 때 명의를 최대한 분산하면 증여세는 줄어든다. 증여세는 수증자를 기준으로 과세하기 때문이다.

5억 원짜리 주택을 증여한다고 해보자. 성인 자녀 1명에게 증여할 경우 증여세는 7,760만 원이다. 2명으로 분산해 증여하면 각자의 증여세는 2,910만 원이며 2명의 증여세를 모두 합해도 5,820만 원이다. 성인 자녀 4명으로 분산해 증여한다면 각자의 증여세는 얼마가 될까? 1인당 증여세는 720만 원으로 줄어들고 4명의 증여세를 모두 합해도 2,900만 원이다.

하지만 주택을 공동명의로 소유한다고 해서 세금이 수학적으로 분산되지는 않는다. 특히 주택의 양도소득세 계산 시 공동명의 지분 때문에 종종 불이익을 당하는 경우가 있다. 세법에서는 소수 지분으로 주택을 소유해도 1채를 보유한 것으로 판단하기 때문이다.

주택 1채를 서로 가구를 달리하는 갑과 을이 공동으로 소유하고 있다고 해보자. 이 경우에는 각자 주택을 1채씩 보유한 것으로 판단한다. 갑과 을에게 공동명의의 주택 외에 다른 주택이 있다면 2주택을 소유한 것으로 판단되어 양도소득세 비과세가 적용되지 않을 수 있다. 단, 양도소득세 비과세를 판단할 때는 가구를 기준으로, 주택 임대 소득의 종합소득세를 계산할 때는 부부 합산 기준으로 주택의 수를 센다. 이 경우 부부 공동명의 또는 가구 구성원 공동명의로 구매하는 주택은 지분과 상관없이 1채로 판단한다.

주택을 증여할 때 증여세를 줄일 목적으로 자녀에게 공동명의로 증여할 계획이라면 한 번 더 생각하자. 공동명의 주택을 소유한 상황에서 자녀가 가구를 분리하여 실제 거주 목적으로 주택을 추가로 사면 2주택 보유자가 될 수 있기 때문이다. 이렇게 2주택자가 되면 3년(2018년 9월 14일 이후 조정대상지역 내 주택을 취득했다면 2년,

2019년 12월 17일 이후 조정대상지역 내 주택을 취득했다면 1년+1년 이내 전입)이 지난 후에는 양도소득세 비과세 혜택을 받을 수 없다. (극단적인 가정이지만) 주택 1채를 서로 가구가 다른 10명이 공동명의로 구매하거나 공동명의로 증여받으면 10명 모두 1채씩 주택이 늘어난 셈이 된다.

주택의 양도소득세 비과세를 판단할 때, 소수 지분은 주택 수에서 제외하는 경우가 있다. 지분율이 가장 높은 사람의 주택으로 판단하기 때문인데 가구를 달리하는 자녀가 부모의 주택을 공동명의로 상속받는 경우가 해당한다.

소수 지분의 상속 주택은 다른 주택의 양도소득세 비과세를 판단할 때, 주택의 수에서 제외된다. 상속 지분이 같으면 해당 상속 주택에 거주하는 사람의 것으로, 상속 지분이 같은데 거주하는 사람이 없다면 상속인 중 최고 연장자의 것으로 판단한다. 이런 이유로 상속 주택 지분의 경우 약간만 조정해도 특정 상속인의 주택 수를 조절할 수 있다. 그런데 공동명의인 상속 주택 외의 일반 주택을 매각할 때 적용하는 규정이므로 공동 상속 주택 자체를 양도할 때는 원칙적으로 양도소득세를 내야 한다.

토지와 건물 명의가 다른 단독주택은 누구의 주택으로 판단해야할까? 세법에서 양도소득세를 계산할 때는 건물 명의자를 기준으로 주택 수를 세므로 불리하게 작용한다고 생각할 수 있는데 오히려 유리한 경우도 있다. 단독주택 때문에 주택 2채를 보유한 것으로 구분될 때다. 이 경우에 독립된 가구의 조건을 갖춘 다른 가족에게 건물만 매각하거나 증여하면 주택 보유 수를 줄일 수 있다. 그런 다음, 나머지 주택을 매각하면 양도소득세 비과세가 가능해진다.

단독주택의 토지만 소유하고 있어도 재산세고지서에는 여전히 주택으로 나온다. 그래서 주택 수가 줄지 않은 것으로 오해하기도 한다. 재산세를 계산할 때 적용하는 기준이라서 양도소득세 관련해서는 주택 수에 포함되지 않으니 걱정하지 않아도 된다.

14
장부만 잘 작성해도
절세에 큰 도움이 된다

현행 세법상 장부를 작성해서 발생하는 이익은 솔직히 별로 없다. 하지만 장부를 작성하지 않으면 손실은 커질 수 있다.

K는 모 지역에 전철역이 들어선다는 소식을 듣고 투자를 위해 2016년에 상가 건물을 샀다. 건물 가치가 더 상승할 때까지 임대하기로 하고 부가가치세를 신고할 때 실제 임대 수입금액과 임대 보증금에 대한 임대료 상당액까지 적절하게 계산하여 신고했다. 그런데 2017년 5월에 종합소득세 신고를 하지 않았다. 은행에서 거액의 대출을 받아 구매했고 관리인을 따로 둔 상황이라서 이자 비용과 관리인 임금 등을 고려하면 오히려 손실이라 판단해서였다. 그런데 K는 최근 가산세를 포함한 종합소득세를 내라는 고지서를 받았다.

종합소득세는 당사자가 직접 계산하고 신고해 확정되는데 결손이 나도 신고하도록 하고 있다. 종합소득세 신고는 장부로 소득금액을 결정하는 방법과 국세청에서 정한 기준 경비율로 소득금액을 결정하는 2가지 방법이 있다.

'장부를 작성한다'는 일반적으로 재무제표를 만든다는 것을 의미한다. 일정 규모 이하 사업자(간편 장부 대상자)는 문구점에서 쉽게 구할 수 있는 간편 장부를 작성하는 것으로 갈음한다. 많은 사업자가 장부를 작성하지 않고 법에서 정한 경비율로 종합소득세를 신고한다. 이처럼 법정 경비율로 하는 종합소득세 신고를 '추계 신고'라고 한다. 추계 신고는 업종별로 정한 기준 경비율 또는 단순 경비율로 소득금액을 구해 간편하게 산출 세액을 구할 수 있다는 장점이 있지만 K처럼 개별적인 상황이 반영되지 않는다는 단점이 있다.

손해 보지 않으려면 장부를 작성해야 한다

K처럼 손실이 발생하면 종합소득세는 없다. 그래도 손실을 봤음을 입증해야 하므로 결손에 대해 세무서에서 요구하는 방법으로 신고할 필요가 있다. 결손이 발생한 사업자나 법정 경비율에 의한 소득금액보다 실제 벌어들인 소득이 적은 사업자는 자신의 소득을 직접 입증하여 납부할 세금을 낮출 수 있는데 그 방법이 바로 '장부 작성'이다. K에게는 신고 누락과 추계에 의한 소득금액의 결정으로 인해 내지 않아도 되는 세금에 가산세까지 부과되었다. 사업자가 장부를 작성하면 다음과 같은 장점이 있다.

- 장부 작성으로 경비를 입증하면 단순 경비율 또는 기준 경비율에 의한 소득금액보다 줄일 수 있다.
- 장부로 손실(결손금)이 입증된다면 종합소득세를 내지 않는다.
- 해당 연도의 소득금액을 제로(0)로 만들고 남은 결손금은 이월하여 향후 10년 동안 발생한 소득에서 차감할 수 있다.
- 간편 장부 대상자인 사업자가 복식부기로 장부를 작성한 경우에는 20%의 세액을 공제받을 수 있다.
- 무기장 가산세를 피할 수 있다. 매출 규모가 1년 기준으로 4,800만 원 이상일 때 추계 신고를 하면 무기장 가산세 또는 신고 불성실 가산세가 부과된다.

국세청에서는 1955년부터 운용해온 표준 소득률제도를 2001년까지만 적용하고 2002년부터 기준 경비율제도를 새로 도입해 사업자들의 장부 작성을 유도했다. 따라서 장부를 작성해서 발생하는 이익은 별로 없지만 작성하지 않아 발생하는 손실은 커졌다.

15
기장하지 않는 편이
유리한 경우도 있다

매출액이 4,800만 원에 미달하고 단순 경비율 대상자라면 기장을 하지 않아도 가산세는 없다.

원칙적으로 사업자는 장부를 작성해야 한다. 장부는 보통 재무제표(대차대조표, 손익계산서 등)를 만드는 것을 의미한다. 그런데 업종별로 수입금액이 일정 규모 이하면 간편 장부 대상자로 구분되어 가계부 형식의 장부를 작성해도 장부를 작성한 것으로 인정한다.

사업자는 장부를 작성해서 소득금액을 계산해야 한다. 소득금액은 수입금액(매출액)에서 필요 경비(비용)를 뺀 것이다. 그런데 수입금액은 알고 있으나 증빙 또는 장부가 없어 필요 경비를 알 수 없을 때가 있다. 이때 필요 경비를 정부에서 정한 비율로 정하는데, 이 비율을 '단순 경비율' 또는 '기준 경비율'이라고 한다. 이처럼 경비율 방식으로 종합소득세를 계산하고 신고하는 것을 '추계방식'이라고 한다.

추계방식은 직전 연도 수입금액에 따라 단순 경비율 대상자와 기준 경비율 대상자로 나뉜다. 직전 연도와 해당 연도의 수입금액이 모두 다음 표에서 설명하는 기준 수입금액 이하라면 단순 경비율 대상자로, 하나라도 충족하지 못하면 기준 경비율 대상자로 구분된다.

[업종별 기준 수입금액]

업종 구분	직전 연도 기준 수입금액	당해 연도 기준 수입금액
① 농업 및 임업, 어업, 광업, 도매업 및 소매업, 부동산 매매업, 그리고 ②와 ③에 해당하지 않는 업종	6,000만 원	3억 원
② 제조업, 숙박 및 음식점업, 전기·가스 및 수도사업, 건설업, 운수업, 통신업, 금융 및 보험업	3,600만 원	1억 5,000만 원
③ 부동산 임대업, 사업 서비스업, 교육 서비스업, 보건 및 사회복지사업, 개인 서비스업 등	2,400만 원	7,500만 원

일반적으로 단순 경비율이 기준 경비율보다 높다. 그래서 단순 경비율 적용 대상자는 기준 경비율 대상자보다 필요 경비를 더 인정받아 종합소득세가 낮게 계산된다. 단순 경비율과 기준 경비율 구조는 다음과 같다.

[단순 경비율과 기준 경비율 구조]

← 수입금액(100%) →		
소득금액	주요 경비 (재화의 매입 비용, 임차료, 인건비)	기타 경비
		←기준 경비율→
	← 단순 경비율 →	

단순 경비율은 직전 연도 수입금액이 기준 금액 미만인 영세사업자에게 적용한다. 전체 필요 경비를 정부가 정한 단순 경비율로 계

산하므로 수입금액에 단순 경비율만 곱하면 된다.

[단순 경비율에 의한 소득금액 계산법]

소득금액=수입금액−(수입금액×단순 경비율)

반면 기준 경비율은 단순 경비율 대상자보다 상대적으로 규모가 큰 사업자에게 적용한다. 사업자라면 최소한 갖춰야 하는 주요 경비(매입 비용, 임차료, 인건비)는 증빙서류에 의해 필요 경비로 인정된다. 기타 경비는 정부가 정한 기준 경비율로 계산한다. 그래서 단순 경비율 적용 대상자보다 세금이 늘어나는 구조다.

[기준 경비율에 의한 소득금액 계산법]

소득금액=수입금액−주요 경비−(수입금액×기준 경비율)

그런데 부동산 임대업 등 일부 업종은 장부를 작성하는 것보다 단순 경비율이나 기준 경비율로 종합소득세를 계산하는 편이 더 유리하기도 하다. 필요 경비가 많지 않은 업종은 장부를 작성하는 것이 더 불리하기 때문이다.

추계로 계산할 때는 실제로 지출한 필요 경비가 없어도 법에서 정한 경비율로 필요 경비가 인정된다. 그렇다면 오히려 장부 기장을 하지 않고 추계로 종합소득세를 계산하는 것이 더 유리하다. 그 대신 장부 작성을 하지 않으면 세무상 무기장 가산세가 부과될 수 있으니 가산세 대상자인지 사전에 확인한다.

소득세법에서는 매출액이 4,800만 원에 미달하는 영세사업자는 기장을 하지 않아도 가산세를 부과하지 않는다. 무기장 가산세 대상이 되어도 가산세를 포함한 납부 세액이 장부를 작성할 때의 납부 세액보다 낮다면 추계를 어떻게 선택할지도 고려해본다.

알아두면 좋은 절세 지식

간편 장부 대상자는 복식부기를 작성하지 않고 가계부 형식의 장부를 작성한 것만으로도 소득세법상 장부를 작성한 것으로 인정받는 사업자다('소규모 영세사업자'라고도 한다). 간편 장부는 누구나 사용할 수 없다. 해당 연도에 신규로 사업을 개시한 사업자나 직전 연도 수입금액(매출)이 다음 표의 금액에 미달하는 사업자가 그 대상이다.

업종 구분	직전 연도 기준 수입금액
① 농업 및 임업, 어업, 광업, 도매업 및 소매업, 부동산 매매업, 그리고 ②와 ③에 해당하지 않는 업종	3억 원
② 제조업, 숙박 및 음식점업, 전기·가스 및 수도사업, 건설업, 운수업, 통신업, 금융 및 보험업	1억 5,000만 원
③ 부동산 임대업, 사업 서비스업, 교육 서비스업, 보건 및 사회복지사업, 개인 서비스업 등	7,500만 원

• 주: 간편 장부 대상자 외의 사업자는 '복식부기 의무자'라고 한다. 복식부기 의무자가 간편 장부를 사용하면 장부를 비치·기장하지 않은 것으로 보기 때문에 가산세가 부과된다.

간편 장부에는 다음과 같은 내용이 들어간다.

① 날짜	② 거래 내용	③ 거래처	④ 수입		⑤ 비용		⑥ 고정 자산 증감		⑦ 비고
			금액	부가세	금액	부가세	금액	부가세	

• 주: 간편 장부 대상자가 간편 장부 기재사항을 추가해 사용하거나 별도의 보조부 또는 복식부기로 장부를 적어도 적법하다.

16
주거용 오피스텔에는
양도세가 비과세 또는 중과세가 될 수 있다

현행 세법상 주거용 오피스텔은 주택으로 간주하므로 주택과 동일한 세금이 부과된다. 세법상 주택으로 구분되지만 다른 법률상 주택으로 판단하지 않는 경우도 있다.

강남에 아파트 1채를 소유하고 있는 상황에서 퇴직 후 임대 수입을 목적으로 주거용 오피스텔을 구매했다. 만약 이 주거용 오피스텔이 주택으로 구분된다면 어떤 불이익을 받을까?

예전 관행을 기준으로 판단해보면 오피스텔은 주택이 아닌 업무용 건물로 구분하므로 오피스텔 구매 여부는 양도소득세 비과세에 영향을 주지 않았다. 하지만 주거용 오피스텔을 주택으로 보면 오피스텔 구매 시점부터 3년(2018년 9월 14일 이후 조정대상지역 내 주택을 취득했다면 2년, 2019년 12월 17일 이후 조정대상지역 내 주택을 취득했다면 1년+1년 이내 전입) 이내에 강남의 아파트를 매각해야만 양도소득세 비과세를 적용받을 수 있다.

아파트가 1채가 아니라 2채였다면 양도소득세를 계산할 때 불이익은 더 커진다. 게다가 매각하는 주택이 투기지역이나 조정대상지역에 있다면 오피스텔까지 포함해 주택이 3채가 되어 양도소득세는 중과세가 된다.

주거용 오피스텔을 주택으로 볼 때 의문점은 다음과 같다. 첫째, 양도소득세를 계산할 때 비과세 및 중과세를 적용하는 주택 수에 포함되는가? 둘째, 주거용 오피스텔의 소유자는 아파트 청약 자격에서 제외되는가? 셋째, 취득세·등록세 감면 대상이 되는 임대 주택사업자에 속하는가? 넷째, 오피스텔 임대 수입에 대한 부가가치세는 면제되는가?

국세청과 세법에서는 주거용 오피스텔을 주택으로 간주한다. 이 방침은 오피스텔 보유자와 오피스텔 분양 관련 계약을 한 사람, 그리고 건설업자 사이에 상당한 혼란을 줬다. 국세청 입장에서는 '형식에도 불구하고 실질에 따라 과세한다'라는 세법의 실질과세원칙을 재확인한 것이다.

그러나 주거용 오피스텔이 주택 수에 포함된다고 반드시 불리하지 않다. 주거용 오피스텔을 사서 2년 이상 보유 및 거주 요건을 갖춰 매각한다면 1가구 1주택이 되어 비과세 적용을 받는다. 또한 오피스텔을 취득해 월세를 받고 임대하는 경우 임차인이 주거용으로 사용한다면 면세가 적용되는 주택 임대로 보고 부가가치세를 부과하지 않는다. 단, 주거용 오피스텔을 취득할 때 사업자 등록을 내고 건물 매입 가격의 부가가치세를 환급받은 사람은 추징될 수 있다. 부가가치세 과세 대상인 일반 과세자로 사업자 등록을 내고 건물부분에 부가가치세를 환급받았기 때문이다. 만약 취득 후 10년이 지났다면 주택 임대로 전환해도 부가가치세의 반환은 없다. 이렇게 양도소득세를 비과세받거나 부가가치세를 면제받기 위해서는 주택으로 사용했다는 실질 입증자료가 있어야 한다.

관련법을 파악한 후 절세 대책을 짜라

세법뿐만 아니라 다른 법률에서도 오피스텔을 주택으로 판단하는 경우가 있다. 구매한 주거용 오피스텔로 민간 임대 주택사업을 하면 민간 임대 주택에 대한 특별법상 임대 주택사업자에 포함된다. 민간 임대 주택사업자는 일반 주택, 다가구, 다세대, 연립, 아파트 등 주거 용도로 허가된 집을 1채 이상 취득해 임대사업을 하는데 여기에 주거용 오피스텔을 포함한다. 따라서 전용 면적 $60m^2$ 이하의 주거용 오피스텔을 분양으로 매입해 임대사업을 하면 취득세가 면제된다(200만 원 초과분은 85% 감면).

주거용 오피스텔을 주택으로 간주해 양도세가 부과돼도 오피스텔은 건축법상 여전히 업무용 건물인 만큼 원칙적으로 주택 청약자격과는 무관하다. 실제 국토교통부는 실질과세원칙과 주택 청약제도는 별개라고 판단한다. 주택법과 건축법 시행령 별표를 기준으로 보면 오피스텔은 준주택으로 구분된다. 즉, 오피스텔을 주택으로 간주해 양도세가 부과되어도 청약제도와 관련된 주택(단독 및 공동주택)이 아니므로 아파트 청약자격에는 아무런 영향을 미치지 않는다. 주거용 오피스텔을 소유하고 있어도 다른 주택이 없으면 여전히 무주택자로 인정돼 청약자격에는 제한이 없다.

결과적으로 주거용 오피스텔에 대한 양도소득세는 그 실질에 따라 과세한다. 건축물관리대장에 업무용 건물로 등록되어 있어도 실제 주택으로 사용하고 있다면 주택으로, 업무용으로 쓰고 있다면 상업용으로 본다.

이와 관련해 국세청에서는 어떻게 관리할까? 오피스텔 양도 시 등기가 넘어간 시점에서 주거용인지, 업무용인지 확인하고 코드를 구분한 뒤, 전산에 입력하고 있다. 이렇게 구축된 전산자료로 일반 주택과 오피스텔 등 1가구 2주택인데도 양도할 때 세금을 내지 않는 경우를 가려내 세금을 추징한다.

국세청에는 주거용 오피스텔을 주택으로 판정하는 과정에서 공무원의 자의적 판단을 최소화하기 위해 주거용 오피스텔의 주택 판정 기준이 있다. 실질 주민등록 전·출입, 미성년 자녀 거주, 공과금

[주거용 오피스텔의 주택 판정 기준]

항목	점검 내용	근거 서류
주민등록 전·출입	실제로 거주했는지 판단	주민등록등본
미성년 자녀 거주	학교에 다니는 자녀의 취학 사실	학교취학통지서, 학적부상 주소
공과금 납부	전기, 전화, 가스요금 등을 동일 면적의 사무실 평균 요금과 비교	각종 공과금 영수증
신문·잡지 구독	구독하는 신문·잡지의 업무 연관성	신문 및 잡지 영수증
용도 변경 허가	오피스텔 자체의 양도세를 피하기 위해 주택으로 용도 변경한 사실 파악	해당 건축물의 건축대장
거래 은행·병원 이용	실제 거주 여부를 파악하기 위한 보조 확인자료	은행 계좌 개설자료 및 의료 보험 기록

납부, 신문·잡지 구독, 주택으로의 용도 변경 허가 여부, 거래 은행이나 병원 이용 등 생활 정보 등으로 주택 여부를 판정한다는 것이다. 그래도 파악되지 않으면 공부상(公簿上)의 자료(등기부등본, 건축물대장 등)로 과세를 한다.

17
분양권 전매와 미등기 전매는
전혀 다른 개념이다

미등기 전매는 말 그대로 등기하지 않고 소유권을 이전하는 것을 말한다. 반면 분양권 전매는 잔금을 완납하기 전에 분양권을 양도하는 것을 말한다.

부동산 가치가 한창 상승 중일 때에는 내가 구매한 지 얼마 되지 않은 부동산을 사고 싶다는 제3자가 등장하기도 한다. 내가 샀던 가격보다 더 큰 금액을 제시한다면 당연히 재매각을 생각할 수 있다. 더군다나 등기하지 않은 상황이라면 바로 제3자에게 소유권을 넘기고 싶은 충동이 생길 것이다.

하지만 이런 충동은 억제하는 것이 좋다. 등기하지 않고 소유권을 이전하는 미등기 전매는 명백한 위법이다(등기는 원칙적으로 잔금을 치른 후 60일 이내에 해야 한다). 세금을 피하기 위해 등기를 미룬 채 부동산을 판 것으로 해석하기 때문이다.

등기하지 않아서 피할 수 있는 세금은 소유권 이전과 관련한 취득세, 교육세, 농특세 등이 있다. 또한 매수자와 합의해 자신은 양도소득세 신고도 피할 수 있다. 이렇게 세금을 피할 목적으로 미등기 전매를 하는 것이다.

미등기 전매 잘못하면 패가망신

미등기 전매 관련해서 부동산 등기 특별조치법 위반으로 3년 이하의 징역이나 1억 원 이하의 벌금을 물린다는 규정이 있다. 또한 조세범 처벌법 위반으로 3년 이하의 징역 또는 포탈 세액의 3배 이하의 벌금이 부과될 수 있다. 미등기 전매의 규제에는 단기간 시세 차익을 노리는 투기꾼들의 농간을 막자는 의도가 담겨 있다.

미등기 전매는 세율도 높다. 양도소득세율은 70%이며 지방소득세율까지 포함하면 최고 77%의 세율로 과세할 수 있다. 가산세를 포함하면 100%가 넘을 수 있다. 미등기 전매로 얻은 이익을 초과해서 세금으로 흡수하는 셈이다.

미등기 전매로 받는 세법상 불이익은 여기에 그치지 않는다. 미등기 전매로 인해 양도소득세가 추징되면 아무리 오랫동안 보유했어도 장기 보유 특별 공제가 불가능하다. 양도소득세를 계산할 때 대상을 불문하고 적용되는 기본 공제 250만 원 혜택도 없어진다.

흔히 미등기 전매와 분양권 전매를 혼동한다. 분양권을 취득해 등기하기 전에 파는 행위를 분양권 전매라고 하는데, 쉽게 말해 잔금을 완납하기 전에 분양권을 양도하는 것이다. 미등기 전매에 해당하지는 않는다.

분양권 전매의 경우 2017년 12월 31일까지 보유 기간이 1년 미만이면 55%(지방소득세 포함), 2년 미만이면 44%(지방소득세 포함)의 세율로 과세했다. 그리고 2년 이상 보유했다면 과세표준에 따라 6.6~46.2%의 기본 세율이 적용됐다. 하지만 2018년 1월 1일부터 조정대상지역에서 분양권을 매각하면 보유 기간에 상관없이 55%(지방소득세 포함)의 세율을 적용한다.

여기에 추가된 강화 조치가 7·10 대책에서 발표됐고 세법 개정안에 포함됐다. 조정대상지역 여부를 불문하고 1년 미만이면 77%(지방소득세 포함), 1년 이상이면 보유 기간에 관계없이 66%(지방소득세 포함)의 세율을 적용한다. 분양권 전매에 대한 양도소득세의 불리한 규정은 2017년에 발표한 8·2 대책을 시작으로 한 차례, 2020년에 발표한 7·10 대책으로 또 한 차례 강화된 것이다.

알아두면 좋은 절세 지식

부동산 매각에 대한 양도소득세율(지방소득세 별도)

- 보유 기간 1년 미만: 50%(주택은 40%, 2021년 6월 1일 이후 양도 시 70%)

- 보유 기간 1년 이상 2년 미만: 40%(주택은 기본 세율, 2021년 6월 1일 이후 양도 시 60%)

- 보유 기간 2년 이상이면 다음과 같다.

과세표준	세율 ①	세율 ②	세율 ③	세율 ④	누진공제액
1,200만 원 이하	6%	16%	26%	36%	0원
1,200만 원 초과~4,600만 원 이하	15%	25%	35%	45%	108만 원
4,600만 원 초과~8,800만 원 이하	24%	34%	44%	54%	522만 원
8,800만 원 초과~1억 5,000만 원 이하	35%	45%	55%	65%	1,490만 원
1억 5,000만 원 초과~3억 원 이하	38%	48%	58%	68%	1,940만 원
3억 원 초과~5억 원 이하	40%	50%	60%	70%	2,540만 원
5억 원 초과~10억 원 이하	42%	52%	62%	72%	3,540만 원
10억 원 초과	45%	55%	65%	75%	6,540만 원

- 주: 지방소득세 별도
- 세율 ①: 일반 부동산에 대한 양도소득세 기본 세율
- 세율 ②: 비사업용 토지를 매각하거나 2주택 보유자가 조정대상지역 내 주택을 매각하는 경우(2018년 4월 1일 이후)
- 세율 ③: 투기지역의 비사업용 토지를 매각하는 경우, 3주택 보유자가 조정대상지역 내 주택을 매각하는 경우(2018년 4월 1일 이후), 2주택 보유자가 조정대상지역 내 주택을 매각하는 경우(2021년 6월 1일 이후)
- 세율④: 3주택 이상 보유자가 조정대상지역 내 주택을 매각하는 경우(2021년 6월 1일 이후)

- 미등기 자산을 양도하는 경우: 70%

5장

부동산 세금을 줄여주는 절세 지식

주택에 대한 규제가 부동산 시장의 뜨거운 이슈로 떠오르고 있다. 다주택 보유자에 대한 양도소득세, 임대 소득에 대한 종합소득세, 그리고 종합부동산세 등이 늘어나는 분위기다.

부동산에 대한 세금을 제대로 알면 부동산 시장을 이해할 수 있고 또 다른 투자의 기회를 찾을 수 있다.

01
양도와 취득 시기를
잘 판단해야 후회가 없다

시기를 고려하지 않고 취득 또는 양도를 하는 바람에 내지 않아도 될 세금을 내는 사람이 의외로 많다. 이렇듯 취득 및 양도 시기의 판단은 세금에 영향을 준다.

부동산을 취득하거나 양도할 시기의 결정은 매우 중요하다. 상담하다 보면 이 시기를 고려하지 않는 바람에 불필요한 세금까지 내는 경우를 자주 본다. 양도소득세 절감을 위해서는 언제 취득하고, 언제 매각해야 하는지를 가장 먼저 고려해야 한다.

부동산 양도와 취득 시기를 결정하는 판단이 중요한 이유는 먼저 보유 기간에 영향을 주기 때문이다. 보유 기간은 취득일과 양도일 사이의 기간을 의미한다. 세법에서는 보유 기간에 따라 혜택과 불이익을 동시에 정하고 있으므로 보유 기간이 중요하다.

'1가구 1주택 비과세'를 판단할 때 '2년 보유'라는 요건이 있다. 2년간 보유했는지에 따라 세금의 유무가 결정된다. 비과세 대상이 아니더라도 보유 기간이 길수록 공제 혜택은 커진다. 3년 이상 보유하면 6%, 5년 이상 보유하면 10%, 10년 이상 보유하면 20%, 15년 이상 보유하면 30%의 장기 보유 특별 공제가 적용된다. 즉, 1년당 2%씩 공제해준다. 1가구 1주택의 경우에는 10년 이상 보유하면 최대 80%까지 공제해준다. 2년 이상 거주하지 않을 경우 2020년부터 일반적인 장기 보유 특별 공제가 적용된다. 즉, 1년당 2%, 최대 30%까지 공제한다.

2021년부터는 보유 기간과 거주 기간에 대해 장기 보유 특별 공제율을 따로 계산한다. 보유 기간 1년당 4%, 거주 기간 1년당 4%로 최대 80%의 장기 보유 특별 공제를 적용받기 위해서는 10년 이상의 보유와 거주가 필수다. 이제는 취득 시기나 양도 시기, 그에 더해 거주 기간까지 잘 고려하지 못하면 단 하루 차이로 비과세를 적용받지 못할 수도, 장기 보유에 따른 공제율도 줄어들 수 있다.

임야(비사업용 토지가 아님)를 팔아 2억 원 정도의 양도 차익이 발생했다고 해보자. 9년 11개월 동안 보유하고 판 경우의 양도소득세를 계산해보면 대략 4,616만 원이 나온다. 하지만 한 달만 더 보유해서 10년을 채운 다음에 팔면 세금은 4,449만 원으로 줄어든다. 한 달 차이뿐인데 무려 167만 원 정도의 세금이 절약되었다. 부동산 보유 기간이 보통 3년, 5년, 10년 언저리라면 될 수 있는 대로 이기간을 넘겨서 매매하는 편이 절세 차원에서 유리하다.

이처럼 취득 시기와 양도 시기는 양도소득세의 세율에 영향을 미친다. 임야의 양도소득세율은 보유 기간이 1년 미만인 경우 55%(지방소득세 포함, 이하 동일), 2년 미만이면 44%의 단일 세율을 적용한다. 2년 이상이면 기본 세율(6.6~46.2%, 2021년부터 6.6~49.5%)의 단계별 누진세율이 적용된다.

취득·양도 타이밍이 곧 돈

임야를 팔아 2억 원의 양도 차익이 났을 때 1년 미만 보유했다가 판 경우, 2년 미만 보유했다가 판 경우, 2년 이상 보유했다가 판 경우의 양도소득세를 계산해보자. 각각 1억 800만 원(1년 미만), 8,690만 원(2년 미만), 6,121만 원(2년 이상) 정도의 양도소득세가 나온다.

취득 시기와 양도 시기의 차이에 따른 세금 효과를 알았다면 언제 팔아야 하는지 자명해진다. 단기간에 팔아야 해도 되도록 2년을 넘기는 것이 좋다. 그보다 더 급한 상황이라면 최소한 1년 동안 보유하고 있다가 양도한다.

취득 시기와 양도 시기의 판단은 양도소득세 합산과세에도 영향을 준다. 합산과세란, 과세 기간(1월 1일~12월 31일) 동안 다른 양도 자산이 있다면 그 양도소득과 합해 과세하는 것을 말한다. 이것은 종합소득세와 같다. 합산과세가 되면 왜 세금이 많아질까? 누진세율 때문이다. 높아진 과세표준에 높아진 세율을 적용해서다.

예를 들어 5년 동안 보유하고 양도 차익이 5,000만 원인 부동산 2곳을 한 해에 전부 팔 경우와 해를 바꿔서 1곳씩 팔 경우 얼마나 세금 차이가 있는지 알아보자. 한 해에 2곳을 매매하면 양도소득세는 1,735만 원 정도가 나온다. 반면 해를 바꿔 팔면 각각 582만 원이다. 후자의 양도소득세를 합해도 1,164만 원 정도가 나온다. 해를 바꿔 양도한 대가로 절약한 세금이 571만 원 정도가 되는 것이다.

취득 시기와 양도 시기의 판단은 취득금액과 양도금액에도 영향을 미친다. 취득금액을 기준 시가로 환산해서 양도소득세를 계산할 경우 고시되기 전에 양도하느냐, 고시된 후에 양도하느냐에 따라 적용되는 취득금액이 달라진다. 고시되는 기준 시가가 높아진다고 판단하면 더 높은 금액이 고시되기 전에 양도하는 것이 좋다.

양도소득세를 기준 시가로 환산해 취득금액으로 만들 때에는 양도할 때와 취득할 때의 기준 시가 비율(취득 당시 기준 시가÷양도 당시 기준 시가)을 활용한다. 예를 들어, '실제 양도 가격 10억 원, 양도 당시 기준 시가 5억 원, 취득 당시 기준 시가 3억 원'인 경우, 환산 취득금액은 6억 원(10억 원×3억 원÷5억 원)이다. 하지만 양도 당시 기준 시가가 6억 원으로 상승 고시된 후에 양도를 하면, 환산 취득금액은 5억 원(10억 원×3억 원÷6억 원)이 되어 취득금액은 1억 원 낮아진다. 매각할 때의 기준 시가가 높아지면 양도 당시 기준 시가 대비 취득 당시 기준 시가 비율이 낮아져서 취득금액은 낮게 환산되고 매매 차익이 커져서 양도소득세가 많아지는 것이다.

취득 시기와 양도 시기의 판단방법

양도 차익을 계산할 때 양도 시기와 취득 시기는 대금 청산일을 기준으로 한다. 대금 청산일이란 잔금을 실제로 받는 날을 말한다. 잔금을 어음 등으로 받았으면 어음 등의 결제일이 대금 청산일이 된다.

대금을 청산한 날이 분명하지 않으면 등기부·등록부 또는 명부 등에 기재된 등기·등록 접수일 및 명의 변경일로 한다. 대금 청산 전에 소유권 이전 등기를 한 경우에도 등기부·등록부 또는 명부에 기재된 등기 접수일로 한다.

장기 할부조건의 경우 소유권 이전 등기(등록 및 명의 변경 포함)의 접수일·인도일 또는 사용 수익일 중 빠른 날로 한다. 또한 자신이 건설한 건축물의 경우에는 사용 검사필증 교부일(사용 검사 전에 사실상 사용하거나 사용 승인을 얻었다면 사실상 사용일 또는 사용 승인일) 로 하고 건축 허가를 받지 않은 건축물은 사실상의 사용일로 한다.

상속 또는 증여로 취득한 자산은 상속이 개시된 날 또는 증여받은 날을 취득 시기로 한다.

참고로, 1984년 말 이전에 취득한 자산은 1985년 1월 1일에 취득한 것으로 간주한다. 1985년 12월 31일 이전에 취득한 상장·비상장 주식은 1986년 1월 1일에 취득한 것으로 보고 양도소득세를 계산한다.

02
매각 순서와 취득 시기를
전략적으로 조정하자

분양받은 아파트를 취득하는 시점은 일반 부동산과 약간 차이가 있다. 잔금을 내도 완공되지 않았다면 분양 미취득으로 본다.

10년 전에 구매해서 계속 살던 빌라를 처분하고 분양받은 아파트에 조만간 입주할 예정인 사람이 있다. 그런데 문제가 생겼다. 무심코 참여한 경매에서 주택이 딸린 근린생활시설을 낙찰받아 소유권 이전 등기를 한 것이다. 한순간에 1가구 3주택이 되었다.

이 경우 빌라 양도에 대해 비과세를 적용받지 못하고 양도소득세도 실거래 가격으로 계산될까? 주위 사람들은 입주하는 아파트와 경매로 구입한 주택 때문에 1가구 3주택에 해당하므로 1가구 1주택 비과세를 적용받을 수 없다고 했다.

그런데 아는 세무사가 주택의 취득 시기를 조절해 3주택자가 되기 전에 빌라를 매각한 다음, 분양받은 아파트를 등기한다면 비과세가 될 수 있다고 알려줬다. 분양받은 아파트는 등기되기 전까지는 주택이 아니라 분양권 상태이므로 현재 일시적인 2주택이 된다. 일시적 2주택인 상황에서 기존의 주택을 3년 이내에 매각하면 비과세가 된다.

취득 시기에도 전략이 필요하다

세무사의 정보는 맞다. 특히 주택의 매각 순서와 취득 시기를 조정하면 절세할 수 있다. 분양받은 아파트의 취득 시점은 일반 부동산과 약간 차이가 있다는 점을 주의한다.

현재 부동산의 취득 시점은 잔금 청산일과 소유권 이전 등기일 중 빠른 날로 정한다. 그런데 분양권의 경우 잔금을 내도 완공되지 않았다면 아직 취득하지 않았다고 본다. 사용 검사필증이 교부되어야 취득한 것이 된다.

만약 완공되었는데 잔금이 치러지지 않았다면 취득 시점을 언제로 볼까? 이 경우에는 다시 원칙적으로 판정한다. 잔금 청산일과 소유권 이전 등기일 중 빠른 날로 결정한다. 완공되더라도 소유권 이전 등기가 이뤄지지 않았고 잔금이 치러지지 않았다면 아직 취득한 것으로 보지 않는다. 하지만 취득 시기는 잔금 지급 시기의 고의성 여부 등 관련 사실을 담당 세무서에서 조사해 결정하는 것으로 해석하기 때문에 잔금의 일부만 남기고 취득 시기를 계속 미루는 것은 조심해야 한다.

이렇게 분양받은 아파트의 취득 시기를 뒤로 미루고 1가구 1주택 비과세 요건을 맞춰 기존의 빌라를 양도한다면 비과세가 적용된다. 경매로 취득한 주택 때문에 일시적으로 2주택이 되지만 취득한 날로부터 3년 이내에 매각하면 되는 것이다(9·13 대책 발표 이후 조정대상지역 내에서 새로 취득하는 주택은 2년 이내, 12·16 대책 발표 이후 조정대상지역 내에서 새로 취득하는 주택은 1년 이내 및 1년 이내 전입).

12·16 대책 발표로 인해 2021년부터 분양권도 조합원 입주권과 마찬가지로 주택 수에 포함된다. 즉, 1주택을 보유한 사람이 1분양권을 보유한 경우에는 1주택 비과세를 받을 수 없다. 다행히 기존에 보유하고 있는 분양권은 주택 수에 포함되지 않고 2021년 이후 새로 취득하는 분양권부터 주택 수에 포함된다.

다주택자의 조정대상지역 내 주택 양도 시 중과세되지 않는 조건

1. 1가구 3주택 이상인 사람의 중과세 제외 대상

① 수도권·광역시·특별시(세종시) 외의 지역(광역시·특별시에 속해 있는 군·읍·면 지역 포함)에 있는 기준 시가 3억 원 이하인 주택은 다른 주택을 매각할 때 주택 수에서 제외

② 장기 일반 민간 임대 주택 등으로 등록하여 8년 이상 임대한 장기 임대사업용 주택(2018년 3월 31일까지 등록한 경우에는 5년 이상 임대한 주택은 포함하고 2018년 9월 14일 이후에 취득한 주택은 제외. 단, 2018년 9월 13일까지 계약하고 계약금을 지불한 경우에는 9월 13일 이전에 취득한 것으로 판단함)

③ 조세특례제한법에서 정한 감면 대상 주택, 상속 주택, 장기 사원용 주택, 장기 가정 보육시설, 문화재 주택 등

2. 1가구 2주택자의 중과세 제외 대상

① 1가구 3주택 이상인 사람의 중과세 제외 대상 주택

② 취학, 근무상 이유 등으로 취득한 수도권 밖 다른 시·군 소재 주택

③ 혼인 합가일로부터 5년 이내, 동거 봉양 합가일로부터 10년 이내에

양도하는 주택

④ 일시적 2주택인 경우의 종전 주택

⑤ 양도 당시 기준 시가 1억 원 이하의 주택

03
겸용 주택에 옥탑방을 만들어
주택 면적을 넓혀라

겸용 주택이 양도소득세 비과세 혜택을 받으려면 주택 면적이 더 넓어야 한다. 옥탑방을 만들거나 계단을 설치하면 겸용 주택의 주택 면적은 더 넓어진다.

L은 소유 중인 상가 주택을 5억 원에 매각하려고 한다. 건물 1층은 식당으로 임대 중이고 2층은 주택으로 사용 중이다. 4년 전에 구매한 후부터 살고 있으며 이 건물 외에 다른 부동산은 없다. 1층과 2층의 면적은 같다.

L은 건물 매각에 따른 세금은 걱정하지 않았다. 2년 이상 보유했고 계속 거주하고 있어서 1가구 1주택으로 비과세 적용이 된다고 생각했기 때문이다. 그런데 어제 만난 친구가 1층을 상업용으로 사용하고 있으므로 양도소득세가 나온다고 말하는 것이 아닌가? L은 과연 세금을 내야 할까?

L이 아무런 조치 없이 건물을 매각한다면 친구 말처럼 양도소득세가 나올 수 있다. 주택부분은 비과세 요건을 만족했기 때문에 양

도소득세가 없지만 상가부분에 대한 세금은 내야 한다. 양도소득세의 비과세 규정은 주택에만 적용하며 상가에는 해당 사항이 없다.

주택과 상가가 같이 있는 건물을 보통 '겸용 주택'이라고 한다. L처럼 1층은 상가로, 2층은 주택으로 사용하는 건물이 겸용 주택이다. 전체를 주택으로 판단하기도 하고, 층별로 주택과 상가로 구분하기도 한다. 그 판단 기준은 상가와 주택이 차지하는 비율이다.

주택 면적과 상가 면적에 따른 세법 적용

주택 면적이 상가 면적보다 조금이라도 넓으면 건물 전체를 주택으로 판단해 세법을 적용한다. 상가와 주택의 면적이 같거나 상가의 면적이 넓으면 주택부분은 주택으로, 상가부분은 상가로 구분해 용도에 맞는 세법을 적용한다.

주택 면적이 조금이라도 커서 전체를 주택으로 볼 때는 건물 정착 면적의 5배(도시계획구역 밖은 10배)까지의 부수 토지도 주택의 일부로 봐서 비과세를 적용한다. 하지만 상가의 크기가 조금이라도 넓으면 주택부분만 주택으로, 상가부분은 상가로 본다. 건물 전체를 팔면 주택부분은 비과세이지만 상가부분은 비과세가 되지 못한다.

건물 일부가 상가로 구분되면 건물의 부수 토지 중 상가부분에 해당하는 부수 토지도 비과세가 될 수 없다. 상가는 1가구 1주택과는 상관없이 양도소득세를 내야 하기 때문이다. 상가 주택이 유일하게 보유 중인 부동산인 상황에서 건물 전체의 양도에 대해 비과세를 적용받고 싶다면 주택 면적을 넓히는 것이 좋다.

이렇듯 겸용 주택의 경우 양도소득세 비과세 혜택을 받으려면 주택의 면적이 더 넓어야 하는데 (상가로 사용하는 면적과 비슷하다면) 옥탑방을 만들어 실제 주택으로 사용하거나 2층으로 올라가는 외부 계단을 만든다. 주택에 올라가기 위해 만든 계단이기 때문에 주택 면적에 포함된다. 이런 방법으로 주택의 면적이 조금이라도 넓어진다면 건물 전체가 비과세 적용을 받을 수 있다. 그 대신 주거용으로 사용하기 위해 만들었다는 입증의 책임은 매도인에게 있다. 그렇다면 증가한 주택 면적을 세무서에 어떻게 입증하면 될까?

건축물관리대장에는 증가한 주택 면적이 표시되지 않을 수 있다. 그러므로 증축된 옥탑방이나 새롭게 설치된 계단을 사진으로 찍어 해당 세무서에 제출하면 된다. 임차인에 대한 전세 또는 월세계약서도 옥탑방을 주거용으로 사용했다는 자료가 될 수 있다. 세법은 실질과세의 원칙을 따르기 때문이다.

아쉽게도 주택 면적을 늘려 고가 겸용 주택(실거래가 9억 원 초과)의 양도소득세를 절세하는 방법은 2021년까지만 가능하다. 2019년 세법 개정을 통해 2022년 1월 1일부터 양도하는 1주택자의 고가 겸용 주택에 대해서 주택 면적이 아무리 넓더라도 주택부분만 주택이고, 이외 부분은 상가로 보기 때문이다. 고가 겸용 주택의 매도 계획이 있다면 2021년까지 서둘러 매도해야 세금을 줄일 수 있으며, 그렇지 않다면 상가부분을 주택 전체로 용도 변경하는 것도 고려해봐야 한다(고가가 아닌 겸용 주택은 기존과 동일하다).

일부는 주거용, 일부는 업무용으로 쓰는 건물을 매각할 때 해당 건물에 대한 1가구 1주택 양도소득세 비과세 적용 여부는 총면적으로 판단한다. 주거용으로 사용하는 총면적이 업무용으로 쓰는 총면적보다 조금이라도 넓으면 건물 전체와 부수 토지 전체를 하나의 주택으로 보고 1가구 1주택 양도소득세 비과세를 적용한다.

하지만 업무용으로 사용하는 총면적이 주거용으로 쓰는 총면적보다 넓거나 같다면 주택부분은 1가구 1주택으로 양도소득세 비과세지만 상가부분은 일반 부동산으로 판단해 양도소득세를 내야 한다. 즉, 업무용으로 사용하는 부분은 양도소득세 비과세가 불가능해진다.

부수 토지 역시 주택의 부수 토지와 상가의 부수 토지로 나뉜다. 주택의 부수 토지부분은 주거용으로 사용하는 건물부분처럼 1가구 1주택으로 판단하여 양도소득세를 비과세해준다. 반면 업무용으로 구분된 부수 토지는 양도소득세 비과세가 불가능해진다.

지금까지 내용은 다른 주택을 소유하지 않은 사람이 1가구 1주택 비과세를 판단할 때 사용한다. 만약 다른 주택도 있는 상황에서 겸용 주택을 먼저 매각하면 비과세 판단의 대상이 아니므로 주거용과 업무용을 구분하지 않는다.

[겸용 주택의 양도소득세 여부]

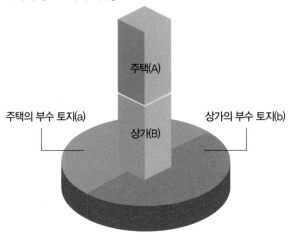

- 주택 면적(A) 〉 상가 면적(B)

  전체(A+B+a+b)를 주택으로 봄 → 비과세
- 주택 면적(A) ≤ 상가 면적(B)

  (A+a)는 주택으로 봄 → 비과세

  (B+b)는 상가로 봄 → 양도소득세

04
다른 주택이 있다면
상가로 용도 변경하라

다른 주택도 있을 때 겸용 주택이 주택으로 판정되면 세제 면에서 불리해진다. 그렇다면 겸용 주택 전체를 상가로 만든다.

앞에서 겸용 주택(상가 주택)은 되도록 주택으로 구분되는 것이 유리하다고 했지만 모든 경우가 그렇지는 않다. 겸용 주택이 주택으로 판정되면 불리한 때도 있다. 예를 들어 상가와 주택을 겸하는 건물 1채 외에 다른 아파트를 보유하고 있다고 해보자. 아파트를 양도할 경우 1가구 2주택의 양도소득세를 피할 수 없다. 아무리 작은 면적의 주택부분이라도 주택 수에 포함되기 때문이다.

M은 결혼할 당시에 강남의 아파트 1채를 샀는데 지금까지 거주하면서 보유 중이다. 그리고 서초동의 작은 상가 주택을 5년 전에 샀다. 그 상가 주택은 지상 4층, 지하 1층인데 지하층에서 지상 3층까지는 상가, 사무실 용도로 임대 중이며 4층에는 전세 세입자가 살고 있다. 그런데 강남에 있는 아파트를 팔려고 하니 걱정부터 앞선

다. 상가 주택이 있어서 강남의 아파트는 1가구 2주택으로 양도소득세가 계산되기 때문이다.

건물 용도를 변경하는 것도 답이다

그렇다면 양도소득세를 최소화하는 방법은 없을까? 상가 주택에 작업을 하면 된다. 다른 주택이 없다면 상가 주택 전체를 주택으로 만들어야 하지만 다른 주택이 있다면 상가 주택 전체를 상가로 만들 필요가 있다. 상가 주택 전체를 상가로 만들면 겸용 주택이 아닌 1가구 1주택이 된다.

물론 상가 주택을 상가로 만드는 방법은 행정적으로 쉽지 않다. 실제 주택으로 사용하고 있는 부분을 업무용으로 전환하는 절차가 쉽지 않으며 경우에 따라 불가능할 수도 있다. 하지만 국세청에서는 실질을 기준으로 판단한다. 실제로 상가 또는 업무용으로 사용하고 주거 목적으로 사용하지 않는 것이 명백하면 주택으로 판단하지 않는다.

만일 명백히 보이지 않을 것 같으면 공부상 기록으로 판단한다는 점을 이용한다. 건축물관리대장의 용도를 상업용으로 바꾸는 것이 좋다. M의 경우 4층 세입자의 전세 계약 기간이 만료됐다면 용도를 상업용으로 변경한 후에 사업이 목적인 세입자를 받는다.

상가 주택 전체를 상가로 만들고 강남의 아파트를 팔면 양도소득세 비과세가 된다. 그렇다면 언제까지 용도 변경을 해야 할까? 용도를 변경하기 전까지는 2주택자였으므로 비과세를 받기 위해서 용도 변경 후 다시 2년을 보유해야 할까? 시기에 따라 그럴 수도, 그렇지 않을 수도 있다. 현행 세법은 비과세 여부를 판단할 때 양도 시점에 판단하므로 주택을 팔기 전까지 용도를 변경하면 비과세가 된다. 하지만 2021년 1월 1일부터 양도하는 주택은 최종 1주택만을 보유한 시점부터 2년의 보유 기간을 계산하기 때문에 상가로 용도를 변경한 이후 시점부터 최소 2년의 보유 기간을 다시 충족해야 한다.

05
노는 토지가 있다면
그 위에 주택을 짓고 팔아라

토지 위에 주택을 지어 2년간 보유한 후 매각하면 1가구 1주택으로 비과세가 된다. 주택뿐만 아니라 주택 면적 5배의 부수 토지까지 1주택으로 보기 때문이다.

　27살인 N은 5년 전에 돌아가신 아버지의 ○○ 지역 땅을 상속으로 물려받았다. 텃밭으로 이용하고 있는데 그렇다고 특별한 용도가 있지 않다. 그리고 서울에서 어머니와 함께 살고 있는데 지금 사는 주택은 어머니 소유이다.

　최근에 ○○ 지역이 개발되어 부동산 가격이 상승할 것이라는 소식을 들었다. N은 ○○ 지역의 부동산을 팔려고 했지만 비사업용 토지인 관계로 양도소득세가 많이 나올 것 같아 걱정이다.

　비사업용 토지는 일반 부동산보다 양도소득세가 많이 나오는데 기본 세율에 10%p가 가산된다.

　양도소득세 기본 세율은 6~42%(2021년부터 6~45%)인데 여기에 10%p가 가산되면 16~52%(2021년부터 16~55%)로 올라간다.

지방소득세도 포함되니 양도소득세 세율은 17.6~57.2%(2021년부터 17.6~60.5%)나 된다.

실제로 비사업용 토지는 주변에 상당히 많다. 일반적으로 나대지를 비사업용 토지로 봐도 된다. 마찬가지로 농사를 짓지 않는 농지뿐만 아니라 농사를 짓고 있어도 세법에서 정하는 농지의 소재지에 거주하지 않으면 비사업용 토지로 본다.

비사업용 토지 매각 시 양도세 중과

비사업용 토지도 사업용으로 전환할 수 있다. 세법에서 정하는 기간(① 양도일부터 소급해서 3년 중 2년, ② 양도일부터 소급해서 5년 중 3년, ③ 전체 보유 기간의 60% 이상) 이상 토지를 사업 목적에 따라 사용하면 전환된다. 이렇게 사업용으로 변경하면 양도소득세가 줄어든다. 양도소득세의 기본 세율에 가산되는 10%p의 꼬리표도 뗄 수 있다. 그렇다면 N이 세 부담을 최소화할 수 있는 더 좋은 방법은 없을까? 다행스럽게도 N은 현재 본인 소유의 주택이 없다. N이 ○○ 지역의 땅 위에 주택을 짓고 2년 동안 보유(조정대상지역의 경우 2년 거주) 후 양도하면 세금을 줄일 수 있다.

토지 위에 주거용 주택을 짓고 2년 보유 후 매각하면 1가구 1주택으로 비과세가 된다. 1가구 1주택 비과세는 주택뿐만 아니라 주택 면적 5배(도시개발구역 외는 10배)의 부수 토지까지도 1주택으로 보고 비과세해주기 때문이다. 그런데 8·2 대책 이후 소득세법이 개정됐다. 2017년 8월 3일 이후 조정대상지역에서 취득하는 주택은 2년 보유 외에도 2년 이상 거주해야만 비과세가 가능하다.

주택이 무허가라도 실제 거주한 자료만 입증할 수 있다면 비과세가 된다. 세법상 실질에 의해 주택 여부를 판단하기 때문이다. 무허가 건물의 경우 거주인 스스로 주택 용도로 보유했다는 사실을 입증해야 한다. 시청이나 구청의 무허가 건축물관리대장, 우편물 수령 일자 또는 전기·전화료 납부영수증 등으로 보유 기간 및 거주 기간 등을 적극적으로 입증해야 하는 부담이 따른다.

현재 N은 어머니 소유의 집에서 어머니와 함께 살고 있으므로 ○○ 지역에 집을 지었다고 해도 1가구 2주택으로 구분되어 양도소득세는 비과세가 되지 않는다. 팔기 전에 반드시 주소를 이전해 독립 가구가 되어야 한다. 특정한 지역으로 주소를 옮길 필요는 없다. 단, 2017년 8월 3일 이후 취득하는 조정대상지역 내 주택의 경우 2년 거주 요건이 필요하기 때문에 본인 소유 주택으로 주소를 이전하는 것이 좋다. 그런데 N은 27살이라서 독립 가구 요건은 만족하지 못하기 때문에 경제력이 없다면 30세 이후에 매각하는 것이 좋다.

06
입주권 외에 다른 주택이 없다면
비과세가 가능하다

2006년부터는 재개발·재건축 아파트의 입주권도 주택으로 간주한다. 하지만 모든 재개발·재건축 아파트가 이런 불이익을 받는 것은 아니다.

8·2 대책(2017년)과 9·13 대책(2018년)으로 인한 세법안 때문에 다주택자와 고가 주택을 소유한 사람들의 의사 결정이 빨라졌다. 주택 수를 줄이기 위해 매각하거나 주택 임대사업자로 등록하는 사람이 많아졌다. 특히 주택 2채 이상을 가진 사람이라면 어떤 결정을 하는지 여부에 따라서 세금의 크기가 달라진다.

이때 재개발·재건축 아파트의 입주권에 대해 궁금증이 생긴다. 오래된 이야기지만 구 주택이 재개발 또는 재건축이 되면서 멸실하면 주택이 아닌 나대지로 판단한 적이 있었다. 그래서 구 주택이 재건축·재개발이 되면 주택 수를 줄일 수 있었다. 하지만 2006년부터는 재개발·재건축 아파트의 입주권도 주택으로 간주되므로 주택 보유에 대한 의사 결정을 확실하게 해야 한다.

재개발·재건축 아파트 입주권을 주택으로 간주하면 세무상 어떤 변화가 생길까? 과거 2005년까지는 조합원이 소유한 재개발·재건축 예정 주택에 관리처분(재산을 관리하고 처분할 수 있는 권리)이 떨어지면 주택이 아닌 권리로 봤다. 그리고 다른 일반 주택을 매각할 때 공사하기 위해 철거된 주택은 주택 수에서 제외되었다. 즉, 조합원이 보유한 주택은 관리처분 이후에 부동산이 아닌 '주택을 취득할 수 있는 권리'로 재산의 형태가 바뀌었고 철거까지 하면 주택 수에서도 제외된 것이다. 그래서 일반 주택 1채와 재건축 조합원 주택 1채를 소유한 사람이 공사 기간 중에 일반 주택을 매각하면 1주택자가 되어 비과세가 가능했다. 다주택자도 주택 수를 줄일 수 있어서 양도소득세 중과세를 피했다. 2005년까지 재개발이나 재건축이 예정된 주택은 공사 기간 중에는 주택 수에서 제외되었고 개발의 영향으로 부동산 가치까지 상승해서 결과적으로 세금을 줄이는 동시에 매매 차익의 극대화를 노려볼 수 있었다.

하지만 2006년부터는 재개발·재건축 아파트의 입주권도 주택으로 간주되었다. 즉, 관리처분 이후의 재개발·재건축 입주권도 주택 수에 포함하므로 다른 주택을 매각할 때는 비과세가 안 된다. 그뿐만 아니라 중과세 대상에서 제외되지도 않게 되었다. 입주권을 보유한 상황에서 조정대상지역 내 2주택 또는 3주택을 매각하면 기본세율에 10%p 또는 20%p(2021년 6월 1일 이후 20%p 또는 30%p)가 가산된다.

그래도 입주권에 비과세 적용이 되는 경우

모든 재개발·재건축 아파트의 입주권에 대해 불이익만 있지는 않다. 재개발·재건축 아파트의 입주권은 권리이므로 입주권 자체를 매각할 경우에는 주택으로 보지 않는다. 입주권을 제외한 다른 주택을 먼저 매각하면 입주권을 주택 수에 포함하지만, 입주권을 매각하면 일반 부동산에 준해 양도소득세를 계산한다. 단, 8·2 대책 발표 이후부터 입주권 매각 자체가 불가능할 수 있다. 그래서 입주권을 매각하려는 사람은 그 가능 여부를 확인해야 한다.

4년 전에 산 주택에서 지금까지 살고 있으며 이외에 다른 주택은 없다고 해보자. 재건축 진행에 따라 관리처분까지 받았다. 만약 철거되어 공사가 진행 중일 때 재건축 아파트의 입주권을 매각하면 비과세가 될까?

앞에서 설명한 것처럼 입주권 자체를 매각하면 주택으로 보지 않기 때문에 1가구 1주택 요건에 해당하지 않으므로 당연히 비과세가 어렵다고 볼 수 있다. 하지만 입주권 외에 다른 주택이 없다면 입주권은 다시 주택으로 판단되므로 비과세 혜택을 받을 수 있다. 단, 관리처분을 받을 시점에 2년 이상 보유하고 다른 주택이 없어야 비과세가 가능하다. 결과적으로 입주권을 매각해도 비과세가 된다.

그렇다면 철거 전에 거주 목적으로 주택을 구매한 상태에서 입주권을 매각하면 어떻게 될까? 과거에는 재개발·재건축 아파트의 입주권이 비과세를 적용받기 위해서는 2가지 요건을 동시에 만족해야 했다. 관리처분 시점에 2년 보유와 거주 요건을 만족하고 입주권을 매각하는 시점에 다른 주택이 없어야 했다. 과거 세법상 철거하기 전에 주택을 구입한 다음에 입주권을 매각하면 비과세가 안 되었다. 하지만 2005년 8월에 긍정적인 국세 심판례가 발표되었고 2006년부터 입주권을 주택으로 판단하면서 다른 주택을 구매한 날로부터 3년 이내에 입주권을 매각하면 비과세가 가능해졌다.

공사 기간 중 거주할 목적으로 구매한 주택은 재개발·재건축 아파트가 완공된 날로부터 2년 이내에 매각하면 비과세가 된다. 또한 공사 기간 중 거주용으로 산 주택은 2년을 보유하거나 거주하지 않아도 비과세가 적용된다. 단, 가구 전원이 완공된 아파트로 2년 이내에 이사해야 하고 공사 기간 중 구매한 주택에서 최소한 1년 이상은 거주해야 한다.

1주택자가 향후 거주 목적으로 입주권을 구매할 때도 똑같이 해석한다. 입주권을 주택으로 보기 때문에 원칙적으로 입주권을 취득한 날부터 3년 이내에 기존에 보유한 주택을 매각해야 한다. 하지만 입주권의 특성상 아파트가 완공되지 않으면 입주할 수 없다. 3년 이내에 보유 중인 주택을 팔면 거주할 곳이 없어지고 완공될 때까지 기다리면 3년이 경과되어 비과세 혜택을 받지 못할 수 있다. 그래서 소득세법에서는 '입주권으로 취득하는 주택이 완공된 후 2년 이내에 그 주택으로 가구 전원이 이사해 1년 이상 거주한다', '완공되기 전·후 2년 이내에 기존 주택을 매각한다' 등 2가지 요건을 만족하면 입주권을 구매한 날로부터 3년이 지나서 매각해도 비과세가 되도록 하고 있다.

07
매도 예정인 상속 주택은
실거래 가격으로 신고한다

조정대상지역 내 상속 주택을 양도할 경우나 상속 주택이 고가 주택이라면 주의한
다. 양도 순서를 조절할 수 없다면 상속 주택 취득금액을 높이자.

10년 전에 산 주택과 2년 전에 돌아가신 아버지에게 물려받은 주
택, 이렇게 2채를 갖고 있는 사람이 있다. 그런데 상속받은 주택은
여전히 아버지 명의로 되어 있다. 사망 이후에 소유권을 바꾸지 않
았기 때문이다. 이제야 상속받은 주택을 양도하려고 한다.

이처럼 이전 등기를 하지 않아 상속 주택이 피상속인의 명의인
경우가 있다. 늦었지만 지금이라도 이전 등기를 하면 불이익이 없
을까? 사실 상속인들 간에 상속 재산이 분할되지 않아서, 정신이 없
어서 소유권 이전 등기가 미뤄지기도 한다. 그렇다고 해도 상속으
로 취득하면 6개월 이내에 신고와 납부를 해야 한다. 그렇지 않으면
20%가 넘는 가산세를 피할 수 없다.

상속받은 주택의 세무 처리는 뭔가 다를까? 왠지 일반적인 매매

로 구매한 주택에 비교해 세금 혜택이 분명히 있을 것 같다. 어떤 효과가 있는지 정리하기란 쉽지 않지만 차근차근 살펴보자.

상속 주택을 보유하는 동안 내는 세금(재산세, 종합부동산세)은 매매 주택과 차이가 없다. 하지만 상속 주택을 취득하거나 양도할 경우에는 세금을 계산하는 방법에 차이가 있다. 상속으로 주택을 취득해도 취득세, 농특세, 교육세 등을 내야 하는데 이 중에서 취득세와 농특세는 매매 주택의 경우와 다르다.

부동산의 취득세는 과거에 있었던 취득세와 등록세를 통합하면서 세율이 정리되었다. 일반 부동산을 매매로 취득하는 경우 취득세율은 4%인데 과거의 취득세 2%와 과거의 등록세 2%가 합해진 것이다. 농특세율은 0.2%이고 지방교육세율은 0.4%이다. 농특세는 과거의 취득세 10%로, 지방교육세는 과거의 등록세 20%로 정했다. 그래서 매매로 부동산을 취득할 경우 취득세와 부가되는 세금의 세율을 모두 합하면 4.6%가 된다. 구매 금액에 4.6%를 곱하면 취득세, 농특세, 지방교육세가 한꺼번에 계산된다. 1주택을 매매로 취득하는 경우에는 이보다 낮은 세율이 적용된다.

주택의 가격이 6억 원 이하면 취득세는 농특세와 지방교육세를 포함해 1.3%의 세율이 적용된다. 6억 원을 초과하고 9억 원 이하면 취득세[=(취득가액×2/3억 원−3억 원)%]에 농특세와 지방교육세가 포함된다. 9억 원을 초과하면 3.5% 세율이 적용되고, 취득하는 주택이 국민 주택 규모(85㎡) 이하면 각각의 취득세율에서 농특세 0.2%가 비과세가 된다.

반면 부동산을 상속으로 취득하면 구분하지 않고 농특세, 지방교육세를 포함해 3.16%의 세율을 적용한다. 증여라면 세율은 4%다. 만일 상속받는 주택이 국민 주택 규모이고 상속인이 무주택자라면 과거의 취득세부분과 농특세가 비과세로 된다. 그래서 0.96%의 세율로 취득세를 낼 수 있다. 부동산을 상속이나 증여로 취득할 때는 매매의 경우와 다르게 취득세를 실거래 가격이 아닌 공시가액 기준으로 납부할 수 있다.

주택을 매매로 취득할 경우 취득세는 상속이나 증여보다 세율이 낮다. 그러나 실제 구매한 가격으로 취득세가 계산되기 때문에 오히려 커질 수도 있다. 상속이나 증여로 주택을 취득할 때는 국민주택채권 구매 비용도 달라진다.

상속 주택을 타인에게 양도하는 경우 실거래 가격으로 양도소득세를 계산해야 한다는 점을 유의한다. 상속으로 취득한 부동산의 실거래 취득금액은 상속세를 신고할 당시에 사용했던 평가금액이다. 상속세 신고를 기준 시가로 했다면 취득 당시의 기준 시가가 취득금액이 된다. 이렇게 기준 시가를 써서 취득금액이 낮아지면 그만큼 매매 차익은 커지게 되어 결국 양도소득세의 부담도 커진다. 상속세를 줄이려고 선택한 기준 시가 때문에 양도소득세의 부담이 증가하는 것이다.

따라서 상속 주택의 매매 차익이 크다면 양도할 때 순서를 조절해 상속 주택을 비과세 대상으로 만들어야 한다. 순서 조절이 힘들다면 상속세 신고 시 자진해서 상속 주택을 실거래 가격으로 신고하는 것도 고려해본다. 2007년부터 양도소득세는 무조건 실거래 가격으로 신고해야 하므로 상속세를 줄이면서 양도소득세를 많이 낼 것인지, 아니면 상속세를 실거래 가격으로 부담하고 향후 양도소득세를 줄일 것인지 고민하기 위해서다.

08
양도소득세 비과세의 권리는
상속으로 승계되지 않는다

부모를 통해 재테크하는 것을 방지하기 위해 세법이 개정되었다. 1주택을 상속받아도 그 상속 주택을 매각하면 양도소득세를 매긴다.

45평형 아파트 1채를 소유하고 있는 O는 외아들이다. O는 최근 같은 단지 내 다른 아파트 1채를 아버지 명의로 샀다. 그리고 아버지에게 시골의 주택을 처분하고 새로 구매한 아파트로 이사 오도록 했다. 사람들은 O를 효자라고 칭찬을 아끼지 않았다. 과연 그럴까?

세무 전문가가 볼 때 O는 효자라기보다 재테크 전략가에 가깝다. 아버지의 주택을 상속받아 자신의 주택과 상속받은 주택 모두 1가구 1주택으로 인해 양도소득세 비과세 혜택을 받으려는 것으로 보이기 때문이다. 아버지가 사망하면 외아들인 O는 상속을 받는다. 부모의 상속 재산은 면세점(피상속인의 배우자가 있으면 최소 10억 원) 이하이므로 상속세는 없다. 상속으로 인한 취득세 등 제세공과금만 부담하면 간단하게 소유권이 이전된다.

절세는 여기서부터 시작된다. 일반적으로 1주택자가 추가로 주택을 사면 3년(2018년 9월 14일 이후 조정대상지역 내 주택을 취득했다면 2년, 2019년 12월 17일 이후 조정대상지역 내 주택을 취득했다면 1년 +1년 이내 전입) 이내에 기존 주택을 매각해야 한다. 3년(또는 2년)이 지나 매각하면 두 주택 중 먼저 매각하는 주택에는 양도소득세가 과세된다. 또한 조정대상지역 내 주택은 10%p가 가산되며 장기 보유 특별 공제도 불가능하다. 그런데 상속 주택을 활용하면 2채 모두 비과세가 된다. 가구를 분리하여 사는 자녀가 1주택을 소유한 상황에서 부모의 사망으로 주택을 상속받아 2주택이 되어도 비과세가 될 수 있다. 기존 주택을 매각할 때 상속 주택을 주택 수로 세지 않고 비과세를 판단하기 때문이다.

예전에는 이보다 더 좋았다. 상속 주택이 피상속인의 사망 당시 3년 이상 보유했다면 상속인이 보유한 기존 주택에 상관없이 언제 팔든 비과세가 가능했다. 부모를 통해 절세가 언제든지 가능했던 것이다. 이런 부모를 통한 절세를 방지하기 위해 2002년에 관련 세법이 개정되었다. 그런데 아직도 이 내용을 잘 모르는 사람이 많다.

과거에는 돌아가신 부모가 1가구 1주택 양도소득세의 비과세 요건을 만족하면 상속 주택과 기존 주택 모두 비과세가 가능했다. 부모의 1가구 1주택 비과세의 권리까지 상속받은 것으로 인정했기 때문이다. 그래서 상속 주택을 매각할 때 다른 주택의 보유 여부에 상관없이 비과세가 됐다. 하지만 이제는(2003년 1월 1일 이후) 상속 주택이 비과세 혜택을 받으려면 양도 시점에 다른 주택이 없어야 하고 2년 이상 보유(2017년 8월 3일 이후 조정대상지역 내 주택을 취득했다면 2년 이상 거주 포함)해야 한다. 단, 상속 주택이 아닌 기존의 주택을 팔면 상속 주택은 주택으로 보지 않고 1가구 1주택 양도소득세 비과세를 인정해준다.

그렇다면 기존에 주택을 2채 보유한 상황에서 상속으로 주택을 받아 3채가 되면 어떻게 해야 할까? 이 경우 과세당국은 상속 주택을 주택 수에 포함해서 판단한다. 게다가 조정대상지역 내 3채 이상의 주택에는 기본 세율에 20%p(2021년 6월 1일 이후 30%p)가 가산되어 양도소득세 중과세에다 장기 보유 특별 공제가 불가능해지므로 더욱 신경을 써서 계획을 세워야 한다.

09
주택 임대의 세금 혜택이
상가 임대보다 많다

고가 주택만 아니라면 1채까지는 월세로 운영하는 임대 소득에 소득세가 없다. 상가 건물은 규모에 상관없이 월세로 운영하는 임대 소득에 세금을 내야 한다.

양도소득세 중과세와 종합부동산세를 피하기 위해 임대 주택 등록을 하는 사람이 많아졌다. 그래서 주택을 임대하면서 발생하는 세금에 대한 문의가 많다. 임대사업을 하면서 부담하는 세금에는 크게 종합소득세와 부가가치세가 있다. 매도할 경우에는 양도소득세를 내야 한다. 그리고 주택을 임대할지, 상가를 임대할지에 따라 이 세금은 다르게 계산된다.

사업자가 사업을 하려면 사업자 등록을 해야 한다. 국세청에서 사업자나 법인의 세원 관리를 위해 사업자 등록번호를 부여하기 위해서다.

상가를 임대하면 규모에 상관없이 사업자 등록을 내야 하는데 주택 임대업자는 부가가치세법상 사업자 등록을 하지 않아도 된다.

주택 임대 용역 자체가 부가가치세법상 면세사업이기 때문이다. 하지만 부가가치세를 내지 않는 사업자라도 소득세법상 사업자 등록을 하는 것이 원칙이다. 2018년까지는 임대 수입이 2,000만 원 이하라면 사업자 등록을 하지 않아도 됐지만 2019년부터는 분리과세가 되는 (주택) 임대 소득만 있어도 사업자 등록을 해야 한다. 그리고 2020년부터 주택을 임대하는 사람이 소득세법상 사업자 등록을 내지 않으면 공급가액(매출액)의 0.2% 상당액을 가산세 명목으로 부과받는다. 단, 오해하지 말아야 하는 부분이 있다. 여기서 말하는 사업자 등록은 지방자치단체에 등록하는 임대 주택 등록과는 별개라는 것이다. 다만 2019년부터 지방자치단체에 '민간 임대 주택법'상 임대 사업자 등록을 신청할 때 '소득세법'상 사업자 등록 신청서를 함께 제출하는 경우 세무서에 신청하는 사업자 등록 신청을 한 것으로 간주된다.

일반적으로 임대 주택에 대한 다양한 세제 혜택을 받기 위해서 요건(공시가격 6억 원 이하 또는 전용 면적 $85m^2$ 이하)을 갖춘 주택을 지방자치단체에 임대 주택으로 등록한다. 등록증이 나오면 세무서에 사업자 등록을 내는 것이 보통이다. 하지만 요건을 갖추지 못한 주택을 가진 사람들은 임대 주택 등록을 하지 않고 세무서에 사업자 등록도 내지 않는 것이 일반적이다.

2019년부터는 지방자치단체의 임대 주택 등록과 상관없이 세무서에 주택 임대 관련 사업자 등록을 내야 하고 상황에 따라 2020년부터는 가산세가 부과된다. 즉, 공시가격이 6억 원(수도권 외 지역은

3억 원)을 초과하거나 전용 면적 85㎡를 초과해도 세무서에 주택 임대 관련 사업자 등록을 반드시 내야 하는 것이다.

일정 규모 이하 주택을 소유하고 임대할 때는 소득세도 비과세다. 여기서 '일정 규모'는 고가 주택이 아닌 주택 1채를 말한다. 고가 주택(기준 시가 9억 원 초과)만 아니면 부부 합산 기준으로 1채까지(기준 시가 9억 원 이하) 월세로 운영하는 임대 소득에 소득세가 없는 것이다. 월세를 아무리 많이 받아도 비과세다. 반면 상가 건물은 규모에 상관없이 월세로 운영하는 임대 소득에 대한 세금을 내야 한다.

부부 합산 기준으로 2채 이상 주택을 보유한 사람이 임대할 때에는 원칙적으로 종합소득세를 내야 한다. 하지만 임대 수입의 규모를 보고 분리과세를 하기도 한다. 주택의 연간 임대 수입(필요 경비 차감 전 금액)이 2,000만 원 이하면 15.4%(지방소득세 포함)의 세율로 분리과세를 한다.

주택 임대의 특혜

상가 건물을 임대할 때 전세라면 보증금의 이자부분도 수입금액에 포함해 소득세와 부가가치세를 계산하고 있다. 국세청장이 정한 이자율은 1.8%이다(2020년 8월 기준). 전세금으로 1억 원을 받고 임대하면 1년에 180만 원의 임대 수입이 있는 것으로 보고 소득세와 부가가치세를 계산한다. 이 계산법을 '간주 임대료 계산'이라고 한다.

주택의 간주 임대료 규정을 상가의 경우와 비교해보면 부담이 적다. 주택의 간주 임대료는 3채 이상인 경우에만 적용하며 2021년까지 소형 주택으로 분류되는 전용 면적 $40m^2$ 이하이면서 기준 시가 2억 원 이하인 주택은 간주 임대료 계산 시 주택 수에서 제외된다.

3채 이상의 전세는 소득세가 계산되지만 임대 수입이 2,000만 원 이하면 분리과세가 되어 그 부담이 적다. 부가가치세 부담 또한 없다. 하지만 상가는 아무리 적더라도 월세로 임대하든, 전세로 임대하든 소득세와 부가가치세를 내야 한다.

[부동산 임대 관련 소득세와 부가가치세]

과세 대상 여부	상가 임대	주택 임대
부가가치세 과세	과세	면세
간주 임대료 계산	규모에 상관없이 계산	3채 이상부터 계산
소득세 비과세	비과세 없음	부부 합산 1채 비과세

• 주: 주택 임대 소득은 부부 합산 1채까지는 원칙적으로 비과세. 단, 기준 시가 9억 원을 초과하는 고가 주택은 비과세 불가능.

똑같은 임대 수입이 발생한다면 상가 임대보다 주택 임대의 소득세가 낮다. 장부를 작성하지 않는 사업자를 위해 국세청에서 만든 기준 경비율이 주택사업자에게 더 유리하게 책정되어 있기 때문이다. 상업용 건물 임대의 기준 경비율은 14.6%(단순 경비율 41.5%)이지만 주택 임대의 기준 경비율은 주택 임대사업을 등록했을 경우 13.8%(단순 경비율 61.6%)이다. 똑같은 임대 수입이라도 상업용 건물 임대의 과세 대상 소득금액이 더 크다고 보는 것이다.

또한, 조정대상지역 내 2주택 이상 보유자의 양도소득세 중과 규정 관련해서는 임대 주택 등록을 통해 제외될 수 있다. 주택 임대사업을 등록하면 의무 임대 기간 종료 후 매각할 때 중과세 대상에서 제외된다. 수도권 기준으로 시가 6억 원(수도권 외 지역은 3억 원) 이하여야 하고 5년 이상 의무적으로 임대해야 한다.

그런데 2017년 12월 13일에 발표한 '임대 주택 등록 활성화 방안'과 2018년 9월 13일에 발표한 '주택 시장 안정대책' 때문에 임대 주택 등록에 제약이 생겼다. 2018년 4월 1일부터는 장기 일반 민간 임대 주택(구 준공공 임대 주택)으로 등록해 8년 이상 임대해야 혜택을 받을 수 있도록 개정됐다. 그리고 2018년 9월 14일 이후 취득한 주택의 경우 임대 주택으로 등록해도 중과세가 배제되는 혜택은 사라졌다.

주택 임대에 대한 세금 혜택이 상업용 건물보다 많은 것은 사실이지만 그렇다고 재테크 목적에 주택 임대가 부합된다고 단정해 말하기는 어렵다. 상가 건물은 대부분 사업을 목적으로 임차하기 때문에 주택보다 희소가치가 높고 임대 수입이 일반적으로 주택보다 높게 형성되어 있다는 특징이 있기 때문이다.

[상가와 주택의 세금 비교]

부동산 임대 조건		부가가치세	종합소득세	양도소득세
업무용 건물	월세	○	○	○
	보증금(전세)	○	○	
주거용 건물	월세	×1)	△2)	△4)
	보증금(전세)	×1)	△3)	

• 주: 1) 주택 임대에는 부가가치세를 매기지 않는다.
　　2) 부부 합산 주택 1채의 임대 소득은 종합소득세 비과세. 단, 고가 주택은 제외한다.
　　3) 주택의 임대 보증금에 대해서는 종합소득세를 과세하지 않는다. 단, 부부가 합산해 3채 이상 보유하고 있다면 보증금의 월세 상당액(간주 임대료)을 계산해 반영한다. 주택의 수를 세는 과정에서 3채 중 전용 면적이 40㎡ 이하이면서 기준 시가 2억 원 이하 주택은 간주 임대료 계산 대상에서 제외한다. 1년간 월세 소득 합계와 간주 임대료 합계가 2천만 원 이하인 경우 15.4%(지방소득세 포함)의 세율로 분리과세가 되고 2천만 원을 초과하는 경우에는 다른 소득과 합산해 종합과세가 된다.
　　4) 주택의 경우 1가구 1주택에 양도소득세가 비과세다.

주택의 임대 보증금을 받았을 경우 간주 임대료 계산식은 다음과 같다.

(임대 보증금 합계 – 3억 원)×60%×정기예금 이자율(1.8%, 20년 8월 기준)

간주 임대료 계산은 부부 합산 3채 이상을 보유한 경우에 하고 전용 면적 40㎡ 이하이면서 기준 시가 2억 원 이하인 경우에는 계산 대상에서 제외한다. 주택에 대한 간주 임대료는 임대 주택 등록 여부와 상관없이 적용하는 규정이다.

[주택 임대 소득이 1년에 2천만 원 이하인 경우 분리과세 계산식]

임대 주택으로 등록하지 않은 경우	임대 주택으로 등록한 경우
[주택 임대 수입× (1−50%)−200만 원※]×15.4%	[주택 임대 수입× (1−60%)−400만 원※]×15.4%

* ※ 200만 원 또는 400만 원: 주택 임대 소득 외 다른 종합 소득금액이 2천만 원 이하인 경우에 추가로 공제하는 금액

2019년부터 주택 임대 소득이 2,000만 원 이하일 때 임대 주택으로 등록하는 경우 60%의 필요 경비와 추가 공제금액인 400만 원을 공제받기 위한 요건이 추가되었다. 다음의 요건을 모두 충족한 경우에만 60%의 필요 경비와 추가 공제 400만 원이 가능하다.

- 민간 임대 주택법에 따라 단기 민간 임대 주택(4년 이상) 또는 장기 일반 민간 임대 주택(8년 이상)으로 등록
- 소득세법에 따른 사업자 등록
- 민간 임대 주택법에 따른 임대료 인상률(5%) 준수

6장

증여세에 필요한 절세 지식

상속세를 줄이기 위해서는 사전에 증여가 필수적으로 이뤄져야 한다. 우리나라 세법은 상속세와 증여세를 한 몸처럼 정산하는 구조로 세금을 부과하기 때문이다. 그래서 증여는 향후 발생하게 될 상속과 세무 조사에 대응할 수 있는 방향으로 결정해야 한다.

01
증여세와 소유권 이전 비용까지
같이 증여하라

국세청은 거액의 증여가 발생하면 수증자의 경제적 능력을 확인한다. 또한 수증자가 세금 낼 능력이 없다고 판단되면 관련 세금의 증여세를 다시 부과한다.

P는 기준 시가 10억 원 정도인 강남의 아파트를 20대 초반인 아들에게 증여했다. P는 유능한 세무사에게 신고서 작성을 의뢰하고 증여세 납부고지서에 찍힌 금액을 은행에 납부했다. 계산도 정확히 했고 세금도 빠짐없이 낸 것으로 생각했다. 하지만 1년 후 세무서는 P에게 증여세를 더 내라고 통보했다.

부동산을 증여로 취득하는 사람(수증자)은 부담할 것이 많다. 증여세는 물론 취득세, 교육세, 농특세를 내야 하고 국민주택채권도 사야 한다. 그런데 소득이 거의 없는 P의 아들이 10억 원 정도의 아파트를 증여받으면서 소유권 이전 비용과 증여세 등을 부담하기에는 어려움이 있었을 것이다.

일반적으로 경제력이 없는 자녀에게 부동산 등을 증여할 때는 관련 비용과 세금까지 부모가 대신 내준다. 증여는 부동산 1건이지만 연계해 발생하는 증여세와 소유권 이전 비용까지도 함께 증여한 것이 된다. 따라서 거액의 증여가 발생하면 국세청에서는 수증자의 경제력을 확인한 다음, 세금 낼 능력이 없다고 판단되면 관련 세금에 대한 증여세를 다시 부과한다.

현금 증여의 최적 범위

국세청은 P의 아들에게 가산세까지 포함해 1억 원의 세금을 추가로 고지했다. 비록 증여세 계산과 신고는 적절하게 이뤄졌지만 납세 의무자인 P의 아들을 대신해 낸 세금에 증여세와 가산세를 부과한 것이다. 이처럼 수증자가 경제적 능력이 없다면 증여세와 소유권 이전 비용까지 함께 증여해야 한다. 그렇다면 얼마를 더 줘야 할까? 현금을 많이 주면 증여세만 더 커질 수 있고 너무 적게 주면 내야 할 증여세보다 부족해 증여세가 또 과세될 수 있다.

최적의 현금 증여는 얼마일까? 일단 증여로 취득하면 소유권 이전 비용을 예측해야 한다. 소유권 이전 비용은 부가되는 세금까지 포함해서 취득 가격의 4%였지만, 개정을 통해 2020년 8월 12일부터는 경우에 따라서 최대 13.4%까지 부담해야 할 수 있다. 이때 내야 할 증여세를 T라고 하면 다음과 같이 표현할 수 있다.

증여자가 준 현금을 수증자는 증여세로 내면 되는 것이다. 그래서 T가 자녀에게 줘야 할 현금이자 증여세가 된다(이때 소유권 이전 비용도 추가한다). 현실적으로 일반인이 대납하는 증여세액을 계산하는 것은 쉽지 않다. 정확한 계산을 위해서는 전문가의 도움이 필요하다.

만약 증여를 받는 사람이 비거주자라면 어떻게 될까? 수증자가 비거주자인 경우 증여세를 계산할 때 유리한 점과 불리한 점이 동시에 발생한다.

먼저, 수증자가 가족이라고 해도 증여 재산 공제를 받을 수 없다는 것이 불리한 점이라고 할 수 있다. 성인이 된 자녀나 배우자에게 증여해도 수증자가 비거주자라면 5,000만 원(수증자가 성인이 된 자녀인 경우) 또는 6억 원(수증자가 배우자인 경우)의 공제를 받을 수 없다.

반면 증여세를 증여자가 대납해주는 부분은 증여로 보지 않는다는 것이 유리한 점이라고 할 수 있다. 그래서 증여한 주식, 부동산 등의 규모가 커지는 경우에는 증여세 대납까지 고려해보면 오히려 비거주자에게 증여하는 것이 낫다고 할 수 있다.

02
증여 대상으로 삼아야 할
재산 1순위는 부동산

같은 부동산이라도 아파트 등은 가장 나중에 증여해야 할 대상이다. 기준 시가가
저평가된 임야나 농지부터 하는 것이 좋다.

상속세와 증여세는 계산구조도 비슷하고 세율도 동일하다. 하지
만 일반적으로 증여 공제보다 상속 공제가 크므로 상속세가 증여세
보다 저렴하다. 단, 일정 수준 이상 재산이 있으면 사전에 증여하는
것이 좋다. 그렇다면 재산이 어느 정도 있을 때부터 증여하는 것이
좋을까?

배우자가 있으면 10억 원, 없으면 5억 원 이상일 때 상속 이전에
증여를 고려하는 것이 좋다. 배우자가 있으면 최소 10억 원의 상속
공제를 받을 수 있고, 10억 원을 초과하는 시점부터 상속세가 계산
된다. 물론 상속 재산의 규모, 배우자에게 상속 재산을 얼마나 배정
하는지에 따라 상속 공제는 최대 35억 원(일괄 공제 5억 원, 배우자 상
속 공제 30억 원)까지 늘어날 수 있다. 배우자 상속 공제 명목으로 최

소 5억 원에서 최대 30억 원까지 공제받을 수 있기 때문이다. 만약 상속 공제 범위를 초과하면 사전에 증여해 상속세 과세표준을 낮추는 과정이 필요하다.

배우자가 없는 경우에는 배우자 상속 공제를 받을 수 없기 때문에 5억 원을 초과하는 시점부터 상속세가 나온다. 따라서 사전 증여를 고려한다. 상속 재산 중에 금융 재산이 있다면 2억 원을 한도로 순금융 재산의 20%까지 금융 재산 상속 공제를 받는다. 결과적으로 상속 공제 금액이 늘어날 수 있다.

상속에 앞서 자식들에게 미리 증여하고 증여세를 내려는 계획을 세웠는데 부동산, 금융 자산 등 재산의 종류가 다양하다면 어디서부터 손을 대야 할까?

상속보다 증여가 절세에 유리하다면 어떤 재산을 증여할지부터 정해야 한다. 증여 대상이 되는 재산은 현금, 채권, 주식, 예금, 적금, 부동산, 골동품 등 여러 가지가 있다. 당연히 상속세법이나 증여세법상 평가 기준이 가장 낮은 것부터 증여해야 한다.

증여 대상 1순위는 단연 부동산이다. 상속세와 증여세의 기준은 원칙적으로 시가지만 시가 평가가 어려운 일부 부동산에는 기준 시가를 적용하기도 한다. 보통 기준 시가가 현재의 시가보다 저평가되기 때문에 부동산을 먼저 증여하는 것이 좋다. 물론 모든 부동산이 먼저 증여해야 할 대상은 아니다. 아파트 같은 경우에는 시가가 노출되어 있기 때문에 기준 시가로 신고하는 것은 거의 불가능하므로 가장 나중에 증여한다. 기준 시가가 저평가된 임야나 농지, 단독 주택 등을 대상으로 하는 것이 좋다.

주식 증여도 절세의 한 방법

주식도 증여 대상이다. 현재 상장 주식에 대한 상속세나 증여세를 계산할 때 평가 금액은 증여일 또는 상속 개시일 전후 각 2개월간의 평균 가격이다. 그래서 주식시장의 상승장에 대한 확신이 있을 때만 증여하는 것이 좋다. 상승하기 전의 가격으로 낼 세금이 정해지기 때문이다.

만약 주식을 증여한 후에 주식 가치가 하락한다면 증여를 취소할 수도 있다. 증여일로부터 3개월 이내에 증여를 취소하고 다시 원소유자로 환원하면 원초(原初) 증여와 반환에 대한 증여세를 매기지 않는다. 그래서 주식의 증여는 부담이 덜하다. 물론 부동산도 3개월 이내에 증여를 취소하면 원초 증여와 반환에 대한 증여세를 매기지 않지만 소유권을 이전할 때 내는 취득세(의 합계 세율) 3.8~13.4%는 반환받을 수 없다.

비상장 주식도 증여가 가능하다. 비상장 주식은 대차대조표를 기준으로 추출한 순자산 가치 40%와 손익계산서를 기반으로 추출한 순손익 가치 60%를 합해 평가한다. 그래서 과거 3년간의 당기순이익이 가장 적을 때 증여하는 것이 좋다. 회사의 특별 이익 등이 계산되어 과거 3년간의 순이익이 높아진 경우에는 증여 시기를 뒤로 늦춘다.

현금이 가장 마지막 순위다. 현금이나 예금의 증여는 현재 가치 그대로 평가되므로 절세의 목적으로는 큰 이익이 없다. 특히 예금 등을 증여할 경우 상속세를 계산할 때 금융 자산 상속 공제가 없으므로 상속세보다 세금 부담이 크다. 그래도 자녀의 부동산 취득 자금 출처조사에 대비하기 위해 취득 전에 일부를 현금으로 증여한다면 효과가 있다.

03
부담부 증여에
필요한 요건

부담부 증여를 하면 상대적으로 세금이 줄어든다. 증여 재산을 평가할 때 채무부분만큼 차감되기 때문이다.

'부담부 증여'란, 수증자가 채무를 인수하는 조건으로 받는 증여다. 예를 들어, 담보가 설정된 상가를 증여받고 수증자가 담보에 대한 채무를 갚는 것이다. 부담부 증여는 증여 계약을 '주'로, 채무 부담 계약을 '부'로 하는 두 개의 계약이 결합해 하나의 계약을 이룬다.

부담부 증여를 고려하는 이유는 세금이 줄어들기 때문이다. 증여 재산을 평가할 때 채무부분만큼은 차감되므로 증여 재산 액수가 줄어들고 증여세는 작아진다. 물론 다음과 같은 요건이 있어야 한다.

첫째, 위장·가공 혐의가 없는 진실한 채무여야 한다.

둘째, 증여 재산에 채무가 담보되어야 한다.

셋째, 수증자가 채무를 인수해야 한다.

넷째, 수증자가 채무를 상환할 경제력이 있어야 한다.

수증자가 앞의 4가지 요건을 갖추지 않고 증여받는다면 승계한 채무가 공제되지 않거나 공제되더라도 추후 증여세가 추징될 수 있다. 또한 채무 인수 조건 없이 부동산을 증여받은 후, 수증자가 담보된 채무를 갚으면 해당 채무 상당액을 증여자에게 또 다른 증여세로 과세할 수 있기 때문에 주의해야 한다. 그래서 증여계약서에 수증자가 증여 물건에 담보된 채무를 대신 갚는다는 조건이 명시되어야 한다. 증여 물건에 담보된 채무가 아니라면 공제가 안 된다.

부담부 증여는 배우자나 자식에게 하는 것이 일반적이다. 하지만 배우자 또는 부모와 자식 간에 자금을 빌리는 차용증이 원칙적으로 인정받지 못하듯이 부담부 증여에서도 객관적이지 못한 채무는 인수되지 못하는 것이 원칙이다. 가족 간에는 이해관계가 같아 객관적이지 못하기 때문에 그 채무는 인정할 수 없다는 것이다.

채무가 객관적이고 명백하려면 정부 또는 금융기관에 해당 기관의 채무임을 확인할 수 있는 서류가 필요하다. 이러한 이유 때문에 금융기관의 대출을 많이 이용한다. 부담부 증여를 활용하는 경우 증여세가 줄어드는 것은 명백하지만 채무를 인수하는 조건으로 증여했기 때문에 채무 인수부분에 대가성이 있는 것으로 보고 양도소득세를 매긴다. 일반적인 증여는 증여세가 많은 대신 양도소득세가 없는 반면, 부담부 증여는 증여세가 줄어들지만 양도소득세는 일부 계산된다.

다주택자는 부담부 증여를 주의하라

6억 원의 담보가 설정된 10억 원짜리 부동산을 아들에게 부담부 증여로 준다고 해보자. 아들에게는 증여세로 4억 원(10억 원—6억 원), 증여한 아버지에게는 양도소득세로 6억 원이 매겨진다.

얼핏 생각하면 종류만 다른 세금이 과세되는 것으로 보인다. 하지만 부담부 증여를 하면 일반적으로 부담하는 총세금이 절약된다. 증여세는 4억 원을 증여 재산으로 평가해 과세표준을 만들지만, 양도소득세는 6억 원을 양도금액으로 보고 여기에 취득금액을 차감해 과세표준을 만들기 때문에 6억 원보다 훨씬 적은 금액에 양도소득세가 계산된다.

다음의 예를 통해 좀 더 알아보자. 7억 원짜리 상가(기준 시가 6억 원)를 아들에게 증여하려고 한다. 취득금액은 6억 원(기준 시가 5억 원)이고 보유한 지 2년이 지났다. 아버지는 5억 원 대출을 받아 증여했다. 일반적으로 증여하는 경우와 5억 원 담보를 설정해 증여하는 경우 각각 부담해야 할 세금을 비교해보자.

원칙적으로 증여세는 시가로 계산한다. 시가가 확인되지 않으면 보충적으로 기준 시가로 증여세를 계산할 수 있다. 부담부 증여의 증여세도 시가를 확인할 수 없으면 기준 시가로 계산한다. 이렇게 하면 그에 따른 양도소득세도 기준 시가로 계산한다. 양도소득세를 기준 시가로 계산할 수 있는 유일한 경우로 봐도 무방하다.

담보를 설정하지 않고 증여하면 아들이 부담하는 증여세는 1억 원 정도가 나온다. 물론 아버지가 부담하는 양도소득세는 없다. 하지만 부담부 증여로 하면 아들이 부담하는 증여세는 480만 원 정도, 아버지가 부담하는 양도소득세는 1,560만 원 정도가 나온다. 총세금은 2,000만 원 정도이며 일반적인 증여와 비교하면 8,000만 원 정도 줄어든다.

이 경우 아버지가 부담부 증여를 하는 물건이 1가구 1주택의 양도소득세 비과세 요건을 만족하는 주택이라면 어떻게 될까? 아버지가 부담하는 양도소득세까지도 비과세가 되어 절세 효과는 극대화가 된다. 매각할 때 가격 하락 등으로 인해 손실이 예상되는 부동산도 양도소득세가 계산되지 않는다. 따라서 부담부 증여를 할 때 주택을 최우선 물건으로 생각해야 한다. 손실이 예상되는 부동산이거나 최근에 구매하여 매매 차익이 크지 않은 부동산은 양도소득세의 부담이 크지 않으므로 부담부 증여에 따른 절세 효과는 커지게 된다.

부담부 증여는 기본적으로 수증자가 채무를 상환할 능력이 있어야 하므로 수증자의 소득으로 이자와 원금을 갚을 수 있는 범위 안에서 진행한다. 만약 자녀가 직장생활을 하지 않는 경우라면 채무 상환능력이 없는 것으로 판단되어 다시 증여세가 매겨질 수 있다.

부담부 증여가 독이 되는 경우도 있다. 매매 차익이 큰 부동산은 증여세가 줄어드는 만큼 양도소득세 부담이 늘어난다. 특히 다주택자가 조정대상지역 내 주택이나 비사업용 토지를 부담부 증여로 하면 양도소득세가 커질 수 있다. 다주택자가 조정대상지역에 있는 주택을 매각하면 기본 세율에 10%p 또는 20%p(21년 6월 1일 이후

20%p 또는 30%p)를 가산해 양도소득세를 계산해야 하고 장기 보유 특별 공제를 전혀 인정받지 못하기 때문이다. 또한 비사업용 토지의 양도소득세를 계산할 때 장기 보유 특별 공제는 인정되지만 기본 세율에 10%p가 가산된다. 그래서 부담부 증여를 하기 전에 일반 증여일 때와 부담부 증여일 때의 세금을 각각 계산한 다음, 비교해야 한다.

04
종신보험 계약 전에
보험료 예상액을 미리 증여하라

종신보험 가입이 완전한 면세방법이 된다고 생각하면 오산이다. 종신보험을 이용한 절세는 상속세로 가느냐, 증여세로 가느냐의 문제다.

우리나라에서 보험을 재테크 수단으로 활용하게 된 계기가 있다. 2000년 1월에 지방의 모 병원장이 계약자와 수익자를 배우자로 한 종신보험에 가입한 지 19시간 만에 급성 심근경색으로 숨졌다. 첫 회 보험료 203만 원을 낸 그의 배우자는 상속세와 증여세 없이 보험금 10억 원을 받게 되었다. 이 일을 계기로 국내에 생소하던 종신보험이 부유층 사이에 급속히 알려졌고 보험을 위험 보장의 목적이 아닌 재테크 수단으로 활용하기 시작했다(현재는 계약자와 수익자가 동일하다는 이유만으로 증여세 문제가 사라지지 않는다). 보험을 재테크와 절세의 수단으로 활용하는 방법은 다음과 같다.

첫째, 10년 이상 저축성 보험을 활용해 이자 소득에 비과세 적용을 받는 방법이다. 하지만 거치식 보험의 경우 2017년 4월 1일 이후 계약을 체결하면 1억 원까지, 적립식 보험의 경우 월 납부금액이 150만 원 이하만 가능하다.

둘째, 연금 저축 보험상품으로 세액 공제를 활용하는 방법이다.

셋째, 다음에 내야 할 상속세를 선납하는 형태로 상속세 재원 마련의 재테크 수단으로 활용하는 방법이다.

보험을 이용해 절세하려는 사람들 대부분은 보험금의 상속세와 증여세를 피할 방법에 관심이 있을 것이다. 상속세 및 증여세법에서는 보험금을 상속 재산 또는 증여 재산으로 간주하고 상속세 또는 증여세를 매긴다. 보험금을 상속 재산이나 증여 재산에 포함하는 기준은 보험료를 누가 내고 보험금을 누가 받느냐로 판단한다.

원칙적으로 보험료를 내는 자(계약자)가 보험금을 받으면 자신의 기여로 받는 것이므로 상속세나 증여세는 없다. 하지만 보험금을 받는 자(수익자)가 보험료를 지급하지 않았다면 보험금에 대한 기여도가 전혀 없으므로 무상의 대가로 판단해 상속세나 증여세를 내도록 규정하고 있다.

경제적 능력 없는 자녀를 계약자로 하지 마라

사망하면 보험금을 지급하는 생명보험도 동일한 기준으로 상속세와 증여세의 과세 여부를 판단한다. 생명보험, 화재보험 등도 계약자와 수익자가 동일하면 상속세나 증여세 관련 문제는 크게 없는데 간혹 계약자와 수익자가 동일해도 상속세가 과세된다.

피보험자의 사망으로 보험금을 지급하는 생명보험 등의 경우 계약자와 피보험자가 같다면 세무적으로 보험금은 계약자의 것이다. 하지만 본인의 사망으로 인해 보험금이 지급되므로 사실상 보험금은 망자의 상속인이 수령한다. 그 보험금 수령의 권리를 상속인이 승계하므로 상속세가 과세된다.

　계약자와 수익자는 동일하게, 피보험자를 다른 사람으로 지정하면 상속세와 증여세 관련 문제를 피할 수 있다. 보험 계약자와 수익자를 본인으로 지정하고 피보험자를 배우자로 했다고 해보자. 배우자가 사망하면 보험금을 수령하게 된다. 이 보험금의 세무상 권리는 계약자의 것인데 실제 보험금을 계약자와 동일한 수익자가 수령하기 때문에 보험금에 대한 상속세와 증여세부분은 사라지게 된다. 규정을 이용해 상당 부분 상속세와 증여세를 피한 것이 사실이지만 문제는 그렇게 간단하지 않다. 보험 계약 자체를 형식이 아닌 실질로 판단하기 때문이다. 실제로 보험료를 낼 능력이 되지 않는 자녀를 계약자로 하면 상속세나 증여세를 피할 수 없다. 보험 계약 기간 내에 보험금을 받는 수익자가 타인에게 금전을 증여받아 보험료를 낸 경우에도 받는 보험금에 증여세가 추가로 과세될 수 있다. 보험 계약 이후에 대납해주는 보험료 상당액을 증여 신고하는 방법으로 자금 출처를 마련하는 편법은 인정하지 않겠다는 취지다.

　결과적으로 경제적 능력이 없는 자녀가 받는 보험금에 합법적으로 증여세와 상속세를 피할 방법은 보험 계약을 하기 전에 보험료 납부 예상액을 미리 증여해 증여세를 내고 그 금액으로 보험료를 내도록 하는 것이다. 보험 계약 기간에 보험료를 증여하는 방법과 보험 계약 전에 보험료 상당액을 증여하는 것에는 상당한 차이가 있다. 참고로 국세청은 보험 계약 이전에 증여가 이뤄졌더라도 그 경제적 실질이 보험 계약 기간 안에 증여받아 보험료를 낸 것과 유사하다면 같은 기준으로 해석할 수 있다고 본다.

이러한 해석은 다른 금융 상품과 비교하면 절대적으로 불리하다. 다른 금융 상품은 해당 금융 상품에 가입하기 전에 현금 재원을 증여하고 증여세를 낸 다음, 그 재원으로 금융 상품에 가입할 경우 발생한 수익에는 추가적인 증여세 과세가 없다. 유독 보험 상품만 엄격하게 해석하는 이유는 저축성 보험과 보장성 보험을 구분하지 않고 세법에 그 내용을 담은 것에서 찾을 수 있다. 향후 이 부분을 명확하게 해석해야 할 것으로 판단된다.

종신보험을 이용한 절세는 상속세를 낼 것인가, 아니면 증여세를 낼 것인가의 문제일 뿐 완전한 면세방법은 될 수 없다. 부담하는 증여세도 보험 계약 기간 이전에 증여해야 절세에 활용할 수 있다.

[사례별 보험금의 상속세 및 증여세 과세방법]

보험 계약자 (보험료 불입자)	피보험자	보험 수익자 (보험금 수령자)	과세방법
① 피상속인	피상속인	상속인 1	상속 재산으로 간주 → 상속세 과세
② 상속인 1	피상속인	상속인 2	증여 재산으로 간주 → 증여세 과세
③ 경제적 능력이 없는 상속인 1	피상속인	상속인 1	증여 재산으로 간주 → 증여세 과세
④ 경제적 능력이 있는 상속인 1	피상속인	상속인 1	상속세 · 증여세 면제

- 주: 보험 계약자와 수익자가 동일하면 보험료를 납부한 사람과 보험금을 수령한 사람이 같기 때문에 상속세와 증여세 문제는 없다. 하지만 계약자와 수익자가 동일해도 계약자의 경제력이 없다면 실질적인 보험료는 제3자가 납입했다고 보므로 ②와 같다고 보고 증여세가 부과될 수 있다.

05
매월 41만 6,000원까지는 평생 증여해도 증여세가 없다

미성년 자녀가 성년이 될 때까지 매월 16만 6,000원씩 증여하면 세금이 없다. 성년이 된 자녀에게는 매월 41만 6,000원까지 평생 증여해도 증여세가 없다.

예전에는 자녀 명의로 예금계좌에 가입할 때 증여 목적이 아닌 관리 목적의 차명계좌라면 증여세가 과세되지 않았다. 하지만 지금은 강화된 금융 실명법 규정으로 처벌 대상이 될 수 있다. 그렇다면 증여 목적으로 가입한 예금이나 적금은 원금만 증여세 과세 대상일까? 아니면 이자부분까지 증여세 과세 대상일까?

아이가 태어나자마자 아이 이름으로 장기 적금에 가입했다고 해보자. 매월 16만 6,000원씩 내는 적금을 10년 만기로 가입했고, 최초 납부 시점은 2016년 1월 1일이다. 10년 만기가 되는 시점에 받는 금액은 원금과 이자를 합해 2,150만 원이다. 그렇다면 납부 시점을 증여로 봐야 하는가? 수령 시점을 증여로 봐야 하는가?

납부 시점을 증여로 본다면 분명 10년간 1,992만 원을 증여했고 증여 공제 범위이기 때문에 증여세는 없다. 하지만 원금과 이자를 포함해 받는 2,150만 원을 증여로 본다면 15만 원의 증여세가 나온다. 결국 증여 시점을 언제로 봐야 할지가 문제다.

세법은 증여받은 시점에 재산을 평가해 증여세를 계산한 다음, 10년 이내에 증여받았던 다른 재산과 합해 세금을 정한다. 자녀의 경우 5,000만 원(미성년 자녀는 2,000만 원)을 공제해 증여세를 계산하고 있다. 예금, 적금도 마찬가지다. 매월 16만 6,000원을 내는 때를 증여 시점으로 보는 것이다. 증여받은 날 이후 예금에서 발생한 이자부분은 증여로 보지 않는다. 그렇다면 미성년인 자녀가 성년이 될 때까지 매월 16만 6,000원씩 증여하면 세금이 없다고 해석할 수 있다. 증여세의 경우 증여받은 날을 기준으로 소급해서 10년 동안 이미 증여한 재산을 합산해 신고와 납부를 하는데 증여 시점부터 소급해 10년을 합산해도 2,000만 원을 초과하지 않기 때문이다. 또한 성년이 된 자녀에게는 매월 41만 6,000원까지 평생 증여해도 증여세가 없다는 것을 알 수 있다.

증여 사실을 신고하는 것이 안전한 경우

자녀 이름으로 증여할 때 매월 41만 6,000원(미성년 자녀는 16만 6,000원)을 내는 적금은 만기에 받는 이자와 상관없이 증여세를 피할 수 있다. 물론 저축성 보험도 마찬가지다. 계약자와 수익자를 자녀 이름으로 가입하면 월 보험료 41만 6,000원(미성년 자녀는 16만

6,000원)까지는 자녀의 경제적 능력과 무관하게 세금 없이 보험금을 받을 수 있다. 하지만 보험 계약자를 부모로 하고 수익자를 자녀로 지정하면 이야기가 달라진다. 계약자와 수익자가 다르면 부모가 보험금(원금+이자)을 받아 자녀에게 증여하는 것으로 보기 때문이다. 이자까지도 증여로 판단할 수 있다.

부모가 실질적으로 증여하는 증여계좌라면 될 수 있는 대로 증여 공제 범위를 초과하는 시점부터 증여 신고를 하고 세금을 내는 것이 좋다. 성년인 자녀라면 적금에 낸 금액이 5,000만 원을 초과하는 시점에 증여세를 신고해 증여계좌임을 확실히 하는 편이 낫다.

증여 신고를 하지 않아 차명계좌인지, 증여계좌인지 불분명한 상황에서 자녀가 확인되지 않은 만기계좌에서 출금해 다른 곳에 투자하면 자금 출처조사가 나오거나 증여세가 부과될 수 있다. 차명계좌로 해석되면 금융 실명법 위반으로 형사처분 대상이 되기도 한다. 현행 세법상 자녀 이름으로 예금이나 적금에 가입했다는 이유만으로는 증여로 보지 않기 때문이다. 자진해서 신고하지 않으면 자신의 경제력으로 가입한 계좌인지, 차명계좌인지, 증여계좌인지 불분명해진다. 입금한 시점에서 자녀가 증여받은 사실이 확인되지 않을 때는 해당 예금이나 적금에서 자녀가 찾아 사용하는 시점을 증여 시점으로 보고 증여세를 매길 수 있다. 이렇게 된다면 이자부분까지도 증여세가 과세될 수 있다. 따라서 자녀 명의의 예금계좌에 입금할 때는 자녀에게 증여했다는 사실을 입증하기 위해 증여세 신고를 하는 것이 안전하다.

주식으로 연계하면 그 유용성은 더욱 커진다. 자녀 이름으로 적립형 펀드에 가입한다고 가정해보자. 신고 여부에 따라 차이가 커진다. 신고한 후의 운용 수익은 완벽하게 자녀의 수익으로 귀속되는 반면, 신고하지 않으면 향후 자금의 쓰임에 따라 금융 소득에도 증여세가 과세될 수 있다.

06
적립식 펀드를 증여하면
현재 가치로 평가될 수 있다

원칙적으로 적금이나 적립식 펀드를 자녀에게 증여하면 납부 시점마다 증여한 것으로 판단한다. 매회 내는 금액과 납부 기간이 정해져 있으면 첫 회 내는 시점에 증여한 것으로 판단하고 현재 가치로 평가될 수 있다.

자녀에게 적금이나 펀드에 가입하도록 하는 부모가 많다. 일시에 큰 금액으로 가입해야 하는 거치식 금융 상품을 증여하는 것보다 부담이 적어서인 듯하다. 이렇게 적립식 금융 상품이나 적금 등을 자녀들에게 가입시켜줄 때 증여세를 내게 되는 경우를 어떻게 알수 있을까?

앞에서 납부 금액이 성년인 자녀는 매월 41만 6,000원 이하, 미성년인 자녀는 매월 16만 6,000원 이하면 다른 증여 없이 평생을 내더라도 추가적인 증여세는 없다고 했다. 그렇다면 매월 41만 6,000원, 16만 6,000원을 초과해서 내면 어떻게 증여 재산을 평가할까?

원칙적으로 증여세는 현재 증여 시점을 기준으로 소급해서 10년 이내에 동일인에게 증여받은 적이 있다면 과거에 증여받을 당시의 증여 재산 평가금액을 현재 증여세를 계산할 때 합산한다. 과거에 증여받은 재산을 합산해서 과세표준을 높게 만들고 여기에 더 높은 증여세 세율을 반영해서 계산한 다음, 과거 증여받을 당시에 낸 증여세를 차감해서 정산한다. 그래서 부모가 증여를 목적으로 자녀 명의로 예금 또는 적금계좌를 개설하거나 펀드에 가입해 현금을 입금하면 입금할 때마다 증여한 것으로 판단한다. 매번 증여세를 계산할 때마다 과거에 증여한 명세를 합산하고 당시에 낸 증여세를 차감해서 정산하는 것이다.

사실 이런 식으로 증여세를 계산하면 너무 복잡하고 번거로워진다. 매월 증여하는 금액은 소액인데 매월 신고해야 하니 말이다. 그래서 세법에서는 일정 요건을 만족하면 적립식 금융 상품의 만기까지 매월 내는 금액을 현재 가치로 할인해서 일시에 증여한 것처럼 신고하도록 하고 있다. 정기 적금 등 금융 상품에 납부 기간(계약 기간)이 정해지고 자녀와 매월 내기로 약정한 금액이 있으면 최초로 낸 날에 증여한 것으로 판단한다. 금융 상품의 만기까지 매월 내기로 한 금액을 세법에서 정한 정기금 할인율로 할인해 현재 가치로 평가한 금액으로 증여세를 신고할 수 있다.

현재 세법에서 정한 정기금 할인율은 3%다. 이 할인율은 시중 금융기관의 금리를 고려해서 언제든지 변경될 수 있다. 일반적으로 금리가 인상하는 시기에는 할인율도 같이 올라가고, 하락하면 내려간다.

매월 100만 원씩 10년간 내는 적립식 펀드를 자녀 명의로 가입한다고 해보자. 이 펀드를 자녀에게 증여하면 적립식 펀드를 얼마로 평가해서 증여세를 신고해야 할까?

만약 현재 가치로 평가하지 않고 1년에 1,200만 원씩 10년간 증여하는 것으로 단순 합산하면, 1억 2,000만 원으로 평가해야 한다. 하지만 이 펀드를 첫 회 내는 시점에 증여받은 것으로 보고 3%의 할인율을 적용하면 1억 543만 원으로 평가된다. 매월 100만 원씩 10년간 내는 금융 상품의 가치가 1억 543만 원이 되는 것이다. 이 상품에 가입하면서 증여세를 신고 및 납부를 하면 산출 세액 기준으로 537만 원 정도 예상된다.

상속세나 증여세는 일반적으로 특정 시점에 특정 가격이 정해진 재산을 평가해서 계산한다. 그런데 매일 또는 매월, 매년을 기준으로 재산이나 금전받는 권리를 상속받거나 증여받기도 한다. 이때 상속세 및 증여세법에서는 정해진 금액을 정기적으로 받는 권리를 정기금으로 해석하고 평가방법에 대해 설명하고 있다.

정기금의 평가는 일반적으로 연금 등을 받을 때 이용하기 위해서 만든 개념이지만 이 평가 기준을 신탁의 이익, 매월 정기적으로 내는 금융상품 등을 평가할 때도 동일하게 사용한다.

정기금은 크게 유기정기금, 무기정기금, 종신정기금 등 3가지 유형으로 구분해서 평가한다. 유기정기금은 연금받을 권리의 기한이 정해져 있는 경우, 무기정기금은 그 기한이 없는 경우, 종신정기금은 연금을 사망할 때까지 받는 경우를 말한다.

- 유기정기금: 남은 기간의 각 연도에 받을 정기 금액을 기준으로 다음 식에 따라 나온 금액의 합계액으로 계산한다. 1년분 정기 금액의 20배를 초과할 수 없다.

- 무기정기금: 1년분 정기 금액의 20배에 상당하는 금액
- 종신정기금: 정기금을 받을 권리자는 통계청장이 승인하여 고시하는 통계표에 따른 성별·나이별 기대 여명의 연수(소수점 이하는 버림)까지의 기간 중 각 연도에 받을 정기 금액을 기준으로 유기정기금의 식에 따라 계산한 금액의 합계액

그렇다면 월 단위로 연금을 받거나 적금 및 적립식 펀드를 내는 경우라면 어떻게 평가할까? 월 단위로 정기금을 받을 경우 첫 회 수령일로부터 1년 미만의 기간 중 받을 금액은 매월 받을 금액의 단순 합계액으로 계산한다.

첫 회 수령일로부터, 1년 이후부터 받을 금액은 유기정기금을 평가하는 방식과 같다. 그리고 1년 미만 분 평가액과 1년 이상 분 평가액을 합산하여 계산한다. 즉, 1년분까지는 월 수령액을 단순 합계하고 1년 이후에 받는 월 수령액은 전체 수령 기간에서 1년을 차감한 기간을 수령 기간으로 정해 유기정기금을 평가하는 방식으로 정기금을 평가하여 합산한다. 단, 세법상 정기금 평가는 월 단위가 아닌 연 단위로 평가하므로 유기정기금 형식으로 평가해도 월 수령액은 연 수령액(월 수령액의 단순 합계)으로 변경하고 3% 할인율을 적용한다.

07
증여세는 기준 시가가 아니라 시가로 계산한다

상속세와 증여세의 재산 평가 원칙은 시가다. 시가 평가를 잘못하면 기간 내에 신고했더라도 증여세 또는 상속세를 추징당할 수 있다.

　은행에 상당한 금액을 예치하고 있었던 한 고객이 갑자기 사망했다. 상속인인 아들은 이와 관련된 상속과 인출에 대한 상의를 위해 은행을 찾았다. 상담을 해주던 은행원은 고인에게 금융 자산 외에 부동산도 많다는 것을 알게 되었다. 은행원은 아들에게 피상속인의 사망일을 기준으로 재산을 평가해 상속세를 신고하면 된다고 조언했다. 상속인들의 합의만 있다면 명의 변경도 빠르게 할 수 있다고도 조언했다. 그리고 가치가 큰 건물은 팔고 양도소득세를 내고 남은 돈은 은행에 예치를 부탁했다.

　아들은 은행원의 이야기를 듣고 부동산과 금융 자산의 명의를 변경한 후, 부동산을 매각했다. 그리고 상속세를 기준 시가로 신고하고 납부했다. 이 모든 과정은 부친의 사망 후 5개월이 지나기 전에

다 마무리되었다. 그런데 1년 후에 세무서에서 연락이 왔다. 상속세와 가산세까지 합해 2억 원 가까이 내라는 것이 아닌가. 아들은 아무리 생각해도 이해할 수 없었다. 상속세 신고도 했고 부동산의 기준 시가도 적절하게 평가했는데 도대체 무엇이 잘못된 것일까?

상속세나 증여세는 정부가 세금을 결정하는 정부 부과 세금이며 상속세와 증여세를 계산할 때 재산의 평가는 기준 시가가 아니라 시가로 한다는 것을 알고 있어야 한다. 보통 상속세나 증여세 관련해서는 내야 할 세금을 당사자가 직접 신고하고 납부한다. 양도소득세와 유사하지만 동시에 차이점도 있다. 양도소득세는 내야 할 세금을 자신이 신고하면 납부할 세금이 확정되는 반면, 상속세와 증여세는 당사자가 신고해도 정부가 그 세금을 확정한다. 상속세와 증여세를 신고하는 행위는 정부의 세금 확정에 조력하는 차원으로 보면 된다. 그래서 상속세와 증여세는 신고 후 조사가 원칙이다.

상속세와 증여세의 제척 기간은 15년

세금을 계산할 때 그 재산 평가 원칙이 시가라는 것과 납부 세액 확정을 세무서에서 한다는 것은 곧 시가로 계산한 세금이 잘못되면 과세관청에서 언제든 다시 세금을 부과할 수 있음을 의미한다. 그런데도 실무에서 상속세와 증여세가 기준 시가로 계산되는 이유는 상속과 증여의 성격상 시가를 파악할 수 없는 경우가 많기 때문이다. 하지만 세법에서 정한 시가가 파악되면 제척 기간 내에 상속세와 증여세를 시가로 다시 부과할 수 있다.

'시가'란, 불특정 다수인 사이에 자유로이 거래가 이뤄질 때 통상 성립한다고 인정되는 금액을 말한다. 세법에서는 시가 판단을 위한 평가 기간 중에 해당 물건의 매매가 있거나 유사한 물건의 매매 사례 등이 있으면 기준 시가로 신고한 상속세와 증여세는 무효로 판단하고 시가로 추징한다. 시가 판단을 위한 평가 기간이란, 상속 개시일 전후 6개월(증여는 증여일 전 6개월~증여일 후 3개월)을 의미한다. 단, 상속세나 증여세를 신고한 이후의 매매 사례가 시가에 영향을 미칠 때는 평가의 안정성에 문제가 있을 수 있다. 그래서 이미 상속세나 증여세를 신고한 경우에는 비록 상속 전후 6개월, 증여 전 6개월~후 3개월 등의 판단 기준이 있더라도 상속세와 증여세를 신고한 이후의 매매 사례 등은 시가를 판단하지 않는다(다음 페이지의 '시가 판단의 원칙', '시가 판단의 예외' 참조).

만약 상속세와 증여세 신고를 기준 시가에 의해 신속히 마무리하고 상속받은 재산 또는 증여받은 재산 일부를 6개월(증여는 증여일 전 6개월~증여일 후 3개월) 이내에 처분하면 시가가 노출되어 시가에 의한 상속세와 증여세를 세무서에서 다시 계산해 고지할 것이다.

매매 외에 공매, 경매, 감정 평가가 있어도 그 금액을 시가로 본다. 평가 기간 중 시가로 보는 가액이 둘 이상인 경우에는 평가 기준일을 전후해 가장 가까운 날에 해당하는 가액을 시가로 판정한다. 만약 가장 가까운 날에 해당하는 가액이 둘 이상인 경우에는 그 평균액을 시가로 판단한다. 감정 평가금액이 시가로 인정받기 위해

[시가 판단의 원칙]

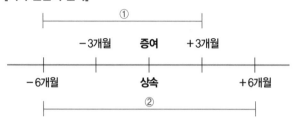

• ①, ② 중 매매 사례 등 발생 시 → '시가'로 평가

[시가 판단의 예외]

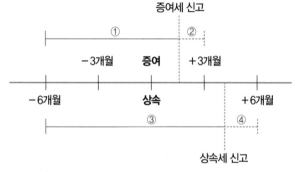

• ①, ③ 중 매매 사례 등 발생 시 → '시가'로 평가
• ②, ④ 중 매매 사례 등 발생 시 → '시가'로 평가하지 않음

서는 공인 감정 평가기관 2곳 이상의 평가가 있어야 한다. 2곳 이상의 감정 평가금액의 평균액을 시가로 인정한다. 단, 부동산의 공시가격이 10억 원 이하인 경우에는 1곳의 감정 평가도 시가로 인정된다. 단독 평가나 은행이 대출용으로 한 자체 평가는 원칙상 시가로보지 않는다. 따라서 상속 개시일 또는 증여일을 기준으로 전후 6개월(증여는 증여일 전 6개월~증여일 후 3개월) 이내에 상속 또는 증여재산을 매각하려면 신중해야 한다. 특히 이 기간 중에 상속받은 부

동산을 먼저 매각하고 상속세를 신고한다면 공시가격이 아닌 매각 금액으로 시가가 평가되어 상속세 부담이 커질 수 있다.

간혹 상속세나 증여세가 많이 나오는 것을 걱정해 먼저 매각하는 경우가 있다. 어쩔 수 없이 부동산을 처분해야 한다면 상속이나 증여받은 부동산이 아닌 다른 부동산을 매각하는 편이 낫다. 만약 상속받은 부동산을 매각해야 하는 상황이라면 상속세 신고를 마치고 매각하는 것이 좋다. 매각할 수 없다면 부동산으로 세금을 내는 물납을 신청하거나 세금 납부를 5년 이내로 연장하는 연부연납을 신청한다.

상속세와 증여세의 경우 신청 후에 허가를 받아야 하지만 세금을 5년간 나눠서 낼 수 있다. 그리고 상속세를 계산할 때 가업 상속 재산이 있으면 연부연납 허가일로부터 20년 또는 허가 후 5년이 되는 날부터 최장 15년까지 나눠 낼 수 있다.

상속세를 신고하기 전에 부동산을 먼저 매각해 양도소득세를 전략적으로 사라지게 만들 수도 있다. 상속세를 신고하기 전에 상속받은 부동산을 매각하면 상속세 신고는 반드시 시가로 해야 한다. 이렇게 상속받은 부동산을 시가로 신고하면 해당 부동산은 시가로 취득했다고 판단한다. 시가를 노출시켜 상속세 부담은 커질 수 있으나 양도소득세는 사라지게 할 수도 있다는 것이다.

상속 개시일로부터 6개월 이내에 상속받은 부동산을 먼저 매각하는 경우 상속받은 부동산의 3가지 유형의 평가 금액이 동일해진다. 즉, 상속세 계산을 위한 시가, 상속인 입장에서 상속받은 부동산의 취득 가격, 그리고 매도자(상속인) 입장에서 양도 가격이 같아져 양도소득세는 사라지게 된다.

앞에서 상속세와 증여세를 계산할 때 상속은 전후 6개월, 증여는 전 6개월~후 3개월 기준으로 시가를 판단한다고 설명했다. 하지만 절대적 기준은 아니다. 평가 기간을 넘어선 매매 사례에도 시가로 판단할 수 있는 세법의 규정이 있기 때문이다. 평가 기준일 전 2년 이내에 매매 등이 있는 경우, 과세권자나 납세자가 재산평가심의위원회에 6개월(3개월)이 지난 거래의 매매 사례를 시가로 평가해달라고 신청할 수 있다.

그런데 2019년부터 시가의 평가 기간(상속은 상속 개시일로부터 전후 6개월, 증여는 증여일 전 6개월~증여일 후 3개월)이 경과해도 시가를 판단할 수 있는 기한이 확대됐다. 평가 기간 경과 후 법정 결정 기한(상속은 상속세 신고 기한으로부터 9개월, 증여는 증여세 신고 기한으로부터 6개월)까지 발생한 매매 사례 가액도 재산평가심의위원회를 통해 시가를 결정할 수 있도록 기한을 추가했다. 단, 평가 기간 후 법정 결정 기한(상속세는 신고 기한으로부터 9개월, 증여세는 신고 기한으로부터 6개월)까지 발생한 매매 등 사례 가액의 경우 납세자는 해당 매매 등이 있는 날부터 6개월 이내에 재산평가심의위원회에 심의 신청을 해야 한다. 그리고 재산평가심의위원회는 신청을 받은 날부터 3개월 내에 그 결과를 서면으로 통지해야 한다.

08
죽기 전에 하루라도
일찍 증여해야 유리하다

재산 가치가 하락할 것으로 판단되면 증여를 최대한 보류해야 한다. 가치가 하락하는 재산을 미리 증여하면 내지 않아도 되는 세금을 미리 낸 것이 된다.

R은 아파트 1채, 상가 건물 1채, 그리고 10억 원 정도를 갖고 있다. 배우자와는 2년 전에 사별해서 가족으로는 36세 아들이 유일하다. 최근 건강이 나빠지자 상속을 준비하고 있다. 그런데 죽기 전에 증여하는 것이 나은지, 상속으로 재산을 물려줘야 할지 고민이다. 현재 아파트는 5억 원 정도, 상가 건물은 4억 원 정도로 시세가 형성되어 있다. 상가 건물은 향후 8억 원까지는 상승할 것 같은데, 아파트는 정부의 강력한 주택 시장 안정 대책으로 가격이 향후 그대로 유지될 것으로 보인다.

상속세나 증여세를 계산할 경우 10년 이내에 증여한 재산에 대해서는 이미 증여한 재산을 합산해 계산한다. 어차피 10년 이내에 상속세나 증여세에 포함될 재산이라면 미리 증여하지 않는 편이 더 유리하다고 생각할 수 있다.

하지만 앞의 상황이라면 R은 상속이 개시되기 전에 조금이라도 일찍 증여하는 것이 절세 차원에서 유리하다. 상가 건물의 가치가 상승한 후에 상속이 개시된다면 아들이 부담하는 상속세는 산출 세액 기준으로 4억 8,000만 원 정도가 된다. 그런데 가치가 상승하기 전에 증여한다면 R이 사망한 이후 아들이 부담하는 세금은 상가 건물의 증여세와 상속세를 합해 3억 2,000만 원 정도다. 사전에 증여한 결과, 절약되는 세금이 1억 6,000만 원 정도나 되는 것이다. 이렇게 많은 세금이 절약된 이유는 미리 증여한 재산의 합산 기준 금액 때문이다. 상속세를 계산할 때 합산하는 과거 증여 재산의 평가 기준은 증여세를 신고했던 당시의 재산 평가액을 합산한다.

가치가 하락하는 재산을 미리 증여하면 손해

R의 아들이 증여받을 때 증여세는 산출 세액 기준으로 6,000만 원이다. 이 금액은 상가 건물을 4억 원으로 평가한 것이다. R이 사망했을 때 상속세를 계산하면 10년 이내에 증여했던 재산은 합산되는데 상승한 8억 원이 아니라 증여세를 신고했던 4억 원이다. 만약 사전에 증여하지 않았다면 상속세를 계산할 때 상가 건물의 평가는 8억 원이 되었을 것이다.

증여세나 상속세를 계산할 때 10년 이내의 기증여 재산은 합산되지만 그래도 조금이라도 먼저 증여하는 것이 유리할 때가 있다. R처

럼 상가 건물을 미리 증여하고 신고한 다음, 상속하거나 또 다른 물
건을 증여받았을 경우에 기증여 재산의 평가 기준이 달라지므로 상
당히 많은 세금을 절약할 수 있다. 즉, 당시에 증여세를 신고하는지
에 따른 세금 차이다.

　이와 같은 의사 결정을 하기 위해서는 기본적으로 부동산 가치가
상승할 것이라는 확신이 있어야 한다. 부동산 가치의 변동이 없다
면 사전 증여는 똑같은 금액의 세금을 미리 내는 것과 같다. 납부한
증여세는 상속세를 선납하는 격이므로 이자부분만큼 기한의 불이
익이 생긴다. 더욱이 재산 가치가 하락할 것으로 판단되면 증여를
최대한 보류한다. 부동산 가치가 하락하는 재산을 미리 증여한다면
내지 않아도 되는 상속세를 증여세로 미리 내는 꼴이 된다.

09
낼 세금이 없어도
신고는 반드시 한다

상속세와 증여세는 신고하면 혜택이 있고 신고하지 않으면 불이익이 생긴다. 아무리 낼 세금이 없어도 일단 신고는 필수적으로 해야 한다.

앞에서도 말했듯이 상속세와 증여세의 신고 및 납부는 종합소득세나 양도소득세의 그것과 기본적으로 차이가 있다. 양도소득세와 종합소득세는 내야 할 세금을 당사자가 자진해서 신고하여 확정하지만, 상속세와 증여세는 자진 신고로 확정되지 않는다. 자진 신고와 납부는 정부가 세금을 확정하는 데 의무적인 조력 차원에서 하는 것일 뿐이며 세무서는 신고 기한 이내에 결정한다.

상속세와 증여세의 신고 기한은 상속 개시일이 속하는 달 말일부터 6개월(증여는 증여일이 속하는 달 말일부터 3개월)이다. 이 기한까지 상속세와 증여세를 자진하여 신고해서 내지 않으면 신고 불성실 가산세와 납부 불성실 가산세가 부과된다.

일반적으로 상속세나 증여세는 많다. 그래서 거액의 세금을 내지 못한다고 생각해 자포자기하는 심정으로 신고를 하지 않는 사람이 있다. 하지만 이는 더 큰 불이익만 발생시킬 뿐이다. 세금을 납부할 여유 자금이 없더라도 상속세와 증여세는 신고 기한까지 반드시 신고해야 한다.

신고 기한까지 신고 및 납부하지 않으면 20~40%의 신고 불성실 가산세와 하루에 0.025%(연 이자 기준 9.125%)에 해당하는 납부 불성실 가산세가 부과된다. 기한 내 신고를 하면 신고 불성실 가산세도 피할 수 있고 3%의 신고 세액 공제도 가능하다.

상속세와 증여세는 신고하면 혜택이 있고 신고하지 않으면 불이익이 생긴다. 아무리 낼 세금이 없어도 일단 신고는 필수로 해야 한다. 신고 절차를 빠짐없이 이행하는 것도 재테크의 한 방법이다.

납부할 세금이 1,000만 원을 초과한다면 무조건 분납을 하는 것이 좋다. 연부연납에는 가산금이라고 하는 일종의 대출 이자와 같은 부대 비용이 발생하지만, 두 달 후에 납부할 수 있는 분납에는 가산금이 존재하지 않는다. 적은 금액이라도 상품으로 운용한다면 수익을 챙길 수 있다.

가산세 면제의 정당한 사유가 있을 경우
가산세 면제 규정 신설(2019년 이후)

납세자의 귀책사유 없는 세금 납부를 위해, 예측 가능성을 제고하기 위해 가산세 면제 사유의 구체적 내용에 대한 위임 근거가 2019년에 발표된 세법 후속 시행령 개정안에 신설되었다. 이 규정은 세법 후속 시행령 개정안의 시행일 이후 가산세 면제를 신청하는 분부터 적용한다.

[가산세 면제의 '정당한 사유' 예시적 규정]
- 과세관청이 질의 · 회신 등에 따라 신고, 납부를 했으나 그 이후 번복된 과세처분을 하는 경우
- 행위 당시에는 적법한 의무 이행이었으나 사정 변경으로 소급해 부적법하게 된 경우
- 수용, 도시 계획 결정, 기타 법률 규정 등으로 인해 세법상 의무 이행을 할 수 없게 되는 경우

7장

상속세에 필요한 절세 지식

상속세를 납부하는 사람은 많지 않다. 그런데 납부하는 사람 중에서 적게 내는 사람은 별로 없다. 대상자가 많지는 않지만 일단 대상자가 되면 많이 낼 수밖에 없는 구조다. 하지만 상속이 개시되기 20년 전부터 준비한다면 그 부담을 절반 이하로 줄일 수 있다.

01
상속세 절세는
20년 전부터 계획한다

상속세를 최소화하기 위해서는 긴 시간에 걸쳐 준비해야 한다. 합산과정을 3번 이상 거치는 것이 좋으므로 20년 전부터 준비한다.

상속세를 줄일 계획은 최소한 20년 전부터 시작하는 것이 좋다. 그러면 증여세를 내더라도 독립적으로 계산할 수 있어 추후 상속세 부담을 줄일 수 있다.

상속세와 증여세는 10년을 기준으로 합산해 세금을 부과한다. 증여 공제 역시 10년이 기준이며 배우자 증여 공제는 6억 원이다. 배우자에게는 10년 동안 6억 원씩 세금 없이 증여할 수 있다. 50세인 배우자에게 10년마다 증여한다면 70세까지 18억 원을 세금 없이 증여할 수 있다.

증여할 때는 현금보다 부동산이 낫다. 현금 6억 원보다 기준 시가 6억 원인 토지나 건물로 증여하는 것이 훨씬 유리하다. 현금으로 증여한다면 되도록 증여의 흔적을 남기는 것이 좋다.

현금 증여는 자진해 신고하지 않는다면 증여받았다는 사실을 세무서에서 확인할 수 없다. 세무서에서 파악하지도 못하는 현금을 왜 자진해서 신고해야 할까? 또 다른 재산 취득에 대한 자금 출처조사에 대비하기 위해서다.

결혼 후 살림만 했던 57세 주부가 12억 원 정도의 부동산을 샀다면 대부분 자금 출처조사에 대한 부담을 피할 수 없다. 자금 출처조사가 나왔는데 입증하지 못하면 취득자금에 증여세가 매겨질 것이다. 그런데 이 주부가 10년을 기준으로 배우자 증여 공제의 범위만큼 증여세 신고를 했다면 어떻게 될까? 37세, 47세, 57세 때에 6억 원씩 증여를 받았다고 해보자. 10년마다 증여 공제 범위 내에서 신고했다면 소명 가능한 소득은 18억 원이다. 따라서 12억 원 정도의 부동산을 구매하는 데는 아무런 문제가 없다.

현금을 증여할 때는 증여 공제 금액을 약간 초과해 신고하고 세금을 조금 내는 것이 좋다. 증여세를 계산할 때 과세표준이 50만 원에 미달할 때는 매기지 않는다. 증여 공제를 초과해 50만 원 정도까지 신고하면 산출 세액 기준으로 5만 원의 증여세가 나온다. 예를 들어, 배우자에게 6억 50만 원을 증여하면 6억 원까지는 공제되고 50만 원에 증여세가 과세되어 5만 원이 매겨진다.

상속세 절세에는 전략이 필요하다

배우자 증여 공제는 다른 가족 간 증여 공제보다 그동안 변화가 많았다. 5억 원이었다가 2003년 1월 1일부터 3억 원으로 하향 조정됐다. 2002년 8월 29일에 헌법재판소에서 자산 소득 부부 합산 과세에 대해 헌법불합치 결정이 내려진 이후 배우자 간의 금융 자산 및 부동산 이전이 예상되자 국세청에서 배우자 간에 세금 없이 증여할 수 있는 금액을 3억 원으로 내린 것이다. 그러다가 2008년 1월 1일부터 배우자 증여 공제가 6억 원으로 상향 조정되었다.

자녀에게 장기적인 계획을 세우고 진행하는 증여도 향후 상속세를 줄이는 방법이다. 이때 자녀의 경제적 능력을 반드시 점검해야 한다. 증여를 현금으로 받으면 원칙적으로 자진해서 신고 및 납부해야 하지만 자녀가 어느 정도 경제적 능력이 있다면 현금 증여는 자녀의 경제력에 묻혀 표시가 나지 않을 것이다. 경제적 능력이 없는 자녀에게 부담부 증여로 부동산을 물려주면 채무를 인수하는 조건으로 증여하는 부분에 있어 문제가 생길 수 있다.

자녀에게 현금이 아닌 부동산을 증여할 때는 현재 재산 가치가 저평가된 부동산을 주는 편이 좋다. 저평가된 금액이 상속 재산으로 포함되기 때문이다.

자녀에게 경제적 능력이 있다면 적극적으로 금융 자산을 증여할 계획을 세워보자. 특히 보장성 보험을 이용한 재테크가 있는데 경제력 있는 자녀를 계약자와 수익자로 정하고 피보험자를 피상속인 이름으로 하면 상속세와 증여세를 피할 수 있다.

경제적 능력이 없는 자녀라도 보험 계약 이전에 사전 증여한 후 세금을 납부하면 경제력 있는 자녀처럼 향후 상속세와 증여세 문제

없이 보험금을 받을 수 있다. 물론 완전 포괄주의규정으로 과세할 수 있는 근거가 있지만 사실상 저축성 보험을 과세하기는 쉽지 않을 것이다.

증여할 때는 날짜를 잘 선택해야 하는데 되도록 저평가된 시점이 좋다. 특히 부동산의 기준 시가는 어느 정도 예측이 가능하므로 기준 시가가 변동되는 날짜를 기준으로 상승할 것 같으면 그 이전에 증여한다. 예를 들어 토지는 매년 5월 31일을 기준으로 개별 공시지가를 고시하는데 이는 어느 정도 예측할 수 있다. 아파트 같은 공동 주택과 단독 주택은 4월 말에 공동 주택 고시가액과 개별 주택 고시가액을 고시한다. 기준 시가가 올라갈 것으로 예측된다면 조금이라도 먼저 증여 신고를 하는 것이 유리하다.

건강이 염려되면 부동산 처분은 하지 않는다. 보통 상속 시기가 임박해졌다고 판단하여 자신의 재산을 자녀 명의로 바꾸는데 자칫 잘못해 사망일과 가까운 시기에 처분되면 처분 가격이 시가로 포착되어 상속세가 시가로 과세될 수 있다.

상속세를 최소화하려면 긴 시간이 필요하다. 합산과정을 3번 이상 거치는 것이 좋으므로 20년 전부터 상속세를 준비한다는 전략으로 임하자.

02
상속 재산이 10억 원 미만이면
세금은 없다

사망 당시 배우자가 살아 있다면 기본적으로 10억 원까지 전혀 세금이 없다. 그래서 10억 원에 미달하면 사전에 증여하지 않는 편이 낫다.

상속세와 증여세의 계산구조는 거의 같다. 과세표준에 적용하는 세율 또한 동일하다. 가족 간에 증여한 재산을 10년 이내에 재증여할 경우 다시 합산해 과세하는 구조도 마찬가지다. 하지만 상속세가 증여세보다 저렴하다. 똑같은 계산구조라도 상속의 경우 공제되는 금액이 크기 때문이다.

증여의 경우 배우자 공제는 6억 원, 직계존비속 공제는 5,000만 원(미성년자 2,000만 원), 기타 친족 공제는 1,000만 원이다. 그리고 나머지는 전부 과세표준으로 만들어져 과세가 된다. 예를 들어, 8억 원의 부동산을 아내에게 증여할 경우 6억 원을 제외한 2억 원은 과세표준이 되어 증여세가 매겨진다. 세금만 해도 산출 세액 기준으로 3,000만 원에 해당한다.

상속 공제에도 전략이 필요하다

반면 상속의 경우 공제 금액이 크다. 일단 기초 공제가 2억 원, 기타 인적 공제는 상속인과 부양가족 수에 따라 5,000만 원, 그리고 배우자 공제가 기본 5억 원까지다. 배우자가 실제 상속받은 재산에 따라서 최대 30억 원까지 공제할 수 있다.

상속인이나 부양가족 수가 적으면 기초 공제와 기타 인적 공제를 대신해 5억 원 한도의 일괄 공제도 받을 수 있다. 즉, 사망 당시 배우자만 살아 있다면 기본적으로 10억 원까지는 전혀 상속세가 나오지 않는다. 또한 상속 재산 중에 금융 자산이 있으면 금융 자산의 20%를 2억 원 한도로 금융 자산 상속 공제가 된다. 결과적으로 피상속인의 배우자만 생존해 있다면 기본적으로 10억 원에서 12억 원까지 공제가 되는 것이다.

만약 법정 상속인이 배우자 혼자일 때 상속 공제는 어떻게 될까? 일단 배우자 상속 공제는 30억 원까지 모두 받을 수 있고 기초 공제 2억 원과 기타 인적 공제가 추가된다. 참고로 배우자가 유일한 상속인으로 단독 상속을 받을 때는 일괄 공제 5억 원은 받을 수 없다. 배우자 상속 공제 30억 원과 기초 공제 2억 원, 총 32억 원까지 기본적으로 공제된다. 따라서 배우자가 유일한 상속인이면 32억 원까지는 상속세가 전혀 나오지 않는다.

법정 상속인이 배우자 외에 다른 자녀 등이 있다면 배우자 상속 공제는 줄어든다. 배우자 상속 공제는 상속 재산 중 배우자의 법정 상속 지분에 해당하는 금액 범위에서 배우자가 실제로 상속받은 금액만큼 공제해주기 때문이다.

부모의 사망으로 소유권을 이전할 때 상속세가 없는 조건이라면 상속이 이뤄지기 전에 굳이 재산을 이전해 증여세를 내는 수고를 할 필요는 없다. 상속 재산이 8억 원 정도라면 사전에 증여하지 않는 것이 오히려 낫다. 어차피 상속으로 소유권을 이전해도 상속세는 없기 때문이다.

증여 후 10년 이내에 상속이 진행되면 비록 증여받았을 때 증여세를 냈어도 상속세를 계산해 가산한다. 그리고 증여 당시에 납부한 증여세는 차감하여 정산한다. 상속 공제 범위 안에 상속 재산이 있는 상황에서 증여했다면 어떻게 될까? 상속세를 정산하는 과정에서 과거에 납부한 증여세를 환급해줄까? 안타깝게도 돌려주지 않는다. 따라서 상속 재산이 상속 공제의 범위 안에 있어서 어차피 상속세가 나오지 않는다면 사전 증여를 하지 않는 것이 좋다.

알아두면 좋은 절세 지식

[상속세 계산구조]

상속 재산 금액	• 본래 상속 재산: 사망 · 유증 · 사인 증여로 취득하는 재산 • 간주 상속 재산: 보험금, 퇴직금, 신탁 재산 • 추정 상속 재산: 사망 전 1년에 2억 원 이상, 2년에 5억 원 이상 처분한 재산 또는 부담한 채무로써 용도가 불분명한 금액
(一) 비과세 · 불산입	• 비과세 재산: 국가 등에 유증한 재산, 금융, 임야, 문화재 등 • 불산입 재산: 공익법인 출연 재산, 공익 신탁 재산
(+) 가산 항목	• 사전 증여 재산: 10년 이내에 상속인에게 증여한 재산, 상속인 외의 사람이라면 5년 이내에 증여한 재산
(一) 차감 항목	• 채무 · 공과금 · 장례 비용
= 상속세 과세액	
(一) 상속 공제	• '기초 공제+기타 인적 공제'와 일괄 공제(5억 원) 중 큰 금액 • 가업(영농) 상속 공제, 배우자 상속 공제, 금융 재산 상속 공제, 재해 손실 공제, 동거 주택 상속 공제 • 단, 위의 공제는 공제 적용 한도에서만 가능
(一) 상속 재산 감정 평가 수수료	• 감정 평가법인의 감정 평가 수수료
= 과세표준	
(×) 세율	• 0원 ~ 1억 원 : 10% • 1억 원 초과 ~ 5억 원 이하: 20% | 1,000만 원(누진 공제) • 5억 원 초과 ~ 10억 원 이하: 30% | 6,000만 원(누진 공제) • 10억 원 초과 ~ 30억 원 이하: 40% | 1억 6,000만 원(누진 공제) • 30억 원 초과: 50% | 4억 6,000만 원(누진 공제)
= 산출 세액	• 과세표준×세율 一 누진 공제
(+) 할증 세액	• 피상속인의 직계비속이 아닌 상속인의 직계비속이면 30% 할증(미성년자가 20억 원 초과해 상속받으면 40% 할증)
(一) 세액 공제	• 신고 세액 공제, 증여 세액 공제, 단기재 상속 세액 공제, 외국 납부 세액 공제, 문화재 징수 유예
= 신고 · 납부 세액	

• 신고 세액 공제: 3%

[증여세 계산구조]

증여 재산 금액	• 국내 및 국외 모든 증여 재산(시가 평가 원칙)
(−) 비과세 · 불산입	• 비과세 재산 : 사회통념상 인정되는 피부양자의 생활비, 교육비 등 • 불산입 재산 : 공익법인 출연 재산
(+) 가산 항목	• 증여일로부터 소급해서 10년 이내에 동일인에게서 증여 받은 재산 • 증여자가 직계존속일 경우, 그 배우자는 동일인으로 보고 합산
(−) 차감 항목	• 증여 재산에 담보된 채무(임대 보증금, 금융기관 채무 등)
= 증여세 과세액	
(−) 증여 재산 공제	• 배우자 : 6억 원 • 직계존속, 직계비속: 5,000만 원(미성년자 2,000만 원) • 기타 친족: 1,000만 원
(−) 증여 재산 감정 평가 수수료	• 감정 평가법인의 감정 평가 수수료
= 과세표준	
(×) 세율	• 0원 ~ 1억 원 : 10% • 1억 원 초과 ~ 5억 원 이하 : 20% l 1,000만 원(누진 공제) • 5억 원 초과 ~ 10억 원 이하 : 30% l 6,000만 원(누진 공제) • 10억 원 초과 ~ 30억 원 이하 : 40% l 1억 6,000만 원(누진 공제) • 30억 원 초과 : 50% l 4억 6,000만 원(누진 공제)
= 산출 세액	• 과세표준×세율 ─ 누진 공제
(+) 할증 세액	• 세대를 건너뛴 증여라면 30% 할증(미성년자가 20억 원 초과해 증여받으면 40% 할증)
(−) 세액 공제	• 신고 세액 공제, 기납부 세액 공제, 외국 납부 세액 공제, 문화재 징수 유예
= 신고 · 납부 세액	

• 신고 세액 공제: 3%

03
법정 상속인의 상속순위를
헷갈리면 안 된다

법정 상속인이 많을 수 있다. 상속순위를 정확히 정해야 한다. 같은 순위의 법정 상속인이 여러 명이라면 최근친을 우선순위로 한다.

'상속'이란, 법정 상속인이 피상속인(망자)의 재산 및 권리와 의무에 관한 법률적 지위를 포괄적으로 승계하는 것이다.

보통 피상속인의 현금이나 부동산 등 재산을 물려받는 것으로 안다. 맞는 말이긴 한데 좀 더 넓게 봐야 한다. 상속을 포기하지 않는 한 상속 재산의 재산권적 권리는 물론이고 채무까지 받는 것으로 말이다.

여기서 '법정 상속인'은 피상속인이 사망하면 민법의 규정에 따른 상속순위대로 상속받는 자이다. 그 대상은 피상속인 직계비속, 직계존속, 배우자, 형제자매 및 4촌 이내의 방계혈족 등이다.

법정 상속인이 여러 명이면 공동 상속인이 되고 상속 재산은 분할되기까지 공동 상속인이 공유하며 각자의 상속 지분에 따라 피상속인의 권리와 의무를 승계한다. 법정 상속인들의 상속 순위는 다음과 같다.

- 1순위 : 피상속인의 직계비속
- 2순위 : 피상속인의 직계존속
- 3순위 : 피상속인의 형제자매
- 4순위 : 피상속인의 4촌 이내 방계혈족

같은 순위의 상속인이 여러 명이면 최근친을 우선순위로 하고, 동친 등이 여러 명이면 공동 상속인이 된다. 상속순위에서 태아는 이미 출생한 것으로 본다.

배우자는 직계비속이 있으면 직계비속과 공동 상속인이, 직계비속이 없고 직계존속이 있으면 직계존속과 공동 상속인이 된다. 그리고 직계비속·직계존속이 없으면 형제자매나 4촌 이내 다른 방계혈족과는 상관없이 배우자가 단독 상속인이 된다.

하지만 법정 상속인이라도 상속 자격이 박탈되는 경우가 있다. 고의로 직계존속, 피상속인, 그 배우자, 상속의 우선순위에 있는 자 또는 같은 순위에 있는 자를 살해하거나 살해하려고 하면 상속인이 될 수 없다. 협박 등으로 피상속인이 상속에 관한 유언을 하게 하거나 유언서를 위조, 변조, 파기 또는 은닉한 상속인도 법정 상속인이 될 수 없다.

이렇게 법정 상속인에서 박탈되거나 법정 상속인이 피상속인의 사망 이전에 사망하면 그 직계비속이 결격자의 순위에 갈음해 상속인이 된다.

04
상속 재산보다 빚이 많으면
한정 승인을 신청하라

세법에서는 상속인들의 재산권을 보호하기 위해 상속 포기나 한정 승인을 허용하고 있다. 피상속인의 채무가 재산보다 더 많다면 3개월 이내에 신청한다.

앞에서도 언급했지만, 상속은 사망한 피상속인의 재산상 또는 법률상의 지위를 포괄적으로 승계하는 과정이다. 상속이 발생하면 법정 상속인은 피상속인의 재산권적 권리는 물론 채무까지도 포괄적으로 이어받는다. 간혹 피상속인의 재산보다 채무가 많아 오히려 법정 상속인에게 재산상의 불이익을 주기도 한다.

민법에서는 상속인들의 재산권을 보호하기 위해 상속 포기나 한정 승인을 할 수 있도록 허용하고 있다. 과거에는 피상속인의 채무가 재산보다 많으면 상속인은 상속 개시가 있음을 안 날로부터 3개월 이내에 한정 승인이나 상속 포기를 가정법원에 신청하면 됐다. 법정 상속인, 채권자 등 이해 당사자와 검사의 청구에 의해 가정법원이 그 기간을 연장할 수도 있었다. 만약 아무런 신고를 하지 않는다면 피상속인의 재산과 부채를 포괄적으로 승계했다고 인정했다.

그런데 헌법재판소에서 '상속 개시가 있음을 안 날로부터 3개월 이내에 신고해야 한다'라는 규정은 재산권 및 사적 자치권을 보장한 헌법에 위반된다며 위헌 결정을 내린 이후 개정됐다. 즉, 상속인이 상속받은 채무가 상속받은 재산을 초과한다는 사실을 중대한 과실 없이 알지 못하고 상속이 이뤄진 경우에는 채무가 더 많다는 사실을 안 날로부터 3개월 이내에 한정 승인을 할 수 있도록 보완한 것이다.

상황을 판단할 수 없다면 한정 승인을 신청하라

아들 하나가 있는 이혼남 S는 최근에 1억 원의 빚을 지고 사망했다(S의 빚보증을 선 부모나 형제는 없다). 아들이 상속을 포기하면 S의 빚은 다음 상속순위인 부모와 형제들에게 넘어갈까? 아니면 아들 선에서 소멸할까?

선순위 상속인이 상속을 포기하면 다음 순위의 상속인에게 귀속되는지, 아니면 상속인이 없는 것으로 봐야 하는지에 대한 문제다. 이와 관련해 대법원은 제1순위 상속권자인 배우자와 자식들이 모두 상속을 포기하면 손자가 직계비속으로서 상속인이 된다고 판결했다.

이러한 대법원 판결의 견해라면 1순위 상속인인 피상속인의 직계비속인 아들이 상속 개시 후 3개월 이내에 상속을 포기하면 1억 원의 빚은 2순위 상속인인 피상속인의 직계존속, 즉 S의 부모에게 귀속된다. 부모가 다시 3개월 이내에 포기하면 3순위 상속인인 S의 형제 또는 자매에게 귀속되고 연속적으로 4순위인 4촌 이내의 방계 혈족까지 상속될 수 있다. 결국 빚을 떠안지 않기 위해서는 법정 상속인이 모두 상속 포기를 해야 한다. 후순위 상속권자까지 모두 상속을 포기하면 상속 재산은 국가의 귀속이 된다. 그리고 피상속인의 채권자와 피상속인으로부터 유증을 받는 자의 신고를 받아 청산 절차를 진행한다.

한편 '한정 승인'이란 피상속인의 채무는 상속 재산만으로 청산되며 상속 재산이 부족해도 상속인은 자기 재산으로 갚을 의무가 없다는 것을 말한다. 청산 결과, 상속 재산이 남으면 상속인에 귀속한다. 상속 재산이 결손임이 분명할 경우에는 상속을 포기하면 그만이지만, 이익인지 결손인지 알 수 없다면 한정 승인을 활용하는 것이 효과적이다.

한정 승인을 하려면 피상속인이 상속 개시가 있음을 안 날로부터 3개월 이내에 상속 재산목록을 첨부해 법원에 신고해야 한다. 이 기간 내에 신고하지 않거나 상속 재산을 처분 또는 은폐하면 보통 상속한 것으로 간주한다. 상속인이 여러 명이면 각 상속인은 상속 지분만큼 한정 승인을 할 수 있다.

05
사망일 이전에 재산을 처분하거나
인출하지 않는다

사망일 전에 재산을 처분하거나 찾는 것은 절세방법으로 적절하지 못하다. 상속세를 계산할 때 처분한 재산 및 인출한 재산을 합산하기 때문이다.

아버지가 돌아가시기 전에 시골에 있는 3억 원 상당의 부동산을 매각했다는 이유로 상속세를 추가로 내라는 국세청 통지서를 받은 고객을 만난 적이 있었다.

상속세를 계산할 때 일반적으로 범하기 쉬운 오류가 있다. 그중 하나가 사망일 이전에 재산을 처분하거나 금융 자산 등을 인출하는 것이다. 일반적으로 상속세는 사망일을 기준으로 계산하기 때문에 사망일 전에 재산을 처분하거나 찾는다. 처분하거나 인출한 재산을 노출되지 않는(국세청에서 파악하기 힘든) 형태의 자산으로 바꿔 사전에 증여하기 위해서다. 하지만 이는 절세방법으로 적절하지 않다. 상속세나 증여세는 피상속인(사망한 부모)의 사망일에 맞춰 재산을 기준 시가로 평가해 신고하고 납부하면 끝이라고 생각하지만 반드시 그런 것은 아니다.

현행 상속세와 증여세는 자진 신고 및 납부를 통해 납세 의무가 종결되지 않는다. 세무 조사관이 조사 및 결정하는 절차가 남아 있다. 앞에서도 언급했지만 결국 상속세나 증여세를 신고하는 것은 정부가 세금을 확정하는 데 도움을 주려는 조력 차원일 뿐이다.

상속세 및 증여세법에서는 사망이 임박한 피상속인의 재산을 사전에 처분하고 우회해서 증여하는 것을 방지하는 장치를 마련해놓고 있다. 사망일을 기준으로 1년 이내에 2억 원(2년 이내에 5억 원) 이상을 인출하거나 재산을 처분하면 상속세 계산 시 처분한 재산 및 인출한 재산도 합산하도록 하고 있다. 물론 피상속인이 사망 전에 처분한 재산을 어떻게 사용했는지 상속인이 입증한다면 상속 재산에서 제외한다.

상속 개시 이전에 금융 자산을 찾으면 그 금액만큼 금융 자산의 상속 공제를 받지 못한다. 사망일 기준으로 순금융 자산의 20%(2억 원 한도)에 대해서는 금융 자산 관련 상속 공제를 하는데 사망일 이전에 인출하면 그 금액의 20%만큼 공제할 수 없게 된다. 또한 사망일 이전에 부동산을 처분하면 실거래 가격으로 과세될 가능성이 크다. 본래 상속세나 증여세는 실거래 가격이 확인되면 실거래 과세가 원칙이다. 처분하지 않고 상속 시점까지 보유하면 기준 시가로 과세할 수 있지만 사전에 처분하면 실거래 가격으로 과세되어 상속세의 부담이 더 커질 수 있다. 처분한 금액이 상속인들에게 사전 증여된 것으로 확인되면 증여 신고를 하지 않은 부분에 대한 가산세의 부담도 발생한다.

피상속인이 처분 또는 인출한 재산에 대한 사용처를 명확하게 소명한다면 합산 대상에서 제외해주지만 현실적으로 그 사용처를 상속인이 소명하는 데는 한계가 있고 과세관청과 분쟁 여지도 있으므로 상속을 앞둔 시점에서는 재산을 처분하는 것보다 보유하고 있는 편이 유리할 수 있다. 하지만 사망일을 기준으로 2년 이전에 찾거나 처분하면 법적으로 상속인이 소명하지 않아도 되므로 기간이 길면 심적인 부담이 덜하다.

1년 내에 2억 원이 안 된다면, 2년 내에 5억 원이 안 된다면 처분이나 인출을 해도 상속인은 소명할 필요가 없다. 그런데 과세권자가 그 흐름을 입증하면 상속세가 과세될 수도 있다. 사망일 기준으로 기간을 소급해서 1년에 2억 원, 2년에 5억 원에 미달하게 처분 또는 인출을 했어도 과세권자가 사전 증여라고 입증하면 상속 재산에 다시 포함될 수 있다. 결과적으로 '1년에 2억 원, 2년에 5억 원'이라는 조건은 누가 입증할지를 판단하는 기준인 셈이다.

1년에 2억 원, 2년에 5억 원에 미달하는 금액을 인출하거나 처분할 때는 상속인이 그 금액의 사용처를 소명하지 않아도 된다고 말했다(내용 설명을 위해 과세권자가 입증해 상속 재산에 포함되는 경우는 예외로 함). 이때 '2억 원'과 '5억 원'은 전체 재산 기준이 아니라 예금, 부동산, 기타 재산, 채무 등 종류별로 계산할 수 있다. 예를 들어, 2019년 9월 1일 사망하기 전 1년, 2년을 기준으로 각각 2억 원, 5억 원에 미달하게 처분 또는 인출하거나 채무를 일으키면 상속 재산에 포함되지 않는다. 또한 사망하기 2년 이전에 처분 또는 인출한 자산이면 금액에 상관없이 상속 재산으로 추정하지 않는다.

부친이 언제 사망할지 모르는 상황이라면 매년 2억 원에 미달하게 처분 또는 인출하면 사망할 때까지 상속 재산으로 추정되지 않는다. 예를 들어, 매년 1억 9,000만 원씩 찾고 1억 9,000만 원씩 채무를 일으킨다면 인출 내용과 대출 흐름 등의 명세를 상속인이 입증할 필요는 없다.

추정 상속 재산은 재산 종류별로 판단하므로 다음 그림처럼 4가지 재산의 유형별로 인출 등을 할 경우 총 19억 6,000만 원까지 상속인이 입증하지 않아도 된다.

[추정 상속 재산에 포함되지 않는 범위]

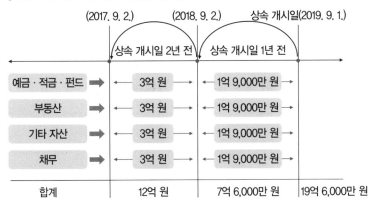

	상속 개시일 2년 전	상속 개시일 1년 전	
예금 · 적금 · 펀드 ➡	← 3억 원 →	← 1억 9,000만 원 →	
부동산 ➡	← 3억 원 →	← 1억 9,000만 원 →	
기타 자산 ➡	← 3억 원 →	← 1억 9,000만 원 →	
채무 ➡	← 3억 원 →	← 1억 9,000만 원 →	
합계	12억 원	7억 6,000만 원	19억 6,000만 원

(2017. 9. 2.) (2018. 9. 2.) 상속 개시일(2019. 9. 1.)

06
배우자 상속 공제는
30억 원까지 가능하다

상속받은 금액에 따라 배우자의 경우 최고 30억 원까지 공제된다. 배우자의 법정 상속 비율은 자녀 등 다른 상속인에 비교해 50%가 더 많다.

상속세 및 증여세의 완전포괄주의(법률에 별도 규정을 두지 않는 한 상속과 증여로 볼 수 있는 모든 거래에 대해 세금을 부과하는 것) 과세에 대한 논란은 어제오늘의 일이 아니다. 조세로 공평을 추구하고 세수를 확보하기 위해 찬성하는 사람이 있는가 하면, 과세 요건 법정주의에 어긋나므로 위헌의 소지를 들어 반대하는 사람도 있다.

상속세나 증여세는 기본적으로 재정 수입만을 목적으로 부과하지 않는다. 소득의 재분배 성격이 강한 세금이라서 누진세율이 가장 높지만 전체 세수에서 차지하는 비율은 2% 정도에 불과하다. 그리고 상속 공제액 범위 안에서 상속이 이뤄지기 때문에 일반인 대부분은 관련 세금을 낼 일이 없다.

완전포괄주의 개념에 의한 상속세 · 증여세의 부과는 자력으로 벌어들인 소득과 자산 가치의 상승분, 그리고 법으로 정한 면세를 제외하고 증가한 재산 가치에 세금을 매기겠다는 취지다. 이 부분을 엄격하게 적용하면 금융 자산이나 부동산을 소유한 부유층에게는 상당한 부담이 된다. 하지만 완전포괄주의의 개념을 적용하여 상속세나 증여세를 부과해도 장기적인 계획을 세워 사전에 증여하고 사후에는 상속 재산의 협의 분할로 적절하게 재산을 배분한다면 절세 방법을 찾을 수 있다.

상속세와 증여세의 계산구조는 서로 비슷하지만 계산방식에는 차이가 있다. 상속세는 피상속인(망자)을 기준으로 모든 재산을 합산해 과세하는 구조(유산세체계)이고, 증여세는 증여받은 수증자를 기준으로 증여 재산을 합산해 과세하는 구조(유산취득세체계)이다. 상속세가 고인이 된 피상속인을 기준으로 모든 재산을 합산해 과세하는 이유는 재산의 분할로 상속세를 회피하는 상황을 방지하기 위해서다. 따라서 상속세는 상속인들 간의 재산 분할이 납부 세액에 영향을 주지 않는다.

하지만 배우자 관련해서는 예외적으로 상속세를 줄여준다. 보통 피상속인이 사망했을 때 배우자가 살아 있으면 배우자에게 상속 재산을 얼마나 배정했는지와 상관없이 5억 원을 배우자 상속 공제로 차감해 계산한다. 결혼 기간과 나이도 상관없다.

최대한 배우자 상속 공제를 받기 위해서는 협의 분할 시 배우자의 법정 상속 지분만큼 실제로 상속 재산을 분할받으면 된다. 하지만 배우자 상속 공제는 최고 30억 원까지 가능하므로 상속세를 줄일 목적으로 배우자에게 30억 원을 초과하는 배분은 의미가 없다.

상속세 계산 시 배우자 유무 여부의 차이가 크다

배우자의 법정 상속 비율은 다른 상속인보다 50%가 더 많다. 자녀의 법정 상속 비율이 1이라면 배우자는 1.5이다. 자녀들의 상속 비율은 장남이든, 차남이든, 출가한 딸이든 상관없이 동일하다.

상속 재산이 50억 원이고 피상속인의 사망 시점에 배우자와 성년인 아들 2명이 있다고 해보자. 배우자에게 얼마를 나눠줘야 상속세가 가장 적어질까?

50억 원에 대한 배우자의 법정 상속 지분(1.5÷3.5)까지 분할하면 (약) 21억 4,000만 원이다. 이 금액을 배우자 몫으로 배정하면 상속세 계산 시 21억 4,000만 원 정도를 공제할 수 있다. 이처럼 계산하면 상속세는 7억 원 정도가 된다. 반면 배우자에게 재산을 배정하지 않거나 5억 원 미만 정도를 배정하면 상속세 계산 시 5억 원까지만 공제되고 상속세는 13억 8,000만 원 정도가 된다. 배우자 공제를 잘 활용하면 이렇게 절반에 가까운 절세효과를 볼 수 있다.

여기서 고려할 사항이 하나 있다. 상속받은 배우자가 사망하면 상속받은 재산의 상속세가 다시 계산된다는 점이다. 이와 관련한 세법상 보완장치가 있는데 재차 상속이 이뤄진 부분에는 10~100%의 세액 공제를 인정해준다. 1년 이내에 재상속이 이뤄지면 100%, 2년 이내면 90%, 10년 이내면 10%의 세액 공제가 적용된다. 배우자가 상속받은 재산 이외에 다른 재산이 없을 때 1년 이내에 사망하면 추가로 내야 할 상속세는 없다.

상속세를 계산할 때 배우자의 생존 여부가 미치는 영향은 크다. 배우자 없이 피상속인이 사망하면 사후적인 노력으로 상속세를 줄일 방법은 없다. 누구에게, 어떻게 재산을 배분하든 전체 상속세에 미치는 영향은 없다. 하지만 배우자가 살아 있다면 피상속인이 사망했어도 실제 상속받는 금액을 협의 분할로 조절하는 사후 조치를 통해 세금을 최소화할 수 있다.

07
피상속인의
국내 거주 여부

상속인이 내국인이 아닌 외국인이어도 상속세 계산에는 영향을 주지 않는다. 하지만 피상속인이 내국인이 아닌 비거주자라면 상속세의 과세범위가 달라진다.

살고 있는 서울의 아파트와 경기도 화성에 있는 목장을 갖고 있는 U는 상속을 생각하다가 재산을 평가해보니 12억 원 정도가 나왔다. U에게는 아들이 3명 있는데 모두 미국 국적이다. 만일 자신이 죽으면 재산을 물려받은 아들들의 국적이 미국이라는 이유만으로 세금이 많이 나오지 않을까 걱정이 들었다. 그래서 상속 전에 증여하는 것은 어떨지 고려 중이다.

이 문제는 일단 상속세와 증여세의 과세체계를 이해하면 쉽게 풀린다. 유산세 형태로 매기는 상속세는 재산을 나누기 전 피상속인 기준으로 모든 재산을 취합해서 계산한다. 그리고 계산된 상속세는 상속인들이 나눠 받은 상속 재산의 비율대로 세금을 나눠 내는 것이 일반적이다. 즉, 사망한 피상속인의 상속 재산을 기준으로 해서 분할되기 전의 재산을 모두 취합해 세금을 계산하고 상속인들끼리 나눠 세금을 내는 구조이다.

상속세는 재산을 분할하기 전 피상속인을 기준으로 계산하기 때문에 상속인이 외국인이라고 해도 상속세 계산에 영향을 주지 않는다. 하지만 피상속인이 내국인이 아닌 비거주자라면 상속세 계산이 달라진다. 상속세가 과세하는 재산범위도 국내 재산으로 한정되고 세금 계산 시 기초 공제 2억 원 외에 공제되는 금액은 없다. 상속 재산 대부분이 국내 재산이라면 피상속인이 비거주자인지, 아닌지가 세금 계산에 영향을 준다. U의 경우 국내 거주자이므로 10억 원의 공제를 다 받을 수 있어 비거주자 신분일 때보다 세금은 줄어든다.

이에 반해 유산취득세 형태를 취하는 증여세에서는 재산을 받는 수증자가 기준이다. 재산을 분할한 후 취득한 재산을 기준으로 세금을 매긴다. 그래서 증여세는 수증자의 신분이 중요하다. 수증자가 비거주자라면 증여 재산 공제를 해주지 않는다. 일반적으로 알고 있는 성년 자녀일 때 5,000만 원, 미성년 자녀일 때 2,000만 원, 배우자일 때 6억 원, 기타 친족일 때 1,000만 원의 공제는 수증자가 거주자여야만 받을 수 있다.

결과적으로 U는 자식들에게 사전에 증여할 필요가 없다. 상속세 절감을 위해 자녀들의 국적을 바꾸지 않아도 된다. 그런데 상담을 하다 보면 피상속인 본인이 비거주자 신분인데 재산은 국내에 대부분 있는 경우가 종종 있다. 이렇다면 될 수 있는 대로 비거주자 신분보다는 거주자 신분으로 세금을 내는 편이 유리하다. 상속을 앞두고 국적을 한국으로 바꾼다면 상속 공제의 폭은 증가한다. 물론 피상속인의 신분이 비거주자이면서 상속 재산이 해외에 있다면 우리나라에 상속세를 납부할 의무는 없다. 상속이 개시되기 전에 현금으로 바꿔서 송금하여 국내에 재산을 남기지 않으면 우리나라에서 부과하는 상속세는 없다.

08
50억 원 이상인 골동품의
제척 기간은 평생

골동품 등에 투자하는 사람들의 진짜 목적은 매매 차익이 아니다. 등기·등록이 필요하지 않아 거래 명세 노출이 쉽지 않기 때문이다.

골동품 등을 투자의 수단으로 보고 문의하는 부유층이 늘고 있다. 고가의 귀금속, 서화(書畫), 골동품 등은 그 희소가치로 부동산과 유사하게 가격이 높게 형성돼 있어 환금성이 높다. 이런 물건들이 부유층 사이에서 인기 있는 이유는 골동품의 매매 차익에는 소득세가 적게 부과되고 노출이 쉽지 않아 세금 없이 상속 또는 증여를 할 수 있다고 판단하기 때문이다.

실제로 상속세와 증여세를 신고하는 사람은 많지만 골동품 등을 자진해서 신고하는 사람은 많지 않다. 서화, 골동품 등은 취득과 양도, 그리고 보유 자료를 파악하기 어려워 국세청에서 세원을 관리하기 힘들다는 것을 알기 때문이다. 또한 골동품 등에 대한 재산 평가도 당사자끼리 이해의 폭이 다를 수 있어서 현실적으로 과세하기가 어렵다.

서화, 골동품을 매각하면 매매 차익을 기타 소득으로 보고 소득세를 매긴다. 2013년부터 비사업자인 국내 거주자가 개당·점당 또는 조당 6,000만 원 이상인 서화, 골동품을 양도하는 경우 매매 차익을 기타 소득금액으로 판단하고 22%(지방소득세 포함)의 세율로 원천징수한다. 기타 소득금액 관련해서는 양도가액에서 취득금액을 차감한 다음, 22%의 세율을 적용해 원천징수하는 것이다. 만약 취득금액이 확인되지 않으면 양도가액 1억 원 이하까지는 90%, 양도가액 1억 원 초과분부터는 80%를 필요 경비로 인정해주고 보유 기간이 10년 이상이면 양도가액에 관계없이 90%를 인정해준다. 그래서 보통 필요 경비를 고려하지 않고 양도가액에 4.4%(양도가액 중 1억 원 초과분이나 보유 기간 10년 이상이면 2.2%)를 적용해서 원천징수한다. 서화, 골동품 등의 매각에 소득세 부담이 적은 것은 필요 경비를 80% 또는 90%까지 인정해주는 데서 그 이유를 찾을 수 있다. 또한 원천징수로 납세 의무가 종결되어 세금 부담이 없다는 이유이기도 하다.

세금 부담이 적은 이유는 또 있다. 점당 6,000만 원 이상이라고 해도 소득세가 부과되지 않는 경우가 있다. 양도일 현재 생존해있는 국내 원작자의 작품은 점당 6,000만 원 이상으로 매각해도 소득세가 부과되지 않는다.

서화, 골동품 매각에 세금이 적거나 없다고 해도 향후 자금 출처 조사에 대비해 처분 관련 증빙자료를 날짜와 함께 남겨둘 필요가 있다. 처분 자금으로 부동산 등을 취득할 때 자금 출처조사가 나올 수 있으므로 취득 자금의 원천을 확인시키기 위해서다.

사실 서화, 골동품 등에 투자하는 사람들의 진짜 목적은 매매 차익에 있지 않다. 서화, 골동품 등은 부동산과 달리 등기나 등록이 필요하지 않다. 부동산이나 주식은 등기, 등록 또는 명의 변경을 통해 국세청에 보고되지만 골동품 등은 노출되지 않으면서 거래 내용도 파악하기 어려워 자진해서 신고 또는 제보하지 않으면 존재 여부를 파악하기가 쉽지 않다. 이러한 이유로 서화, 골동품을 상속이나 증여를 목적으로 취득하는 부유층이 많다.

하지만 반드시 알고 있어야 하는 내용이 있다. 상속세나 증여세는 과세관청에서 결정하고(정부 부과제도), 50억 원 이상인 서화나 골동품에 과세하는 기간(제척 기간)은 평생이라는 것이다. 서화, 골동품의 증여 또는 상속 사실을 과세관청에서 파악하면, 파악한 시점부터 1년 이내에 언제든지 과세할 수 있도록 되어 있다. 비록 증여 시점과 처분 시점에는 과세관청에 안 걸릴 수 있지만 이후 처분 자금을 운용하다가 국세청이 파악할 가능성이 매우 높다. 경제력이 없는 사람이 서화나 골동품의 처분 자금으로 부동산 등을 사면 국세청 통합전산망을 통해 자금 출처조사 대상자로 선정될 가능성이 크다. 그렇게 되면 출처를 입증하지 못하는 자금에 대해 증여세를 내게 될 수 있다.

설령 골동품 등을 음성적으로 거래해도 매각 자금이 제도권의 금융기관에 입금되면 과세관청에서 확인할 가능성이 크다. 금융기관은 비정상적인 현금 거래 정보를 의무적으로 금융정보분석원(FIU)에 통보해야 한다. 금융정보분석원은 금융기관으로부터 보고받은 금융 거래 내용을 토대로 금융 정보를 수집 및 분석하여 법집행기관에 제공하는 중앙행정조직이다. 우리나라를 포함한 OECD 회원국 등 전 세계 50여 개국이 금융정보분석원을 운영 중이며 아울러 금융정보분석원 간 협력기구를 만들어 국제 협력 및 정보 교류 협정을 체결하여 공조체계를 갖추고 있다. 또한 국세청의 전산망은 금융권에서 지급한 이자와 배당 내용을 역산해서 금융 자산을 추산하는 분석 시스템, 즉 PCI(Property, Consumption and Income Analysis System)를 갖추고 있다. 이제 자산을 숨기는 데는 한계가 생긴 것이다.

앞에서 설명한 것처럼 서화, 골동품 등의 경우 합법적으로 세금을 내도 다른 투자 대상보다 소득세가 현저히 적은 것은 사실이다. 따라서 서화, 골동품의 가치를 판단할 수 있는 능력만 있다면 투자와 절세를 동시에 누릴 수 있는 최적의 대안이 될 것이다.

알아두면 좋은 절세 지식

1. 일반적인 제척 기간

상속세와 증여세를 포함해 모든 국세는 원칙적으로 해당 국세를 부과할 수 있는 날부터 다음의 기간이 만료된 이후에는 부과할 수 없다.

	구분	상속세 증여세	기타 세목
원칙	① 사기나 기타 부정한 행위로 국세 포탈 또는 환급·공제받는 경우, 사기나 기타 부정한 행위로 소득세법 및 법인세법상 계산서 불성실 가산세가 부과되는 경우, 부가가치세법상 세금계산서 불성실 가산세가 부과되는 경우	15년	10년
	② 법정 신고 기한 내 과세표준 신고서를 제출하지 않은 경우	15년	7년
	③ 법정 신고 기한 내 과세표준 신고서를 제출한 자가 허위·누락 신고한 경우	15년	5년
	④ 부담부 증여에 따라 증여세와 함께 소득세를 과세하는 경우	증여세에 대해서 정한 기간	
	⑤ ①~④에 해당하지 않는 경우	10년	5년
	⑥ 국제 거래에서 발생한 부정 행위로 국세를 포탈하거나 환급·공제받은 경우와 해당 환급·공제로 인한 소득처분에 따른 법인세 또는 소득세	10년	15년

2. 언제든지 과세할 수 있는 경우

납세자가 사기나 기타 부정한 행위로 상속세 또는 증여세를 포탈하는 경우로 다음에 해당하면 그 사실을 파악한 날로부터 1년 이내에 상속세와 증여세를 부과할 수 있다. 제척 기간에 제한이 없는 것이다. 단, 포탈한 세액 산출의 기준이 되는 재산 총액이 50억 원 이하면 그렇게 하지 않는다.

- 제3자의 명의로 된 피상속인 또는 증여자의 재산을 상속인 또는 수증자가 보유하거나 자신의 명의로 실명 전환한 경우
- 피상속인이 계약으로 취득할 재산이 계약 이행 기간에 상속이 개시되는 바람에 등기·등록 또는 명의 변경이 이뤄지지 않아 상속인이 취득한 경우
- 국외에 소재하는 상속 또는 증여 재산을 상속인 또는 수증자가 취득한 경우
- 등기·등록 또는 명의 변경이 필요하지 않은 유가증권, 서화, 골동품 등 상속 또는 증여 재산을 상속인 또는 수증자가 취득한 경우
- 수증자 명의로 된 증여자의 차명 금융 재산
- 비거주자인 피상속인의 국내 재산을 상속인이 취득한 경우

09
영수증을 잘 챙겨야
상속세를 아낄 수 있다

추가로 든 장례비는 영수증 처리만 잘 하면 1,000만 원까지 공제가 가능하다. 물론 세금계산서처럼 확인이 가능한 영수증이어야 한다.

상속세 관련해서 장례비는 실제 사용 여부를 불문하고 500만 원을 공제해준다. 장례비는 피상속인의 장례에 직접 소요된 비용을 말하는데 묘지 구매비, 묘지 치장비, 비석 등 제반 비용도 포함한다. 여기에 봉안시설 또는 자연장지(自然葬地) 등 추가로 들어간 비용이 있을 때 세금계산서처럼 확인이 가능한 영수증으로 처리하면 최대 500만 원까지 추가로 공제할 수 있다. 따라서 장례비와 관련된 공제는 최저 500만 원에서 최대 1,500만 원까지 가능하다.

영수증은 장례비 공제 외에도 상속세를 절감시키는 역할을 한다. 피상속인이 상속 개시일 전의 일정 기간 내에 재산을 처분·인출하거나 채무를 부담할 때 일정액 이상이면 상속인이 용도를 입증해야 한다. 만약 상속인이 용도를 입증하지 못하면 상속받을 것으로 추정해 상속 재산에 가산한다.

절세의 큰 무기는 증빙자료

만약 상속이 임박한 부모가 병원에서 간병인을 두고 오랫동안 있었다면 상당한 금액이 병원비로 쓰였을 것이다. 그런데 이 치료비와 관련해 증빙을 남겨두지 않으면 처분 자금이나 인출 자금에 상속세가 추가로 부과된다. 따라서 부모가 돌아가시기 전에 학교나 종교단체에 기부한 영수증 등도 꼭 챙겨둬야 한다. 종교단체 등에 기부한 재산은 공익 법인 등에 출연한 재산으로 보고 상속세 계산 시 제외될 수 있다. 기부한 영수증이 있으면 기부액(재산) 전체가 공제 대상이 되지만 기부 관련 영수증 등이 없어서 소명하지 못하면 상속세가 과세될 수 있다. 돌아가시기 전에 좋은 일에 돈을 사용하고도 상속세로 과세될 수 있으니 영수증 등은 잘 챙겨야 한다.

장기 입원한 부모의 병원비는 될 수 있는 대로 부모의 재산을 인출하거나 처분해 결제하는 것이 좋다. 처분 자금의 영수증만 확실하다면 그만큼 상속세는 줄어들기 때문이다. 병원비뿐만 아니라 부모에게 사용하는 자금들은 아무리 작은 자료라도 꼭 모아두자. 나중에 이 자료들이 상속세를 줄이는 데 큰 역할을 한다.

10
물납과 분납방식으로도
상속세를 낼 수 있다

정부가 상속세를 물납으로도 받는 이유는 상속인의 유동성에 문제가 발생할 수 있기 때문이다. 현재의 실질 가치보다 높게 평가된 것으로 하면 좋다.

    부모에게 부동산 등을 받아도 정작 상속세는 현금으로 내는 것이 원칙이다. 그러다 보니 세금을 내는 사람 입장에서는 유동성에 문제가 생기는 경우가 많다. 이러한 상황을 예방하기 위해 다른 세금과 달리 상속세는 부동산이나 유가증권 같은 현물로 낼 수 있도록 했는데 이를 보통 '물납'이라고 한다. 물납은 다음의 요건을 만족하면 할 수 있다.

① 납부 세액이 2,000만 원을 초과해야 한다.

② 전체 상속(증여) 재산 중 부동산이나 유가증권이 차지하는 비율이 50%를 초과해야 한다.

③ 상속세가 상속 재산 중 예금, 적금 등 금융 재산의 규모를

초과해야 한다.

④ 납세지 담당 세무서에 물납을 신청해야 한다.

정부 입장에서는 물납이 달갑지 않을 것이다. 공매 등을 통해 현금화하는 작업을 해야 하기 때문이다. 하지만 납세자 관점에서 물납은 유동성을 대체할 수단이자 재테크의 한 방법이 될 수 있다.

물납의 우선 대상은 부동산과 유가증권이다. 어느 것을 물납의 대상으로 해야 할지 판단해보자. 물납은 되도록 현재의 실질 가치보다 높게 평가된 것을 대상으로 삼아야 한다. 예를 들어, 기준 시가는 산정되어 있지만 실제 매매가 거의 이뤄지지 않는 임야도 물납의 대상으로 적당하다. 매매가 이뤄져도 기준 시가보다 낮은 가격이면 물납으로 납부하는 것이 좋다.

주식으로도 물납할 수 있다

국채, 공채, 주권 및 국내 법인이 발행한 채권이나 증권도 물납으로 활용할 수 있다. 상속세의 경우 상속 개시일에 재산을 평가해 세금을 계산하고 그로부터 6개월 이내에 신고와 납부를 하도록 하고 있다. 재산 평가일로부터 유가증권 등의 가치가 하락하면 물납으로 내는 것을 고려할 수 있다. 물론 주식의 가치가 상승한다면 주식을 처분해서 납부하는 편이 낫다. 더구나 비상장 주식은 시장에서 거래되지 않기 때문에 상속세를 내기 위해 시중에서 매각하는 것은 거의 불가능하다. 특히 상속세 및 증여세법 기준으로 평가한 비상장 주식은 상상을 초월하게 높게 평가되는 경우가 많아서 물납을 생각하기도 한다. 하지만 비상장 주식의 물납은 매우 드물다. 비상장 주식 외에 물납할 수 있는 재산이 없을 때 제한적으로 허용된다. 비상장 주식의 물납이 용납되면 해당 주식이 상당히 활용 가치가 높다고 알고 있자.

상속세 명목으로 낸 비상장 주식은 한국자산관리공사(KAMCO)에 위탁되어 국유재산법에 따라 시가로 평가한 다음, 공매를 진행한다. 국유재산법에서 규정하는 시가는 세법에서 규정하는 시가와 차이가 있다. 일반적으로 비상장 주식은 세법에서 평가하는 금액보다 약간 높게 평가된다. 공매가 진행되는 과정에서 유찰될 경우 평가 금액이 20%까지 낮아지기도 한다. 비상장 주식을 물납한 원소유자와 상속세의 연대 납세 의무자는 공매에 참여할 수 있지만 물납한 평가 금액 미만으로는 구매할 수 없다.

상속세와 증여세 관련해서는 물납 외에도 (앞에서도 설명한) 연부연납과 분납제도가 있다. 연부연납은 상속세나 증여세를 5년간 나눠 낼 수 있는 장점이 있지만 연 1.8%(2020년 8월 기준)에 해당하는 가산 이자를 추가해야 한다. 그리고 분납은 2개월 이내에 세금의 절반을 나눠 내는 것을 말하는데 연부연납과 달리 가산 이자가 없다. 연부연납과 물납을 중복해서 신청할 수 없고 모두 2,000만 원을 초과해야 한다.

8장

금융 자산을 지켜주는 절세 지식

금융소득종합과세에 대한 오해가 많다. 종합소득세의 부담이 갑작스럽게 커질 것이라는 두려움도 있다. 하지만 비과세와 분리과세 상품을 적극적으로 활용하고 금융 상품에 대한 사전 증여와 타익 신탁을 활용하면 금융소득종합과세 대상에서 제외될 수 있다. 설령 대상자가 되더라도 그 부담을 눈에 띄게 줄일 수 있다.

01
금융소득종합과세, 걱정할 필요는 없다

금융소득종합과세의 시행에 따라 오히려 세금 부담은 줄었다. 원천징수 세율이 22%에서 15.4%로 낮아졌기 때문이다.

특별한 소득이 없는 V는 보유하고 있던 상가 건물을 처분했다. 처분해서 받은 돈을 은행에 넣고 금융 소득으로 생활하기 위해서다. 그런데 올해 주가연계증권 ELS(Equity Linked Securities)의 상환으로 배당 소득이 5,000만 원을 초과했다. V는 금융 소득이 2,000만 원을 초과하면 금융소득종합과세 대상자가 되므로 세금 부담이 커질 것이 염려되었다. 더구나 아내도 금융 소득이 2,000만 원을 넘었다.

금융소득종합과세는 당사자의 금융 소득이 총 2,000만 원을 초과할 때 초과한 금융 소득을 다른 종합 소득과 합해 누진세율을 적용해 과세하는 제도다. 금융 소득은 2,000만 원까지 15.4%(지방소득세 포함)의 세율이 적용된다.

'금융 소득'이란, 금융 자산의 투자에 따른 대가인데 이자 소득과 배당 소득을 총칭하는 개념이다. 이자 소득은 은행, 증권사, 보험사, 우체국 등에서 받은 예금, 적금, 예탁금 등의 이자와 국·공채, 금융채, 회사채 등에서 발생하는 이자와 할인액을 말한다. 배당 소득은 주식 및 출자금에서 발생하는 이익 또는 잉여금의 분배금이다.

우리가 알고 있는 채권이나 주식 양도에서 발생하는 소득은 금융 소득이 아니다. 그래서 채권이나 주식의 매매 차익에서 발생하는 소득은 금융소득종합과세 대상에 해당하지 않는다. 단, 매매한 주식이 상장 주식이면서 대주주이거나 소액 주주라도 증권시장 밖에서 거래하거나 비상장 주식이라면 양도소득세를 납부해야 한다.

금융소득종합과세는 2001년에 부활했다. 애초 국세청의 보고자료와는 달리 그 대상자가 적은 것으로 추정된다. 최초 시행 때보다 금리가 낮아졌고 절세 상품이 쏟아져 나왔기 때문으로 보인다.

금융소득종합과세는 금융 소득 4,000만 원을 기준으로 적용했으나 2013년부터 2,000만 원으로 하향 조정되었다. 금융소득종합과세의 부담을 걱정하는 사람이 많지만 오히려 시행에 따라 일반인들의 세금 부담은 줄어든 경우가 더 많아졌다. 금융소득종합과세 시행 전의 원천징수 세율이 22%에서 15.4%로 낮아졌기 때문이다. 금융소득종합과세 대상자 역시 일정 금액까지는 세금 부담이 더 줄었다. 종합 소득 공제 금액이 300만 원이고 다른 소득이 없다고 가정하면 금융 소득이 7,900만 원이 될 때까지는 추가로 납부해야 할 세액이 없다. 금융 소득이 2,000만 원을 초과해 금융소득종합과세 대상자가 되더라도 7,900만 원이 될 때까지 추가 납부 세액이 없는 이유는 원천징수로 이미 낸 세금, 즉 15.4%로 납부한 세금이 충분하기 때문이다.

금융소득종합과세는 금융 소득 2,000만 원까지 15.4%의 세율을 적용하고, 2,000만 원을 초과하면 낮은 누진세율인 6.6%(지방소득세 포함)부터 차례대로 높은 누진세율을 적용한다. 일정한 금융 소득까지는 15.4%로 원천징수한 세금이 더 많은데 그 분기점이 7,900만 원 정도다. 결론적으로 다른 소득이 없다면 금융 소득이 7,900만 원 정도 될 때까지는 5월에 확정 신고를 해도 추가로 낼 세금은 없다.

헌법재판소에서 자산 소득의 부부 합산과세가 위헌으로 결정이 나면서 부부간이라도 남남처럼 세금을 계산하게 됐다. 금융소득종합과세도 부부 합산 2,000만 원이 아니라 부부 각자 2,000만 원 초과 여부로 판단한다. 이제는 금융 자산을 부부가 반반씩 보유하고 있으면 가족을 기준으로 금융 소득이 4,000만 원(부부 각자 2,000만 원씩)이 되어도 금융소득종합과세에 해당하지 않는다.

다른 소득이 없다면 부부 각자 7,900만 원까지 세금이 추가되지 않으므로 총 1억 5,800만 원까지 세금 부담이 없다. 수익률을 2%로 가정하고 원금 기준으로 환산하면 80억 원 가까이 된다. 즉, 부부가 따로 40억 원씩 금융 자산을 운용해도 추가로 내는 세금은 없다.

V도 다른 소득이 없는 상황에서 이자 소득이 5,000만 원이라면 추가적인 세금 부담은 없다. 금융 소득이 2,000만 원을 초과했으므로 다음 해 5월에 종합소득세 신고를 하는 것이 원칙이다.

금융 소득 외에는 다른 소득이 없고 종합 소득 공제가 300만 원일 경우를 가정했을 때, 5월 확정 신고 기한에 추가로 납부할 종합소득세는 다음과 같다.

금융 소득	원천징수 세액 (15.4%)	종합소득세 산출 세액	5월 확정 신고 추가 납부 세액
1,000만 원	154만 원	종합과세 대상 아님	0원
1,500만 원	231만 원	종합과세 대상 아님	0원
2,000만 원	308만 원	종합과세 대상 아님	0원
3,000만 원	462만 원	462만 원	0원※
5,000만 원	770만 원	770만 원	0원※
7,000만 원	1,078만 원	1,078만 원	0원※
7,900만 원	1,216만 6,000원	1,216만 6,000원	0원※
8,000만 원	1,232만 원	1,238만 6,000원	6만 6,000원
1억 원	1,540만 원	1,766만 6,000원	226만 6,000원
2억 원	3,080만 원	5,572만 6,000원	2,492만 6,000원

* ※ 금융 소득의 15.4%로 낸 원천징수 세액이 종합소득세의 산출 세액을 초과해도 소득세법에서는 환급할 수 없도록 설계하고 있다. 즉, 금융소득종합과세로 인한 종합소득세는 최소한 금융기관에서 원천징수한 세금보다 많이 계산되도록 설계되어 있는 것이다.

02
금융소득종합과세에
대비한 투자 전략

금융소득종합과세의 부담을 줄이려면 비과세나 분리과세 상품을 최대한 활용하
는 전략이 필요하다.

금융소득종합과세의 부담을 최소화하기 위해서는 투자의 종류와
순서를 잘 정해야 한다. 비과세나 분리과세 관련 상품을 최대한 활
용하고 이자 소득의 귀속 시기와 증여를 활용해 이자 수령인을 분
산하면서 주거래 금융기관을 선정하는 것이 유리하다.

금융 소득의 모든 이자와 배당이 종합과세가 되지 않는다. 비과세
대상과 완납으로 분리과세 되는 금융 상품에서 발생한 이자 소득은
종합과세 대상에서 제외되므로 종합과세 대상자라면 비과세 상품
과 분리과세 상품을 가장 먼저 고려한다. 비록 비과세와 분리과세
가 되는 금융 상품이 많이 줄었지만 여전히 남아 있으므로 다시 한
번 확인한다. 우선 비과세 상품은 다음과 같다.

- 2020년까지 65세 이상 거주자, 장애인, 국가유공자 등(금융소득종합과세 대상자 제외)이 가입한 비과세종합저축이고 원금이 5,000만 원 이하일 때 받는 이자 _ 조세특례제한법 제88조의 2

- 10년 이상인 장기저축성보험의 보험 차익(거치식의 경우 2017년 3월 31일까지 가입한 보험은 2억 원까지, 2017년 4월 1일 이후 가입한 보험은 1억 원까지 비과세 가능, 적립식은 월 납입액 150만 원 이하까지 비과세 가능) _ 소득세법시행령 제25조

- 2000년 12월 31일 이전에 가입한 개인 연금저축의 이자, 배당 _ 조세특례제한법 제86조

- 2012년 12월 31일 이전에 가입한 장기주택마련저축의 이자, 배당 _ 조세특례제한법 제87조

- 농어가목돈마련저축의 이자 _ 조세특례제한법 제87조의 2

- 조합 등 예탁금의 이자인데 2020년까지 발생분 _ 조세특례제한법 제89조의 3

- 2009년까지 가입한 장기주식형저축의 배당 _ 조세특례제한법 제91조의 9

- 2015년까지 가입한 재형저축의 이자 _ 조세특례제한법 제91조의 14

- 2021년까지 영농·영어조합법인의 식량 작물 재배업 소득 등의 배당 발생분 _ 조세특례제한법 제66조

- 2021년까지 농업회사법인 출자금의 배당 발생분 _ 조세특 례제한법 제68조

- 2009년까지 가입한 장기 회사채형 저축의 배당 _ 조세특례 제한법 제91조의 10

- 2017년 12월 31일까지 가입한 해외 주식 전용 집합 투자 기구의 배당 _ 조세특례제한법 91조의 17

- 2021년까지 가입하는 개인종합자산관리계좌(ISA)의 수익 중 200만 원(서민형·농어민은 400만 원) _ 조세특례제한법 제91조의 18

- (신설) 2021년까지 가입하는 청년 우대형 주택 청약 종합 저축의 이자: 총급여가 3,000만 원(종합 소득금액 기준으로 는 2,000만 원) 이하인 무주택 세대주인 청년(15~34세 이 하)이 2년 이상 의무 가입하는 조건으로 연 600만 원까지 납입하는 청년 우대형 주택 청약 종합저축에 가입하는 경 우에 이자 소득 500만 원까지 비과세 혜택을 부여함 _ 조 세특례제한법 제87조

- (신설) 2021년까지 가입하는 장병내일준비적금의 이자: 현 역병, 상근예비역, 전환 복무자(의무경찰, 의무소방대원 포 함), 사회복무요원이 매월 40만 원 한도로 복무 기간(최대 24개월) 중 불입하는 장병내일준비적금의 이자 소득 전액 을 비과세함 _ 조세특례제한법 제91조의 19

분리과세 상품은 다음과 같다.

- 부동산 경매 입찰을 위해 법원에 납부한 보증금 및 경락대금에서 발생하는 이자→15.4%(지방소득세 포함, 이하 동일)
- 10년 이상 장기 채권(2013년 이후 발행분은 3년 이상 보유해야 함)에서 발생한 이자인데 분리과세를 신청한 경우→33%, 2018년 이후에 발행한 채권은 분리과세 불가능
- 직장공제회 초과 반환금→기본 세율(6.6~46.2%)
- 2014년까지 가입한 세금우대종합저축의 이자 및 배당→9.5%(지방교육세 비과세, 농특세 0.5% 포함) _ 조세특례제한법 제89조
- 2017년까지 가입한 고위험·고수익 투자신탁 등의 배당→15.4% _ 조세특례제한법 제91조의 15
- 1997년에서 1998년까지 발행된 비실명채권(일명 '묻지마 채권')에서 발생한 이자→22%(2001년 이후 발생분은 16.5%, 2005년 이후 발생분은 15.4%)
- 2021년까지 영농·영어조합법인의 소득세가 면제되는 부분을 제외한 배당 소득→5.5% _ 조세특례제한법 제66조
- 2015년까지 선박 투자회사의 배당 소득으로 액면 5,000만 원 이하의 보유 주식 배당→9.9% | 액면 2억 원 이하의 보유 주식 배당→15.4% _ 조세특례제한법 제87조의 5
- 2018년까지 부동산 집합 투자기구의 배당 소득으로써 액

면 5,000만 원 이하의 보유 주식(수익증권) 배당→5.5% |

액면 2억 원 이하의 보유 주식(수익증권) 배당→15.4% _

조세특례제한법 제87조의 6

- 2016년까지 국외 자원 개발 투자회사의 배당으로써 액면

5,000만 원 이하의 보유 주식 배당→9.9% | 액면 2억 원

이하의 보유 주식 배당→15.4%_조세특례제한법 91조의 6

- 비실명 금융 소득→46.2%(금융기관을 통해 지급되는 경우

99%)

- 수익을 구성원에게 배분하지 않는 단체가 받는 이자, 배당

→15.4%

- 거주자의 금융 소득(비과세 및 분리과세 제외) 합계액이

2,000만 원 이하인 금융 소득→15.4%, 27.5%(비영업 대금

의 이익)

- 개인종합자산관리계좌의 수익 중 비과세(200만 원 또는

400만 원) 부분을 초과한 이자, 배당→9.9% _ 조세특례제

한법 제91조의 18

특히 10년 이상 장기 채권은 금액에 상관없이 당사자가 신청하

면 원천징수 세율 33%로 납세 의무를 종결시킬 수 있어서 금융소

득종합과세 대상에서 완전히 제외된다. 이 상품으로 절세하려면 금

융 소득이나 다른 소득이 일정 규모 이상이어야 한다. 이때 33%보

다 높은 누진세율로 적용받아 종합과세를 하려는 사람은 분리과세

를 신청해야 유리하다. 과세표준 기준으로 8,800만 원을 초과하면 33%보다 높은 누진세율을 적용받는다. 금융소득종합과세 대상자이어야 하므로 금융 소득을 기준으로 2,000만 원을 초과해야 한다. 그리고 초과한 금융 소득과 다른 종합 소득금액을 합한 후 종합 소득 공제를 차감한 금액(과세표준)이 8,800만 원을 초과해야 한다.

다른 소득이 없고 금융 소득만 있으므로 종합 소득 공제는 없다고 가정하면 3억 250만 원을 초과해야 분리과세가 유리하다. 단순하게 생각하면 금융 소득 기준 금액인 2,000만 원을 초과하고, 초과한 금융 소득이 8,800만 원을 넘기면 된다고 볼 수 있다. 하지만 분리과세가 적용되는 경우 전체 금융 소득에 대해 33%의 일괄 세율이 적용되기 때문에 단계별 누진세율이 적용되는 종합과세와의 비교에서는 33%보다 낮은 세율이 적용되는 구간(6.6~26.4%)도 고려해야 한다. 따라서 금융 소득만 있는 경우 3억 250만 원을 초과하는 대상자는 분리과세로 유리해질 수 있다.

이자 소득의 귀속 시기와 이자 수령인을 최대한 분산

금융소득종합과세는 매년 1월 1일부터 12월 31일까지 발생한 이자에 합산해 계산하므로 이자 소득을 한 시점에 일시 귀속시키는 것보다는 투자 기간 또는 예금 기간에 최대한 분산시키는 것이 유리하다. 현행 세법상 이자 소득 등의 귀속 시기는 이자 수령일, 해약일, 원본 전입일이므로 만기가 1년 이상인 정기예금 등의 이자는 연

지급식으로 가입하고 중도에 해지하지 않는 것이 좋다.

부부의 금융 자산을 합산해 과세하지 않으므로 증여세가 최소화되는 범위 내에서 배우자끼리 증여해야 절세가 된다. 매 10년을 기준으로 배우자에게는 6억 원, 성인 자녀에게는 5,000만 원, 미성년 자녀에게는 2,000만 원에 한해 증여세가 없으므로 장기적인 계획으로 배우자와 성인인 자녀에게 금융 자산을 증여하면 된다.

타익 신탁을 이용해 이자 소득의 귀속만 배우자나 자녀에게 증여하는 방법도 있다. 위탁자를 자신으로 하고 수익자를 자신이 아닌 다른 사람으로 지정하면 금융 소득을 분산시킬 수 있다. 단, 신탁 상품에서 위탁자가 수익자를 다르게 지정하면 세법에서는 위탁자가 수익자에게 금융 상품을 증여한 것으로 해석한다. 이 경우 수익자 지정을 약간 변경하면 증여세의 부담도 줄일 수 있다.

신탁에서는 수익자를 지정할 때, 원본의 이익과 운용 이익의 수익자를 구분해서 지정할 수 있다. 다시 말해 신탁 상품에 가입할 때 원금부분은 위탁자인 자신에게 지정하고, 원금을 운용하여 발생한 이익만 제3자로 지정해서 증여할 수 있는 것이다. 이처럼 운용의 이익만 제3자로 지정하면 금융소득종합과세도 피하고 증여세도 줄일 수 있다. 특히 은행에서 판매하는 ELS는 신탁으로 만든 상품이므로 수익자를 변경할 경우 금융소득종합과세를 피하거나 줄일 수 있다.

금융 소득이 2,000만 원을 초과하면 아무리 적은 금액이라도 신고하는 것이 원칙이므로 금융 자산을 한곳에 몰아서 관리하는 편이 금융 자산의 포트폴리오 구성 면이나 운용 측면에 도움이 된다.

알아두면 좋은 절세 지식

'신탁'은 위탁자가 특정한 재산권을 수탁자에게 이전을 한 다음, 수탁자가 수익자의 이익 또는 특정한 목적을 위해 그 재산권을 관리·처분하게 하는 법률관계를 말한다.

법률적으로 소유권을 수탁자의 것으로 변경하고 수탁자에게 운용 지시 등을 해 위탁자가 지정한 수익자에게 원본(원금)과 운용 수익을 돌려주는 것이 일반적이다. 이 과정에서 일반적으로 수익자를 위탁자 본인으로 지정하는 것을 '자익 신탁'이라 하고, 제3자를 수익자로 지정하는 것을 '타익 신탁'이라 한다.

타익 신탁의 경우 세법상 증여로 판단해 수익자에게 증여세를 부과한다. 위탁자가 금융 상품 등을 신탁으로 가입하고 수익자를 제3자로 지정(타익 신탁)하면 그 명세를 국세청에 통보하게 된다.

이때 원본의 수익과 운용의 수익을 나눠 수익자를 지정할 수 있다. 원본의 수익은 위탁자 본인에게 하고 운용의 수익만 제3자로 지정할 수 있다는 말이다. 이는 신탁 재산을 운용해서 원본은 위탁자에게, 운용한 수익만 수익자로 지정한 제3자에게 돌려주라고 지시한 것이 된다. 이렇게 운용의 수익만을 제3자로 지정하면 금융 소득만 증여한 것으로 해석이

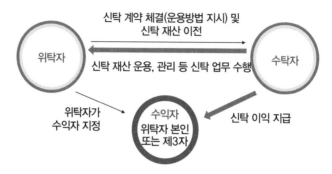

[신탁의 구조]

신탁 계약 체결(운용방법 지시) 및
신탁 재산 이전

위탁자 → 수탁자

신탁 재산 운용, 관리 등 신탁 업무 수행

위탁자가
수익자 지정

수익자
위탁자 본인
또는 제3자

신탁 이익 지급

[수익자 지정에 따른 증여세 과세 판단]

위탁자	수탁자	수익자		과세 문제
		원본	운용	
A	신탁회사	A	A	자익 신탁: 증여 문제 없음
A	신탁회사	B	B	타익 신탁: 원본과 운용 수익을 증여한 것으로 판단
A	신탁회사	A	B	타익 신탁: 운용 수익을 증여한 것으로 판단

된다. 증여 대상 금액을 줄여서 증여세도 낮출 수 있고, 위탁자의 금융
소득을 줄여 금융소득종합과세 대상에서도 제외될 수 있다.

금융 소득이 1,000만 원인 사람이 있다. 여유 자금 10억 원을 수익률
1.9%가 기대되는 금융 상품에 가입하려고 한다. 하지만 금융소득종합과
세는 피하고 싶다. 이 경우 금전 신탁으로 가입하고(위탁자가 됨) 운용의
수익만 제3자로 지정하면 증여세 부담 없이 금융소득종합과세를 피할
수 있다.

만기에 원금과 이자를 합하면 10억 1,900만 원이 되는데 10억 원은 위
탁자가, 이자 1,900만 원은 수익자가 받는다(이때 수익자는 자녀). 이자는
수익자인 자녀에게 귀속되므로 위탁자 입장에서는 추가되는 금융 소득
이 없다. 이자의 경우 증여받은 것으로 판단해서 증여세를 계산하게 된

다. 그런데 성인 자녀라면 5,000만 원까지 증여세가 없으므로 증여세의 부담도 사라진다. 결국 타익 신탁을 활용하면 증여세 부담을 최소화로 하면서 금융소득종합과세를 피할 수 있다.

03
부부간 재산은
10년 단위로 분산하라

부부 합산과세가 없어지고 증여세 과세가 강화되면서 자산 운용 방향도 달라졌다. 금융 자산을 예치하거나 부동산을 취득할 때 부부간 최대한 분산하는 것이 좋다.

대기업 부장인 W는 은행에 예치한 15억 원의 금융 상품에서 매년 3,000만 원에 달하는 금융 소득이 발생하고 있다. 금융소득종합과세로 인한 세금 부담을 줄일 목적으로 아내에게 8억 원 정도를 증여할 계획을 세웠다. 그런데 증여하면 분명 종합소득세는 줄어들겠지만 증여세가 발생할 수 있어 걱정이다. 만약 종합소득세보다 증여세가 더 많다면 포기할 생각이다.

물론 W의 생각이 맞다. 증여로 줄어드는 종합소득세보다 증여세가 더 많다. 그래도 증여하는 편이 낫다. 단기적인 세금 부담으로는 분명 증여세가 더 크지만 그 이후의 절세 효과는 지속해서 유지되기 때문이다.

W가 41.8%의 세율(과세표준 기준으로 1억 5,000만 원)을 적용받는

직장인이라고 가정하면 증여로 절약되는 종합소득세는 264만 원이고 부과되는 증여세는 산출 세액 기준으로 3,000만 원이다. 하지만 종합소득세의 절세 효과는 그 이후에도 계속 264만 원 이상 지속된다. 8억 원을 사전에 증여함으로 인해 8억 원의 이자를 W의 금융소득에서 제외할 수 있기 때문이다. 그 이자는 아내에게 귀속되어 매년 금융소득종합과세를 피할 수 있다. 그 효과가 10년 넘게 지속한다면 추가로 낸 증여세보다 더 많이 절세한 것이 된다. 그뿐만 아니라 사전 증여를 통한 명의 분산은 다음에 발생할 상속세도 절감시킨다. 증여한 후 10년이 지난 다음 사망하거나 추가 증여를 하면 이미 증여한 8억 원은 합산되지 않기 때문이다.

앞으로 금융소득종합과세, 증여세 등이 강화될 수 있으므로 부부간 증여 공제 및 종합과세 기준 금액 범위 내에서 최대한 분산하는 계획이 필요하다. 이미 취득한 부동산이나 금융 자산은 향후 10년 단위로 6억 원씩 부부간에 분산시킨다면 매년 발생하는 종합소득세를 상당 부분 줄일 수 있다.

알아두면 좋은 절세 지식

증여세와 상속세의 면세점

다음 표의 금액 이하를 상속받거나 증여받으면 상속세나 증여세가 나오지 않는다. 증여세나 상속세가 없으면 신고하지 않아도 세무적인 불이익은 없다. 하지만 현금 증여의 경우 확실한 자금 출처의 근거를 만들기 위해서 증여세가 없는 증여 공제의 범위 내라도 신고하는 것이 유리하기도 하다.

[상속의 경우]

수증자	상속 재산이 모두 금융 자산	금융 자산이 없는 경우
배우자＋자녀	12억 원[1]	10억 원[4]
배우자 단독	34억 원[2]	32억 원[5]
자녀 단독	6억 2,500만 원[3]	5억 원[6]

- 주: 1) 배우자 공제 5억 원＋일괄 공제 5억 원+금융 자산 상속 공제 2억 원
  2) 배우자 공제 30억 원＋기초 공제 2억 원+금융 자산 상속 공제 2억 원
  3) 일괄 공제 5억 원＋금융 자산 상속 공제 1억 2,500만 원
  4) 배우자 공제 5억 원＋일괄 공제 5억 원
  5) 배우자 공제 30억 원＋기초 공제 2억 원
  6) 일괄 공제 5억 원

[증여의 경우](증여일로부터 소급해 10년 이내 누적 금액으로 판단)

수증자	증여 재산
배우자	6억 원
직계존속	5,000만 원
직계비속	5,000만 원(미성년자인 경우 2,000만 원)
기타 친족	1,000만 원

04
10억 원이 넘는 금융 자산은
부동산으로 바꿔라

순금융 자산이란 금융 자산에서 금융 부채를 차감한 금액을 말한다. 10억 원을 초과하는 금융 자산은 금융 자산 상속 공제를 받을 수 없다.

'피상속인이 사망할 때 상속 재산 중에서 금융 자산이 얼마 정도 있는 것이 절세 차원에서 유리할까?'

현재는 금융 자산으로 10억 원 정도가 가장 적절하다. 금융 자산이 10억 원이면 금융 자산 상속 공제를 최대한 받을 수 있다. 물론 절세 차원에서의 판단 기준이다.

금융 자산 상속 공제는 순금융 자산의 20%를 공제받을 수 있다. 공제 한도는 최고 2억 원까지다. 따라서 10억 원을 초과하는 금융 자산은 금융 자산 상속 공제를 받을 수 없다.

그렇다면 금융 자산 상속 공제는 왜 만들어졌을까? 상속 재산 대부분이 부동산인 사람과 형평성을 맞추기 위해 만들어진 것이다. 상속세나 증여세의 재산 평가 원칙은 '시가'이다. 현금이나 예금 등 금융 상품은 시가 확인이 바로 가능해 액면 그대로 평가할 수 있지만 부동산은 그렇지 않아 기준 시가를 통해 보충적으로 평가한다. 따라서 부동산은 시가보다 저평가되는 것이 당연하다. 시가가 10억 원 정도인 부동산을 증여받는 사람과 10억 원의 금융 자산을 증여받는 사람이 있다면 부동산을 증여받는 사람의 증여세가 더 낮다.

저평가성과 환금성을 고려하라

부동산의 기준 시가가 시가보다 20~30% 저평가된 현실을 고려해 금융 자산에 그 비율만큼 공제해주는 것을 '금융 자산 상속 공제'라고 한다. 하지만 이 원칙을 만들 때 금융 자산이 10억 원을 초과하는 경우를 가정하지 않았다. 2억 원을 한도로 하고 있기 때문이다.

20%를 공제하는 순금융 자산이란 금융 자산에서 금융 부채를 차감한 금액이다. 여기서 금융 자산은 일반적인 금융 자산뿐만 아니라 주식, 보험, 펀드 등 간접 투자 상품까지 포함한다.

10억 원을 초과하는 금융 자산은 될 수 있는 대로 부동산으로 바꿔야 세무적으로 유리하다. 10억 원을 초과해 금융 자산을 보유하면 부동산보다 20% 정도 높게 평가될 수 있기 때문이다.

절세를 목적으로 자산의 유형을 변경해도 고려해야 할 사항이 있다. 바로 환금성과 저평가성이다. 즉, 실거래 가격보다 기준 시가가 저평가된 부동산으로 투자하는 것이 좋다. 이때 언제든지 현금으로 바꿀 수 있고 유동성이 높은 부동산에 투자해야 한다.

금융 자산 상속 공제에 대해 좀 더 알아보자. 사망으로 인해 상속이 개시되는 날 기준으로 상속 재산액 중 순금융 자산 금액(금융 자산 − 금융 부채)이 있을 때, 다음에 의한 금액을 상속세 과세액에서 공제하되 2억 원을 초과하면 2억 원을 공제한다.

- 순금융 자산액이 2,000만 원을 초과하는 경우 : 순금융 자산액의 20%에 상당하는 금액(2,000만 원에 미달하면 2,000만 원)
- 순금융 자산액이 2,000만 원 이하인 경우 : 순금융 자산액

05
금융 투자 소득, 주식 매매
차익 5,000만 원까지는 세금이 없다

금융세제 선진화 방안 발표로 인해 기존 비과세 소득이 과세 소득으로 변경된다
는 단점과 손실 및 이익을 통산할 수 있다는 장점이 동시에 생겼다.

　　상장 주식에 투자할 때 세금 걱정을 하는 사람은 많지 않다. 자본
시장의 성장을 도모하기 위해 거래소에 상장된 주식의 매매 차익에
는 세금을 부과하지 않기 때문이다. 단, 대주주인 경우에만 세금이
부과되는데 지분율 기준 1% 이상, 시가총액 기준 10억 원 이상(코
스피 기준)이 대주주 기준에 해당된다. 따라서 대주주만 아니라면 매
매 차익에 세금을 내지 않아도 되므로 연말 보유 주식의 시가총액
을 조절하는 것이 절세방안으로 활용되기도 한다. 대주주를 판단할
때 지분율 기준은 매매 시점이지만, 시가총액 기준은 직전년도 말
이기 때문이다.

　　대주주 외 투자자들은 증권거래세 0.25%(코스피 기준)만 부담하
면 대주주보다 매매 차익이 크더라도 세금 부과가 없다. 가령 대주

주인 사람의 매매 차익 1,000만 원의 경우 주식 양도소득세를 부담해야 하지만 대주주가 아닌 사람의 매매 차익 1억 원의 경우에는 증권거래세만 부담하면 된다. 상장 주식에만 부여된 특혜가 금융 자산 간 과세불형평을 초래하는 바람에 대주주의 기준을 점차 낮춰왔고 2021년 4월 1일 이후부터는 시가총액 기준이 3억 원 이하로 변경될 예정이었다. 하지만 시행 전 최종 협의를 통해 대주주 기준은 2020년 현행 시가총액 기준인 10억 원을 유지하기로 결정됐다 (2021년 소득세법 시행령 개정 예정).

다만, 이는 한시적 유예일 뿐이다. 2023년부터 상장 주식의 양도소득세는 새로운 국면을 맞이한다. 2020년 6월 25일, 대주주의 기준 변동을 통해 과세범위를 확장시키던 세법은 과세 합리화 취지를 내세운 대대적인 소득 개편안인 '금융세제 선진화 추진 방향'을 발표했다. 핵심은 새로운 과세 소득인 금융 투자 소득의 탄생이다. 앞으로 금융과 관련된 투자 소득은 기존에 구분되어진 소득과는 별개의 소득인 금융 투자 소득으로 과세된다. 소득이 있는 곳에 세금을 부과하겠다는 '국민개세(皆稅)주의' 취지를 근거로 2023년부터 대주주라는 개념 없이 매매 차익의 크기에 따라 세 부담의 크기도 달라진다.

#금융 투자 소득에는 3가지의 세제 혜택이 있다
상장 주식 매매 차익은 더 이상 양도소득이 아니다. 신설된 금융 투자 소득으로 과세되고, 별도의 소득으로 분류되어 기타 다른 소득과는 합산되지 않는 분류과세 대상이다. 세율은 과세표준 기준으로 3억 원 이하 20%, 3억 원 초과 25%이며 과세 후 종결되는 구조로 복잡하지는 않다. 단, 그동안 과세 대상에서 제외되었던 소득에 세금이 부과되니 투자자들의 조세 저항이 만만치 않았고, 완만한 제도 정착을 위해서 조정이 필요했다. 따라서 언론, 공청회 등을 통해 여론을 수렴한 후 발표된 세법개정안에 따라 투자 심리 제고와 주식시장 활성화를 위한 세제 혜택이 주어질 예정이다.

첫째, 기본 공제가 존재한다. 기존 대주주 주식 양도 소득에는 기본 공제금액이 250만 원이었다. 이제 금융 투자 소득으로 분류되면 상장 주식 매매 차익에서 5,000만 원의 기본 공제가 적용된다. 그간 비과세였던 부분에만 적용되는 혜택이다. 공모 주식형 펀드의 주식 매매 차익 역시 세금 부담이 없었기 때문에 5,000만 원 기본 공제 대상 소득에 포함되고, 이 두 소득을 합산한 금액에 기본 공제가 적용된다. 다시 말하면 상장 주식 매매와 공모 주식형 펀드의 이익이 5,000만 원 이상 발생하지 않을 경우 납부할 세금이 없다는 뜻이다. 세금 측면에서 연 5,000만 원에 맞춰 이익 실현을 한다면 세금 부담을 줄이는 방안이 될 수 있다.

둘째, 손익통산과 이월 공제가 가능하다. 사업 소득이나 부동산 양도 소득에서만 인정해주던 손익통산과 이월 공제가 금융 투자 소득에도 도입된다. 투자의 이익이 있다면 손실도 있는 법, 이익과 손실을 통산해 순수 이익에 대해서만 세금을 납부하면 된다. 또, 해당

연도에 순손실이 발생했다면 최대 5년까지 이월 공제가 가능해 손실을 활용한 절세방안을 강구할 수 있다.

셋째, 증권거래세율 인하다. 흔히 알고 있는 코스피 증권거래세는 증권거래세 0.1%와 농어촌특별세 0.15%의 합인 0.25%다. 여기서 증권거래세는 단계적 인하를 통해 2023년부터 0%가 되므로 결론적으로 농어촌특별세 0.15%만 부과되는 셈이다. 거래 자체에 대한 세금 부담이 없어지고 소득 크기에 따른 세 부담만 남아 매도 시기와 손실통산을 잘 활용하면 세금의 크기도 조절할 수 있다.

[상장 주식 매매 차익 과세 여부]

구분	현행 기준	2023년 이후
과세	• 대주주에 해당하는 경우(코스피 기준) 20년 4월 1일 이후 지분율 1%, 시가총액 10억 원 이상	매매 차익 5,000만 원 초과(세율 20~25%)
비과세	• 대주주에 해당하지 않는 경우	매매 차익 5,000만 원 이하

• 출처: '금융세제 선진화 추진 방향' 자료 재구성

#금융 투자 소득은 분류과세 소득이다

금융소득종합과세 대상자들은 금융 소득이 타 소득과 합산되어 누진세율이 적용되는 것을 피할 수 있다. 현재 금융 소득에는 예금 이자, 주식 배당, 펀드 이익, 파생결합증권(ELS) 이익 등 다양한 종류의 소득이 존재한다. 이 중 그 원천이 이자나 배당으로 발생한 소득인 예·적금 이자나 주식 배당은 기존과 동일하게 금융 소득으로 과세되지만, 해당 소득을 제외한 펀드 이익, 파생결합증권 이익 등은 금융 투자 소득으로 분리되어 20%(과세표준 기준 3억 원 초과 25%)의 세금 납부만 하면 금융소득종합과세를 걱정할 필요가 없다.

금융 소득은 연간 2,000만 원 초과 시 타 소득과 합산되는 금융소득종합과세에 해당되고 최고 세율 42%(2021년 이후 45%)인 소득세 7단계(2021년 이후 8단계) 누진세율이 적용된다. 하지만 금융 투자 소득으로 과세되면 20~25%의 세율만이 적용되므로 35% 이상의 누진세율 구간에 해당하는 사람은 세 부담이 줄어들 수 있다.

9장

건강보험료를 줄여주는 절감 지식

건강보험료에 대한 거부감은 세금만큼 크다. 특히 건강보험료 부과 대상의 범위가 해를 거듭할수록 확대되고 있어 건강보험료 부과 기준 및 피부양자 요건 등을 사전에 파악하지 못하면 준비 없이 큰 금액의 건강보험료를 부담해야 할 수 있다. 하지만 소득의 분산 및 다양한 제도, 각종 혜택 등을 활용해 건강보험료 부담을 피하거나 줄일 수 있다.

01
피부양자 요건부터
파악하라

건강보험료가 부담된다면 직장가입자의 피부양자 요건부터 알아야 한다. 피부양자 요건을 충족하지 못해 지역가입자가 된다면 소득뿐만 아니라 보유 재산에도 건강보험료가 부과된다.

누구에게는 세금보다 무서운 것이 바로 건강보험료다. 정확히 말하면 세금은 아니지만 공공기관에서 부과하여 걷어가는 방식이니 준세금과 같다고 볼 수 있다.

근로 소득이 있는 직장가입자인 경우 월 소득을 기준으로 건강보험료를 산정하니 계산이 간편하다. 사업주는 해당 근로자의 건강보험료를 50% 부담해준다. 또한 월급을 월급통장에 찍히는 세후금액으로 인식하는 경향이 높다 보니 건강보험료에 큰 부담을 느끼는 직장인은 많지 않다(근로 소득 외 소득이 연 3,400만 원을 초과한다면 추가 보험료가 발생한다).

반면 직장가입자가 아니고 직접 납부해야 하는 사람들 입장에서는 건강보험료는 거부감의 대상이 된다. 이들은 지역가입자와 직장가입자의 피부양자, 둘로 나뉜다. 지역가입자는 본인의 소득 및 재산에 근거해 건강보험료를 납부한다. 하지만 직장가입자의 피부양자로 등재된다면 별도의 건강보험료 납부 없이 건강보험 혜택을 받을 수 있다. 바로 이 이유 때문에 직장가입자의 피부양자 자격을 유지하려고 애를 쓰는 것이다. 직장가입자의 피부양자가 되려면 어떤 요건을 충족해야 할까?

피부양자의 요건으로는 '부양 요건', '소득 요건', '재산 요건', 총 3가지가 있는데 모두 만족해야 등재가 가능하다. 피부양자는 부양을 받는 자이기 때문에 부양 요건을 우선적으로 충족해야 한다. 동거를 하는 경우에는 부양 요건을 충족한다고 볼 수 있고, 비동거인 경우라도 부양자가 별도로 없고 소득이 없다면 가능하다.

이보다 더 중요한 요건은 소득 요건과 재산 요건이다. 피부양자 자격을 얻기 위한 소득 요건은 연간 소득 기준으로 연 3,400만 원 이하다. 단, 사업 소득이 없어야 한다. 사업자 등록이 되어 있는 경우에는 소득이 있기만 하면 피부양자 요건을 충족하지 못하기 때문에 주의해야 한다.

그렇다면 사업 소득이 있다고 피부양자가 될 수 없을까? 그렇지 않다. 예를 들어 학원에서 일시적으로 강의를 하고 받는 강의 수당 같은 경우 보통 3.3% 원천징수가 되는 사업 소득이다. 이처럼 사업자 등록 없이 받는 사업 소득금액이 연 500만 원 이하라면 피부양자 자격을 유지할 수 있다.

마지막으로 재산 요건을 충족해야 한다. 매년 6월 1일을 기준으로 재산세 과세표준 합계액이 5억 4,000만 원 이하여야 한다. 현재 공시가액이 시세의 70%를 반영한다고 가정하면, 시세 12억 원 이하의 부동산을 보유하고 있어야 가능한 금액이다. 해당 금액을 초과한다고 무조건 자격이 박탈되지는 않는다. 대신 소득 요건인 연간 소득이 연 3,400만 원에서 연 1,000만 원으로 낮아진다. 피부양자제도는 경제적 부담 능력이 없어 직장가입자에 의해 생계를 유지하는 자에게 보험료 부담 없이 의료 보장을 하고자 하는 취지를 갖고 있다. 따라서 일정 기준금액 이상의 부동산을 소유하고 있다면 고액 자산가로 분류해서 경제적 부담 능력이 있다고 보는 것이다.

이상의 요건을 모두 만족하면 직장가입자의 피부양자로 등재될 수 있고 별도의 건강보험료 부담 없이 건강보험의 혜택을 받을 수 있다.

변화하는 요건부터 파악하라

절세방법과 마찬가지로 건강보험료 역시 변화하는 요건을 파악해야 선제적으로 대응을 할 수 있다. 직장가입자의 피부양자 요건을 충족하지 못하면 지역가입자로 전환된다.

2017년에 발표된 건강보험 부과체계 개편에 따라 단계별 2단계 조정이 진행되고 있다. 2018년도 7월부터 1단계 조정을 통해 현행 기준이 적용됐고, 2022년 7월부터는 2단계 조정을 진행할 예정이다. 1단계 조정에 의해 직장가입자의 피부양자에서 지역가입자로 전환된 사람들의 월 평균 보험료는 18만 6,000원이다(국민건강보험공단 보도자료 참고). 건강보험료 부담이 전혀 없다가 1년에 220만 원 정도를 납부해야 하는 상황이 된 것이다.

2단계 조정 시점부터는 현행 기준금액보다 하향 조정된다. 소득 요건은 연 2,000만 원으로, 재산 요건은 재산세 과세표준 기준 3억 6,000만 원으로 변경될 예정이다. 지역가입자로 전환될 사람이 상당히 많을 것으로 예상된다.

중요한 부분은 소득 요건에 있다. 지역가입자의 건강보험료 부과 체계는 세금 신고와 연관이 있다. 매년 5월 말까지(성실 신고 사업자는 6월 말까지) 종합소득세 신고가 이뤄지면 9~10월 사이 국민건강보험공단에서 자료를 취합한다. 취합한 자료를 갖고 11월부터 변경된 소득금액으로 건강보험료를 부과한다.

2022년 7월부터 적용 예정인 소득 요건은 국민건강보험공단에서 아직 취합할 수 없는 금액이다. 2021년 동안의 소득 신고를 2022년에 하다 보니 2022년 7월에는 2021년 소득 기준을 적용할 수 없다. 따라서 2020년 소득을 기준으로 부과하게 될 예정이므로 피부양자 자격을 유지하고자 한다면 2020년 소득부터 관리할 필요가 있다. 물론 건강보험료가 부담된다고 더 큰 소득을 포기할 사람은 없다. 다만 기준금액 언저리에 해당하는 사람들이라면 미리 준비해서 피부양자 자격을 유지해야 할 것이다.

금융 투자의 경우 최대한 비과세 종합저축, ISA, 주식형 펀드 등 과세가 되지 않는 상품에 투자하는 것이 좋다. 수익금액이 똑같다고 해도 비과세 소득이기 때문에 건강보험료 부과 기준에 포함되지 않는다. 또한 연금저축계좌를 활용해 사적 연금 소득을 취하는 방법도 좋은 방안이다. 소득 요건에 포함되는 소득 중 연금 소득은 국민연금, 사학연금, 공무원연금, 군인연금 등 공적 연금만 해당한다. 즉, 금융권에서 가입이 가능한 연금저축의 연금 소득은 건강보험료 부과 대상금액이 아니기 때문에 적극적으로 활용하는 것이 좋다.

알아두면 좋은 건강보험료 지식

직장가입자 (상시 1인 이상 근로사업장에 고용된 근로자와 사용자)	보수월액(근로 소득) 보험료	소득월액(근로 소득 이외) 보험료
	• 보수월액×6.67% • 상한(664만 원), 하한(1.8만 원) • 본인 부담 50%, 사용자 부담 50%	• (연간 보수 외 소득—3,400만 원) ÷12×소득 평가율1))×6.67% • 상한(332만 원), 하한(없음) • 본인 부담 100%

피부양자 (직장가입자에게 생계를 의지하는 자로 소득·재산·부양 요건을 갖춘 자)	소득 요건	재산 요건
	• 다음의 요건을 모두 충족 ① 연소득 3,400만 원 이하 ② 사업 소득이 없을 것(사업자 미등록 시 500만 원 이하일 것)	• 다음 중 하나에 해당할 것 ① 재산세 과세표준 5.4억 원 이하일 것 ② 재산세 과세표준 5.4~9억 원+ 연소득 1,000만 원 이하일 것

• 2022년 7월부터 소득 기준(3,400만 원→2,000만 원), 재산세 과세표준 기준(5.4억 원→3.6억 원) 변경 예정

지역가입자 (직장가입자와 직장가입자의 피부양자가 아닌 자)	세대 단위 보험료
	• 부과요소별2) 합산 부과점수×195.8원 • 연소득 100만 원 이하 세대: 소득 최저 보험료(13,980원)+{부과요소별 점수(재산+자동차)×195.8원} • 연소득 100만 원 초과 세대: 부과요소별 점수(소득+재산+자동차)×195.8원

• 출차: 국민건강보험공단 자료 재구성 | 2020년 기준
• 주: 1) 소득 평가율: 사업·이자·배당·기타 소득(100%), 연금·근로 소득(30%)
  2) 부과요소: 소득(사업·이자·배당·연금·기타·근로 소득), 재산(토지·주택·건축물·선박·항공기·전월세), 자동차

02
소득이 있어도
피부양자 자격을 유지할 수 있다

기혼인 경우 배우자와 본인 모두 소득 요건을 충족해야 건강보험 피부양자 자격을 유지할 수 있다. 소득 요건을 충족하기 어려울 것으로 판단되면 사전에 미리 증여 등의 방법을 통해 소득을 분산시키는 것이 대안이 될 수 있다.

해마다 5월에는 금융소득종합과세에 관한 상담이 급격히 늘어난다. 이 중 대다수는 근로 소득이나 사업 소득과 같이 주 수입원이 없는 금융소득종합과세 대상자다. 이들의 주 관심사항은 세금일까? 아쉽게도 세금은 아니다. 바로 건강보험 피부양자 자격을 유지할 수 있는 조건에 관심이 있다.

앞에서 언급했듯이 다른 소득이 전혀 없는 상황에서는 금융 소득이 약 7,900만 원(종합 소득 공제 300만 원인 경우)까지는 추가로 납부할 세액이 없다. 이미 원천징수 세율인 15.4%로 세금을 납부했기 때문이다.

하지만 건강보험 피부양자 자격 요건은 다르다. 연간 소득을 합쳐 총 3,400만 원을 초과하면 피부양자 자격이 박탈된다. 해당 연간 소득에는 당연히 금융 소득도 포함된다. 즉, 세금 관련해서는 추가적으로 납부할 금액이 없지만 건강보험료의 경우 자연스럽게 지역가입자로 전환된다. 지금까지는 피부양자로 등록되어 건강보험료 납부 없이 혜택을 받았다면, 이제는 받는 혜택보다 건강보험료 납부 금액이 더 클 수도 있다. 국민건강보험공단 홈페이지에 있는 '건강보험료 모의계산하기'를 통해 지역가입자로 전환되었을 때의 건강보험료를 예상해볼 수 있다(민원신청→개인민원→보험료→4대 사회보험료 계산→건강보험료 모의계산하기).

종합 소득금액 4,000만 원, 주택(기준 시가 3억 원), 차량(취득가액 3,000만 원)을 보유한 경우를 가정해보자. '건강보험료 모의계산하기'로 계산해보면 보험료 예상액이 약 38만 원(장기요양보험료 포함)이 나온다. 연으로 환산하면 450만 원에 해당하는 금액으로 1년에 병원비를 450만 원도 쓰지 않는 사람들에게는 부담이 큰 금액이다.

#적극적인 소득 조정이 필수다

올해 정년퇴직을 한 P는 퇴직금을 어떻게 운용할지 고민 중이다. 퇴직 소득을 정기예금과 ELS 상품을 통해 운용하려 했는데 생각해보니 금융 소득이 4,000만 원 이상 발생할 것으로 예상됐기 때문이다. 퇴직 후 별도의 소득이 없는 상태에서 매달 발생하는 지역가입자의 건강보험료는 상당히 큰 부담으로 다가온다.

P의 금융 자산을 오랫동안 관리해서 P의 상황을 잘 알고 있는 한

PB팀장은 개인형 퇴직연금인 IRP계좌를 적극 추천했다. PB팀장이 건강보험료에 해박한 지식을 갖고 있어 P에게 알맞은 컨설팅을 제안한 것이다.

피부양자 요건 중 소득 요건에 해당하는 연간 소득에 사적연금은 포함되지 않는다. 퇴직금을 IRP계좌에 불입하여 운용하고 해당 금액을 연금으로 수령하는 경우에는 보험료 부과 대상 소득이 아니므로 수령금액에 관계없이 피부양자 자격 요건 중 소득 요건을 충족할 수 있다. 연금 소득의 경우에는 국민연금, 공무원연금 등 공적 연금만이 연간 소득에 포함되는 소득이다. 퇴직 소득으로 IRP계좌를 운용하다가 중도에 일시금으로 해지하면 어떻게 될까? 퇴직금이 재원인 소득은 퇴직 소득, 일부 운용을 통한 이익분은 기타 소득으로 과세된다. 이때 퇴직 소득은 당연히 포함되지 않고 기타 소득은 16.5% 세율로 과세하고 종결되는 분리과세 대상 소득이므로 둘 다 연간 소득에는 포함되지 않는 소득이다.

배우자 간 증여를 활용하면 금융 소득을 분산할 수 있다

연간 소득에 포함되는 소득이 발생한다면 소득을 분산하는 것 또한 대안이 될 수 있다. 피부양자 인정 기준 중 하나인 소득 요건은 기혼자인 경우 배우자의 소득도 본인의 소득 요건에 영향을 미친다. 사회통념상 부부는 소득을 공동 향유하는 경제공동체로 인식되고 있어 피부양자 인정 시 소득 요건의 경우 부부 모두가 충족해야 한다.

은퇴한 노부부 J와 K는 직장에 다니는 아들에게 건강보험 피부양자로 등재되어 있었다. 올해는 K가 가입한 ELS 상품들 수익이 높아 금융 소득이 5,000만 원이 발생했지만 J는 금융 소득이 1,000만 원만 발생했다.

건강보험 피부양자의 소득 요건 기준으로 보면 K는 연간 소득 5,000만 원 초과로 피부양자 요건을 충족하지 못했고, 금융 소득 1,000만 원이 전부인 J는 요건을 충족했다(재산 요건은 둘 다 충족한 것으로 가정).

이때 K는 지역가입자로 전환이 되겠지만, J는 피부양자 자격을 유지할 수 있을까? 그렇지 않다. 소득 요건은 부부의 소득을 합산하지는 않지만 각각 1인이 모두 피부양자 소득 요건을 충족해야 자격 유지가 가능하다. 둘 중 한 명이라도 충족하지 못한다면 둘 다 피부양자 자격을 유지할 수 없고, 둘의 소득 및 보유 재산 전체에 대해 지역보험료가 부과된다.

K가 세무사의 도움으로 금융 소득을 분산할 수 있었다면 J와 K는 피부양자 자격을 유지했을 것이다. K에게 발생한 올해 소득은 배당 소득으로 ELS 상품의 원금을 제외한 수익금액이다. 이 수익금액이 바로 금융소득종합과세 대상에 해당하는 금융 소득이다. ELS는 상품의 특성상 원금의 귀속자와 수익의 귀속자를 나눌 수 있다. 따라서 해당 ELS 상품 중 일부 상품들의 원금 귀속자는 K로, 수익 귀속자는 J로 변경할 수 있다. 예상 수익을 사전에 판단해 K의 금융 소

득을 3,000만 원으로 만들고 나머지 2,000만 원에 해당하는 금액을 J에게 분산한다면, 둘 다 소득 요건인 연 3,400만 원을 초과하지 않기 때문에 피부양자 요건을 충족할 수 있다.

이 경우에 J는 K로부터 수익금액 2,000만 원을 증여받아야 한다. 원금에 해당하는 금액이 아닌 수익금액의 일부만을 증여하는 것이기 때문에 증여 금액에 대해 부담이 없다. 부부간에는 서로 10년 동안 증여 재산금액이 6억 원 이하인 경우 증여세 없이 증여할 수 있다. 즉, 매년 6,000만 원까지는 증여하더라도 납부할 세금이 없다.

또한 서로 각각 별도로 6억 원씩이다. 다음 연도에 J의 금융 소득이 많이 발생해서 K에게 수익금액 일부를 증여해도 해당 증여금액은 K가 증여했던 금액과 합산하지 않는다. 서로 6억 원씩, 총 12억 원의 금액이 움직일 수 있다. 증여 재산 공제를 적극 활용하면 증여세 없이도 피부양자 자격을 유지할 수 있는 결과를 만들어 낼 수 있다.

추가적으로 소득 요건과 달리 재산 요건은 각자 개별적으로 판단하고 요건을 충족하지 못한 사람만 피부양자 대상에서 제외된다. J와 K, 모두 소득 요건은 충족했지만 K 혼자 재산 요건을 충족하지 못한 경우도 발생할 수 있다. 이 경우에는 K만 지역가입자로 전환되고, J는 피부양자 자격을 유지할 수 있다. 따라서 K의 재산에 대해서만 지역보험료가 부과된다.

알아두면 좋은 절세 지식

요건별 인정 여부 케이스 4(2020년 기준)

Case 1. 사업 소득이 없는 경우

㉠ 소득 정보: 공적 연금 700만 원

㉡ 재산 정보: 재산세 과세표준 합계액 8억 원

㉢ 피부양자 해당 여부: 소득 요건 충족(공적 연금 소득만 포함) ｜ 재
산 요건 불충족

→ 재산 요건을 충족하지 못했으나 소득이 1,000만 원 이하이므로 피
부양자 해당 ○

Case 2. 사업자 등록을 하지 않고 사업 소득이 500만 원 이하인 경우

㉠ 소득 정보: 금융 소득 1,300만 원, 사업 소득 200만 원

㉡ 재산 정보: 재산세 과세표준 합계액 3억 원

㉢ 피부양자 해당 여부: 소득 요건 충족 ｜ 재산 요건 충족

→ 사업자 등록 없이 사업 소득이 500만 원 이하이므로 피부양자 해
당 ○

Case 3. 父, 母 중 1인이 소득 요건을 충족하지 못한 경우

㉠ 父: 금융 소득 400만 원, 재산세 과세표준 합계액 4억 원

㉡ 母: 금융 소득 6,000만 원, 재산세 과세표준 합계액 3억 원

㉢ 피부양자 해당 여부: 父(소득 요건 ○, 재산 요건 ○), 母(소득 요건 ×, 재산 요건 ○)

→ 父, 母 모두 피부양자 해당 ×

Case 4. 父, 母 중 1인이 재산 요건을 충족하지 못한 경우

㉠ 父: 금융 소득 800만 원, 재산세 과세표준 합계액 10억 원

㉡ 母: 금융 소득 1,000만 원, 재산세 과세표준 합계액 2억 원

㉢ 피부양자 해당 여부: 父(소득 요건 ○, 재산 요건 ×), 母(소득 요건 ○, 재산 요건 ○)

→ 父 피부양자 해당 ×, 母 피부양자 해당 ○

03
매달 월세 83만 3,000원까지는
주택 임대사업자도 피부양자가 될 수 있다

주택 임대사업자 등록이 건강보험료에서는 해결책이 될 수 있다.

은퇴 후 작은 오피스텔을 보유하고 있는 B는 요즘 걱정이 많다. 별다른 소득 없이 오피스텔 1채로 월세를 받아 생활하고 있었는데 올해 처음으로 종합소득세 신고를 했기 때문이다. 한 달에 100만 원 남짓의 월세를 받는데 이제 세금도 납부해야 하고 건강보험료도 부과된다고 하니 여간 걱정이 아니다.

2019년에 발생한 주택 임대 소득부터는 금액에 관계없이 무조건 종합소득세 신고 대상이다. 2018년까지는 연간 2,000만 원 이하 금액은 비과세 대상이었다. 하지만 2019년부터 발생한 모든 주택 임대 소득이 신고 대상이 됐고, 해당 금액에 대해 건강보험료 부과 기준이 적용된다.

일부 사람에게는 세금 신고보다 건강보험료가 더 큰 골칫거리가 될 것이다. 피부양자에서 제외되고 지역가입자로 전환되면 소득뿐만 아니라 보유하고 있는 오피스텔에 대해서도 부과점수가 적용되기 때문에 건강보험료 부담이 크게 다가올 수밖에 없다.

2017년 보건복지부에서 발표한 건강보험료 부과체계 개편안에는 현재 피부양자로 등록되어 있는 대상자가 너무 많다는 내용이 담겨 있다. 즉, 개편을 통해 피부양자 대상을 단계적으로 줄이겠다는 이야기다. 변화되는 요건을 빨리 파악하고 그에 맞는 대응책을 펼쳐야 기존과 같이 피부양자로 건강보험 자격을 유지할 수 있다.

#주택 임대사업자로 등록하면 피부양자 자격 유지 가능

건강보험료 부과체계를 살펴보면, 피부양자 자격 요건 중에 소득 요건이 있다. 현재 소득 요건에 해당하는 연간 소득은 3,400만 원 이하다(2022년 7월부터는 2,000만 원). 사업 소득은 사업자등록증이 있는 경우와 없는 경우로 나뉜다. 사업자등록증이 없는 경우 연간 소득 500만 원을 초과하면 요건을 충족하지 못한 것으로 보고, 사업자등록증이 있는 경우에는 소득이 1원이라도 있으면 요건을 충족하지 못한 것으로 본다. 그렇다면 주택 임대 소득이 있는 사람도 소득 요건을 충족할 수 있는 방법이 있을까?

2020년 1월 1일부터는 주택 임대사업자도 여타 다른 사업자와 마찬가지로 관할세무서에 사업자 등록이 필수다. 이제 사업자 등록을 하지 않는다면 수입금액에 가산세 0.2%가 적용된다. 따라서 사업자 등록을 해야 하고, 사업자 등록이 되어 있는 경우 피부양자 소득 요건을 충족하기 위해서는 소득을 0원으로 만들어야 한다.

세법에서는 2,000만 원 이하 주택 임대 소득에 대해 분리과세 혜택을 준다. 세 부담의 급증을 막기 위함이다. 주택 임대 소득에 분리과세를 적용하는 경우 필요 경비율을 적용하는데 '민간 임대 주택에 관한 특별법'에 따라 주택 임대사업자로 등록하고 일정 요건을 충족한 경우에는 60%, 등록하지 않는 경우에는 50%를 인정해준다. 여기에 추가적으로 분리과세 주택 임대 소득을 제외한 종합소득금액이 2,000만 원 이하인 경우에는 400만 원(주택 임대사업자 등록을 하지 않은 경우 200만 원)을 차감해준다. 해당 계산식에 의해 역산하면 주택 임대사업자로 등록한 사람은 연간 1,000만 원까지는 주택 임대 소득을 0원으로 만들 수 있다. 월세로 환산하면 83만 원 정도다. 주택 임대사업자로 등록한 사람은 월세 합산금액을 83만 원 이하로 유지하면 기존과 동일하게 건강보험 피부양자 자격을 유지할 수 있다.

만약 월세 합산금액이 83만 원을 초과한다면 전세 전환을 통해 피부양자 자격을 유지하는 것도 방법이 될 수 있다. 월세 수입 일부를 전세보증금으로 전환해 월세 수입을 면세점 이하로 조정하면 피부양자 자격 유지가 가능하다.

주택 임대사업 대상 주택에서 월세 100만 원을 수령한다고 가정해보자. 월세를 80만 원으로 낮추고 보증금을 2,000만 원으로 변경하면 월세 수입은 면세점 이내이기 때문에 소득 요건을 충족해 피부양자 자격을 유지할 수 있다. 또한 월세 수입은 줄었지만 줄어든 수입보다 더 납부할 수 있었던 건강보험료를 납부하지 않아도 되고, 보증금을 금융 상품 등을 통해 운용하면 추가 수익을 얻을 수 있어 좋은 대안이 될 수 있다.

직장에 다니고 있는 W와 가정주부인 M은 오피스텔을 구입한 후 임대사업을 시작하기 전에 건강보험료 관련 상담을 받았다. 근로 소득과 주택 임대 소득 외 소득이 없는 부부는 직장에 다니고 있는 W 명의로 주택 임대사업자 등록을 하는 것이 건강보험료 측면에서 유리하다는 답변을 들었다. 면세점을 초과하는 주택 임대 소득이더라도 직장가입자의 소득월액(근로 소득 외 소득) 부과 시 연 3,400만 원을 초과해야(2022년 7월부터는 2,000만 원) 부과 대상 소득에 포함된다. 또한 직장가입자는 보유 재산에 대해서 보험료가 부과되지 않는다. 그런데 주택 임대 소득이 연간 2,000만 원을 초과해 분리 과세 대상에 해당되지 않는다면 종합소득세 부담이 증가할 수는 있다. 세 부담 측면에서만 바라본다면 2,000만 원을 초과하는 경우 소득을 분산하는 것이 훨씬 유리한 방법이다.

갑작스런 건강보험료 부담은 여러 사람에게 혼란을 야기했다. 2017년 말, 국토교통부는 임대 주택 등록의 활성화 방안의 일환으로 주택 임대사업자에 대한 건강보험료 감면 혜택을 발표했다. 연간 주택 임대 소득 2,000만 원 이하인 사람 중 장기 일반 민간 임대 주택(의무 임대 기간 8년)으로 등록하면 건강보험료 인상분에 대해 80%를 감면해주는 것이다. 단기 민간 임대 주택(의무 임대 기간 4년)

으로 등록하면 감면율은 40%다.

그런데 2020년 7월 10일에 발표한 '주택 시장 안정 보완대책'에 따라 단기 민간 임대 주택은 폐지됐고, 장기 일반 민간 임대 주택 중 아파트는 등록 대상에서 제외됐다. 즉, 단기 민간 임대 주택이나 아파트 보유자는 2020년 8월 18일 '민간 임대 주택에 관한 특별법' 시행 전에 등록한 주택의 경우에만 혜택을 받을 수 있으니 주의해야 한다.

[Tip 1. 임대 소득금액 면세점]

구분	등록 임대 주택	미등록 임대 주택
총수입금액	1,000만 원	400만 원
― 필요경비	600만 원	200만 원
― 공제금액	400만 원	200만 원
주택 임대 소득금액	0원	0원

• 주: 분리과세 주택 임대 소득을 제외한 종합 소득금액이 2,000만 원 이하인 경우

[Tip 2. 주택 임대사업자와 피부양자]

주택 임대사업자	주택 임대 소득	피부양자 유지 여부
등록	1,000만 원 이하	피부양자 유지
	1,000만 원 초과	지역가입자 전환
미등록1)	400만 원 이하2)	피부양자 유지
	400만 원 초과	지역가입자 전환

• 주: 1) 소득세법상 사업자 미등록 가산세: 0.2%
　　 2) 보건복지부 내부 지침을 통해 확인한 결과, 주택 임대사업의 경우 '민간 임대 주택에 관한 특별법'에 따른 등록 임대사업자가 미등록 임대사업자보다 불리할 수 있어 사업자 등록이 되어 있지 않더라도 연간 소득 400만 원 이하인 경우에만 피부양자 자격 유지 가능

04
건강보험료 조정 신청을
적극 활용하라

지역가입자 건강보험료 조정 신청제도를 모르는 사람이 의외로 많다. 제도를 적극 활용하면 보험료 조정을 앞당겨 받을 수 있다.

　직장가입자 건강보험료의 경우 매년 4월에 연말정산을 실시한다. 매년 3월 10일까지 확정된 전년도 보수총액을 신고받아 해당 소득을 근거로 4월부터 정산된 보험료가 부과된다. 그렇다면 지역가입자는 어떤 방식으로 건강보험료가 정산될까?

　실무적으로는 매달 정산이 된다고 보면 되지만, 큰 틀에서 2가지 기준일이 존재한다. 전년도 발생한 소득을 확정하는 5월 종합소득세 신고일과 재산세가 과세되는 재산세 과세기준일인 6월 1일이다.

　소득을 기준으로 부과되는 점수는 전년도 소득을 기준으로 익년도 11월부터 정산된다. 즉, 한 해의 소득을 다음 해 5월 31일까지 (성실 신고 확인 대상자는 6월 30일까지) 신고하면 국세청으로부터 자료를 공유받아 그해 11월부터 그다음 해 10월까지 적용한다. 예를 들어보면, 2019년도에 발생한 종합 소득에 대해 2020년 5월에 종합 소득 신고를 한다. 국민건강보험공단은 이 확정된 자료를 갖고 정산절차를 거쳐 2020년 11월부터 2021년 10월까지 새로운 건강보험료를 부과한다. 단, 국민연금과 같은 공적 연금기관의 연금 소득 자료는 전년도 귀속분 소득을 매년 1월부터 적용하고 있다(국민건강보험공단 정관 제45조 참고).

부동산은 심플하다. 재산세 과세기준일 6월 1일 현재 소유한 재산의 재산세 과세표준 금액을 관련 기관에서 제공받아 그해 11월부터 다음 해 10월까지 부과점수에 반영한다.

필수 지식, 건강보험료 조정 신청

작년보다 사업이 잘되지 않은 A는 이번에 종합소득세 신고를 해보니 결손이 발생한 것을 알게 됐다. 재작년에는 사업이 워낙 잘되고 소득도 높게 신고해서 건강보험료가 높게 책정됐어도 넘길 수 있었지만 매출이 급감한 올해에는 이미 높게 책정된 건강보험료가 큰 부담으로 다가왔다. 연말과 가까운 11월까지 보험료 정산이 되기만을 기다리기에는 마음이 무겁다. A가 취할 수 있는 조치가 있을까?

건강보험 관련 제도 중에는 지역가입자 보험료 조정 신청제도가 있다. 소득 발생 시점 또는 재산 취득 시점과 보험료 부과에 반영되는 시점 간에 6개월~1년의 시차가 발생하는 문제점을 해결하기 위해 생긴 제도다. A는 지역 건강보험료 조정 신청을 통해 변경된 부과점수로 건강보험료를 납부할 수 있다.

물론 신청을 하기 위해서는 증빙서류가 필요하다. A의 경우에는 세무서로부터 소득금액증명원을 발급받아 국민건강보험공단에 제출하면 된다. 전년도 귀속 소득에 대한 신고가 성실 신고 확인 대상자까지 포함하면 6월 30일까지이다 보니 소득금액증명원은 7월 이후에 발급이 가능하다. 다행히 국민건강보험공단에서는 7월 중으로 서류를 제출하면 6월부터 보험료를 소급해서 조정해준다.

종합 소득이 있는 사람이라면 누구나 건강보험료 조정 신청을 할수 있다. 그렇다면 소득은 줄었는데 소득금액증명원이 없는 사람은 어떻게 신청해야 할까? 신청방법은 동일한데 발급받을 서류가 다르다. '신고 사실 없음'의 사실 증명을 세무서로부터 발급받아 첨부하면 된다. 금융 소득이 2,000만 원 이하인 경우에는 분리과세로 종결되기 때문에 5월 종합소득세 신고를 할 필요가 없고, 신고를 하지 않았기 때문에 소득금액증명원(으로 할 내용)이 없다. 이런 경우에는 신고 사실이 없다는 사실증명원을 발급하면 된다.

문제는 금융 소득이 2,000만 원을 초과했지만 종합소득세 확정신고를 하지 않은 경우다. 기본 공제 300만 원으로 가정하면 다른 소득 없이 금융 소득만 있는 경우 7,900만 원까지는 추가 납부세액이 발생하지 않는다. 추가 납부세액이 없고 가산세 역시 발생하지 않기 때문에 별도로 신고하지 않는 금융소득자가 상당히 많다. 이경우에는 소득금액증명원과 사실증명원, 둘 다 발급되지 않는다. 금융 소득만 있는 사람들에게 자주 발생하는 일이다.

2018년 (투자한) 금융 상품의 성과가 좋아 금융 소득으로 1억 원이 발생했다고 가정해보자. 2019년에는 금융소득종합과세로 인해 종합 소득 신고를 해야 하고, 그해 11월부터는 신고된 소득금액을 기준으로 건강보험료가 부과된다. 하지만 2019년 금융 상품의 성과가 좋지 않아 금융 소득은 4,000만 원만 발생했고 이외 소득은 없어서 종합 소득 확정 신고를 하지 않았다. 지역가입자 건강보험료 조정 신청이 가능할까? 이때는 소득이 확연히 줄어 지역가입자 건강보험료 조정 신청을 하고 싶어도 증빙서류를 발급받지 못해 신청이 불가능하다. 원칙상 납부할 세금이 없더라도 종합 소득 확정 신고를 해야 하기 때문이다. 건강보험료 조정 신청을 위해서라면 늦었더라도 기한 후 신고를 통해 소득 신고를 하고 소득금액증명원을 발급받는 방법을 선택해야 한다.

부동산을 매도할 예정이라면 과세 기준일을 적극 활용해야 한다. 재산세 과세 기준일인 6월 1일이 되기 전으로 매도 시기를 조정해야 건강보험료를 절감할 수 있다. 매도 시기를 6월 1일 전으로만 조정해도 피부양자 재산 요건에서 해당 부동산이 제외된다. 그리고 재산세 및 종합부동산세가 적용되는 보유 부동산에서도 제외된다. 따라서 과세 기준일 활용이 절세와 건강보험료 절감에 효과적이니 부동산 매도 시 우선적으로 고려해야 한다. 6월 전에 부동산을 매도했더라도 아무런 조치를 취하지 않으면 11월 건강보험료 조정 때까지 기다려야 한다. 국민건강보험공단이 국토교통부로부터 매월 2개월 전의 부동산 변동 내역을 수신해 일괄적으로 조정 처리를 진행하고는 있다. 하지만 매각일의 다음 달부터 조정이 가능한데도 신청하지 않는 것은 어리석은 행동이다.

여기서 소득이나 부동산 등 재산이 줄었을 때만 활용하는 제도라는 것을 명심해야 한다. 소득이 증가했거나 신규 부동산 등을 취득한 경우에는 원칙적인 시기인 11월부터 자동 반영되니 별도의 조치를 취할 이유는 없다.

알아두면 좋은 절세 지식

지역 건강보험료 조정

1. 신청 대상 및 구비서류

신청 대상	구비서류
소득 감소 및 폐(휴)업, 퇴직(해촉) 등	• 소득금액증명원(세무서, 홈택스) • 신고사실없음[사실증명](세무서, 홈택스) • 과세표준확정신고 및 납부계산서(세무서, 홈택스) • 폐·휴업사실증명원(세무서, 홈택스) • 퇴직·해촉 증명서(소속업체)
재산 소유권 변경	• 등기부등본(등기소 및 대법원 인터넷등기소) • 건물(토지)대장(행정기관 및 정부24)
자동차 소유권 변경 및 폐차	• 자동차등록원부(자동차등록사무소) • 폐차인수증명서(행정기관)
건물 소유자와 보증금 및 월세금 없이 무상으로 거주	• 무상거주확인서 • 등기부등본(등기소 및 대법원 인터넷등기소) • 건물(토지)대장(행정기관 및 정부 24) • 전월세계약서 사본
정부로부터 전월세 지원금을 받는 기관(주택공사 등)에 임대한 경우	• 임대차계약서(주택공사 등과 세입자 간에 체결된 것) ※주택공사 등으로부터 저소득 지원금을 지원 받는 경우 '저소득지원금확인서'

• 출처: 국민건강보험공단 자료 재구성

2. 신청 및 적용 시기

① '소득 감소 및 폐(휴)업, 퇴직(해촉)' 등의 경우

  • 7월 중 서류 제출: 6월부터 소급 조정

  • 8월 이후 서류 제출: 신청일 속한 달의 다음 달부터 조정(단, 1일
    에 제출한 경우 당월부터 조정)

② 이 외의 경우

  • 원인 발생일이 속한 달의 다음 달부터 조정(단, 1일인 경우 그 달
    부터)

3. 지역 건강보험료 조정 불가 사유

① 사업장 폐업 후 재개업

② 부동산 매각 후 사업자 번호가 존재하는 경우(부동산에 대한 보험
  료만 조정, 소득금액 조정 불가)

③ 해촉 후 재취업으로 경제 활동을 재개한 경우

4. 신청방법

① 국민건강보험공단 본인 방문 후 서류 접수

② 팩스 접수

③ 국민건강보험공단 홈페이지 민원 신청

05
장기 출국자는
건강보험료가 면제된다

그동안 1개월 이상 해외여행을 할 경우 건강보험료 면제가 적용됐다. 그러나 법 개정을 통해 3개월 이상의 장기 해외 체류를 해야만 건강보험료 면제가 가능하다.

   사업차 해외로 장기 출장을 가야 하는 H는 건강보험료가 신경 쓰인다. 외국으로 나가 있는 동안에는 건강보험 혜택을 받을 수 없는데 건강보험료는 내야 하기 때문이다.

   이처럼 장기 출국자 등 오랜 기간 국내에 거주하지 않아 건강보험 혜택을 받지 못하는 사람들이 존재하기 마련이다. 이런 사람들에게도 건강보험료를 부담하게 하는 것은 다소 무리가 있다. 그래서 국민건강보험공단은 이런 특정 대상자들에게 건강보험료 면제 혜택을 준다. 장기 해외 체류자, 병역법에 따른 현역병, 교도소 등이에 준하는 시설에 수용되어 있는 사람이 건강보험료 면제 대상이 된다.

   H는 국민건강보험공단에 직접 방문하거나 전화를 해서 일시 면

제를 신청할 수 있다. 신청이 완료되면 출국일이 속하는 달의 다음 달과 입국일이 속하는 달은 건강보험료 납부가 면제된다. 건강보험료 면제는 매월 1일을 기준으로 적용된다고 보면 이해하기 어렵지 않다. 즉, 매월 1일에 국내에 있었는지가 포인트다.

H가 7월 5일에 출국했다가 12월 10일에 입국했다고 가정해보자. 면제 사유가 발생한 달의 다음 달부터 보험료가 면제되므로 7월에는 보험료가 부과되고 8월부터 면제된다. 7월 1일에는 국내에 있었기 때문이다. 입국의 경우 12월 1일 기준으로 봤을 때 면제 사유가 해제되지 않았으므로 보험료 부과는 없다.

그렇다면 12월 1일에 입국했다면 어떻게 될까? 건강보험료 면제 사유가 1일에 없어진 경우에는 그달의 보험료를 면제하지 않는다. 1일에는 국내에 입국해 있었기 때문이다. 따라서 12월부터 건강보험료를 납부해야 한다. 기존 국민건강보험법에 따라서는 입국일이 속하는 달에 보험급여 혜택을 받더라도 건강보험료를 별도로 납부할 필요가 없었다. 하지만 개정을 거쳐 2020년 7월 8일부터 입국일이 속하는 달에 보험급여의 혜택을 얻는 경우 건강보험료를 부담해야 한다.

개인 사업을 하고 있는 D는 해마다 겨울이면 가족을 모두 데리고 주변 지인들과 함께 골프 여행을 간다. 그리고 베트남 등 동남아시아에는 저렴한 '한 달 살기' 여행 상품이 많아 한 번 출국했을 때 몇 달 동안 지내기도 한다. 70만 원 정도의 건강보험료도 면제받으니 일석이조 느낌까지 든다.

국민건강보험법에는 국외에 여행 중인 경우 보험급여 혜택을 정지시킨다는 내용이 명시되어 있다. 보건복지부에서는 해당 내용을 보험료 면제규정에도 적용했고 2004년부터 1개월 이상의 국외 여행자도 건강보험료 면제규정 적용이 가능해졌다. D와 비슷한 상황의 사람들은 이왕 여행 가면서 건강보험료도 납부하지 않을 수 있으니 장기적인 해외여행계획을 세우지 않을 이유가 없었다.

하지만 지난 15년간 문제없이 적용되던 건강보험료 면제 사유에 제동이 걸렸다. 법제처에서 국외 여행자에게도 적용되는 보험료 면제규정은 법 문구를 넘은 확대 해석이라는 법령 해석을 내놓았기 때문이다. 사실 국민건강보험법을 살펴보면 '보험급여 정지' 조항과 '보험료 면제' 조항 간에 차이가 있다.

[국민건강보험법 54조(급여의 정지)]

1. 국외에 여행 중인 경우

2. 국외에서 업무에 종사하고 있는 경우

3. 제6조 제2항 제2호(현역병 등)에 해당하게 된 경우

4. 교도소, 그 밖에 이에 준하는 시설에 수용되어 있는 경우

이 중 '보험료 면제' 대상은 1호를 제외한 2~4호까지다. 국외 여행자는 애초에 포함되어 있지 않았다. 단, 보험 혜택을 받지 못하는 기간에는 보험료도 내지 않는 것이 원칙이다. 이를 근거로 보건복지부가 유권해석을 통해 국외 여행자 역시 보험급여 정지 대상임을

이유로 보험료 면제를 적용해온 것이다. 법제처는 임의로 면제 사유를 넓혔다는 이유로 월권이라고 해석했다. 그간의 내용을 뒤엎는 법령 해석이 있다 보니 국민건강보험법은 법 개정을 통해 '국외에 여행 중인 경우'의 항목을 삭제하고 '국외에 체류하는 경우'로 변경했다.

[국민건강보험법 54조(급여의 정지)](2020. 7. 8. 시행)

1. 삭제

2. 국외에 체류하는 경우

3. 제6조 제2항 제2호(현역병 등)에 해당하게 된 경우

4. 교도소, 그 밖에 이에 준하는 시설에 수용되어 있는 경우

국외에 체류하는 기간은 3개월 이상으로 지정해 일반적인 해외 여행자는 건강보험료 면제가 사실상 어려워졌다. 이는 그동안의 악용 사례를 막기 위한 조치일 뿐이며 업무상 등의 이유로 국외에 장기 체류를 하는 사람은 동일하게 보험료 면제를 적용받을 수 있다.

알아두면 좋은 절세 지식

[법제처 법령해석](출처: 국가법령정보센터)

• 안건번호 : 법제처-19-0037

• 요청기관 : 민원인

• 회신일자 : 2019. 10. 7.

• 안건명 : 국외에 여행 중인 사람에 대해서도 보험료를 면제하는 것
이 가능한지 여부(「국민건강보험법」 제74조 제1항 등 관련)

■ 질의요지

「국민건강보험법」 제74조 제1항 본문에서 국민건강보험공단은 직장가
입자가 같은 법 제54조 제2호부터 제4호까지의 어느 하나에 해당하면 그
가입자의 보험료를 면제하도록 규정하고 있는데, 같은 법 제54조 제1호의
국외에 여행 중인 경우에 대해서도 보험료를 면제할 수 있는가?

■ 질의배경

민원인은 위 질의요지에 대해 보건복지부에 문의하였고 회신 내용에
이견이 있어 법제처에 법령 해석을 요청함.

■ 회답

이 사안의 경우 보험료를 면제할 수 없습니다.

■ 이유

「국민건강보험법」에서 규정하고 있는 건강보험은 국민에게 가입 의무가 부과되고 보험의 가입이 법적으로 강제되며 보험법적 관계가 당사자의 의사와 관계없이 법률에 따라 성립하는 사회보험제도로서 보험 가입 여부가 계약 자유의 원리에 따라 당사자 간의 자유로운 의사 결정에 따라 이루어지는 사보험제도와 달리 사회정책적 관점이 우선하는 바, 건강보험료는 보험급여를 위한 재정을 충당할 목적으로 법률에 근거하여 납부하는 독자적인 성격의 공과금임을 고려(각주: 헌법재판소 2000. 6. 29. 선고 99헌마289 결정례 및 헌법재판소 2003. 10. 30. 선고 2000헌마801 결정례 참조)할 때 보험료의 산정이나 부과 및 면제에 관한 규정은 엄격하게 해석해야 합니다.

그런데 「국민건강보험법」 제54조에서는 보험급여 정지 사유를 국외에 여행 중인 경우(제1호), 국외에서 업무에 종사하고 있는 경우(제2호) 등으로 구분하여 규정하고 있는 반면, 같은 법 제74조 제1항에서는 직장가입자가 같은 법 제54조 제2호부터 제4호까지의 어느 하나에 해당하는 경우만을 보험료 면제의 사유로 규정하고 있을 뿐 같은 법 제54조 제1호에 해당하는 경우는 보험료 면제 대상으로 포함하고 있지 않으므로 문언을 넘어 임의로 「국민건강보험법」 제54조 제1호의 경우까지 보험료 면제사유에 해당하는 것으로 해석할 수는 없습니다.

아울러 「국민건강보험법」 제74조 제1항에서 국외에 여행 중인 경우를 국외에서 업무에 종사하고 있는 경우와 달리 보아 보험료 면제사유에서 제외한 것은 국외에 여행 중인 경우는 국외에서 소득 활동을 통한 생계를 유지하려는 목적이 없으므로 생계의 주된 터전을 국외로 하고 있는

'국외에서 업무에 종사하고 있는 경우'와 차이가 있다는 점이 반영된 것임을 고려해야 합니다.

한편 일정 기간 국외에 여행 중인 경우에 해당하면 「국민건강보험법」 제54조 제1호에 따라 보험급여가 정지되는데 보험료 납부의무는 면제되지 않는다고 보는 것은 형평에 어긋난다는 의견이 있습니다.

그러나 건강보험료는 급여 혜택을 받지 못하는 제3자(각주 : 「국민건강보험법」 제77조 제1항 제1호에 따르면 보수월액보험료의 납부 의무자는 사용자임)에게도 보험료 납부의무가 부과된다는 점에서 특정 이익의 수혜나 특정 시설의 사용가능성에 대한 금전적 급부인 수익자부담금과 그 성격을 달리한다(각주 : 헌법재판소 2012. 11. 29. 선고 2011헌마814 결정례 참조)는 점을 고려하면 반드시 보험료의 부담과 보험에 따른 혜택인 보험급여가 대칭 관계를 이루어야 하는 것은 아니라는 점에서 그러한 의견은 타당하지 않습니다.

06
퇴직자도
직장가입자가 될 수 있다

은퇴 시점에 보유 재산이 많아 지역가입자 건강보험료가 부담된다면 임의계속가
입자제도를 활용해 일정 기간 직장가입자 자격을 유지하는 것이 해결책이 될 수
있다.

    지난 달 말일에 퇴직한 T는 지인으로부터 건강보험료에 대한 고
민을 들었다. T보다 6개월 먼저 은퇴한 지인은 직장가입자에서 지
역가입자로 전환되는 바람에 현재 건강보험료 부담이 너무 커졌다
는 고민이었다.

    은퇴 후 삶을 위해 월세 수입을 목적으로 마련한 작은 상가 하나
에 보유하고 있던 집과 차가 전부 보험료 부과 대상에 포함됐다. 직
장에 재직하는 동안에는 재산은 제외되고 급여 소득에만 건강보험
료가 부과됐다. 또한 세금 및 4대 보험료 등이 차감되고 실수령액만
을 월급통장으로 받다 보니 실상 크게 신경 쓰이지는 않았다. 하지
만 퇴직 후 수입은 줄었는데 보험료는 더 많이 부과되니 여간 큰 부
담이 아닐 수 없다. 지인의 고민을 들은 T는 바로 아는 세무사를 찾

아가 문의했고 건강보험료를 줄일 수 있는 제도에 대해 설명을 들었다.

사실 가장 좋은 방법은 재취업이다. 취업을 통해 다시 직장인이 된다면 보유 재산은 제외하고 급여 소득에만 보험료가 부과된다. 물론 건강보험료 때문에 재취업이 필요한 사람은 없지만 재취업의 여러 목적 중 하나에 해당한다고 할 수 있다.

하지만 현실적으로 은퇴 후 재취업은 어려운 일이다. 그렇다면 활용할 수 있는 두 번째 방법이 임의계속가입자제도를 활용하는 것이다. '임의계속가입자'란, 퇴직 전 본인이 부담했던 보험료만 납부할 수 있도록 퇴직자의 경제적 부담을 완화하는 제도다. 신청 가능 대상은 퇴직 직전 18개월 기간 동안 직장가입자로서의 자격을 유지한 기간이 1년 이상인 사람이다. 한 직장에서 오랜 기간 근무하다 퇴직하는 경우에는 대부분 신청이 가능하다.

그런데 신청기한이 정해져 있다. 지역가입자로 전환된 후 최초 고지받은 지역보험료 납부기한으로부터 2개월 이내에만 신청이 가능하다. 따라서 지역가입자와 직장가입자, 두 자격에 따른 보험료 비교를 통해 선택할 수 있다는 장점도 있다. 최초 고지된 지역보험료와 기존 직장가입자로서 납부했던 건강보험료 간의 비교를 통해 지역보험료 부담이 더 크다면 '임의계속가입자' 신청 등록을 하면 된다. 앞서 말한 T의 지인은 직장가입자의 건강보험료 부담이 더 유리하다고 할지라도 신청기한 경과로 인해 신청이 불가능하다.

퇴직 전 부담하던 보험료를 납부하는 임의계속가입자의 건강보험료는 정확히 어떻게 계산될까?

직장가입자의 건강보험료는 보수월액(직장가입자가 당해 연도에 받은 보수총액을 근무월수로 나눈 금액)에 건강보험료율 6.67%(2020년 기준)를 곱해 산정한다. 그리고 해당 보험료를 사용자와 근로자가 50%씩 부담하는 구조다. 직장가입자는 실제 본인이 부담해야 하는 건강보험료의 절반만을 부담하는 셈이다. 임의계속가입자도 마찬가지다. 퇴직 전 산정된 최근 12개월의 보수월액의 평균을 낸 금액에 건강보험료율을 곱한 후, 50%의 보험료 경감 혜택을 준다. 건강보험료의 절반에 해당하는 50%를 대신 납부해주는 회사는 없지만 결과적으로 경감 혜택을 줘서 퇴직 전 건강보험료와 동일한 금액으로 만들어준다.

아쉽게도 임의계속가입자는 적용받을 수 있는 기간이 한정적이다. 직장가입자에서 지역가입자로 갑작스런 전환에 따른 부담을 완화해주는 것이 취지이다 보니 최대 적용 기간은 임의 계속 가입 시작일로부터 36개월까지다. 임의 계속 가입 기간이 종료되면 자연스럽게 지역가입자로 전환된다.

지금까지 말한 2가지 방법을 같이 활용하면 좀 더 효과적일 수 있다. 은퇴 후에 보수가 더 많은 직책으로 재취업하는 경우는 드물다. 그렇다면 직장가입자의 보험료 부과 대상이 되는 보수월액이 은퇴 전보다 낮아지고 건강보험료 부담액도 줄어들게 된다. 이후 1년 이상 해당 직장에서 근무하다 퇴직하게 되면 '임의계속가입자'의 보수월액은 재취업한 직장의 보수월액으로 적용받는다. 은퇴 후 바로

[건강보험 임의계속가입자제도]

구분	내용
적용 대상자	• 사용관계가 끝난 사람 중 직장가입자로서의 자격을 유지한 기간이 보건복지부령으로 정하는 기간 동안 통산 1년 이상인 사람 ※ 보건복지부령으로 정하는 기간: 퇴직 이전 18개월
신청기한	• 지역가입자가 된 이후 최초로 고지받은 지역보험료 납부기한에서 2개월이 지나기 이전까지
신고 절차	• 국민건강보험공단 지사 방문 신청 • 팩스, 우편, 유선 등 신청
보험료	• [보수월액 보험료가 산정된 최근 12개월간의 보수월액을 평균한 금액×연도별 직장가입자 보험료율×50%(경감)]+소득월액 보험료
혜택	• 임의 계속 가입 시작일로부터 36개월 동안 임의계속가입자 보험료 납부 • 직장가입자와 동일하게 피부양자 등재 가능
자격 변동 유의사항	• 최초로 고지한 임의 계속 보험료를 그 납부기한으로부터 2개월이 지난 날까지 납부하지 않을 경우 임의계속가입자 자격 상실 • 임의계속가입자로서의 자격을 더 이상 유지하지 않으려는 사람은 '임의계속탈퇴신청서'를 작성해 공단에 제출(공단에 접수된 날의 다음 날부터 자격 상실)

• 출처: 국민건강보험공단 자료 재구성

임의계속가입자로 신청한 경우보다 건강보험료 부담이 줄어들 수 있는 케이스다.

2021 세금 줄여주는책

2020년 11월 18일 개정2판 1쇄 인쇄
2020년 11월 25일 개정2판 1쇄 발행

지은이 | 원종훈, 고경남
펴낸이 | 이종춘
펴낸곳 | ㈜첨단

주소 | 서울시 마포구 양화로 127 (서교동) 첨단빌딩 3층
전화 | 02-338-9151
팩스 | 02-338-9155
인터넷 홈페이지 | www.goldenowl.co.kr
출판등록 | 2000년 2월 15일 제 2000-000035호

본부장 | 홍종훈
편집 | 전용준, 이소현
디자인 | agentcat
전략마케팅 | 구본철, 차정욱, 나진호, 이동후, 강호묵
제작 | 김유석
경영지원 | 윤정희, 이금선, 이사라, 정유호

ISBN 978-89-6030-570-0 13320

BM 황금부엉이는 ㈜첨단의 단행본 출판 브랜드입니다.

- 값은 뒤표지에 있습니다.
- 이 책은 《원셈의 절묘하게 세금을 줄여주는 책》의 전면 개정판입니다.
- 잘못된 책은 구입하신 서점에서 바꾸어 드립니다.

- 표지 왕관 이미지 "Designed by Olga_spb / Freepik"

황금부엉이에서 출간하고 싶은 원고가 있으신가요? 생각해보신 책의 제목(가제), 내용에 대한 소개, 간단한 자기소개, 연락처를 book@goldenowl.co.kr 메일로 보내주세요. 집필하신 원고가 있다면 원고의 일부 또는 전체를 함께 보내주시면 더욱 좋습니다.
책의 집필이 아닌 기획안을 제안해주셔도 좋습니다. 보내주신 분이 저 자신이라는 마음으로 정성을 다해 검토하겠습니다.